# 编　委　会

主　编：李军凯

副主编：罗希婧　耿　楠

编辑委员会：

邓思嘉　马向南　刘　畅　任　蓉

龚　轶　高　菲　王　蕾　张　点

凌新青

# 数字经济与中国发展

李军凯　主编

人民出版社

# 目　录

# 序

当今世界正处在地缘政治冲突、经济中心转移、气候变化和极端天气频发、国际经济合作疲软、科技迅猛发展等一系重大变革的历史交汇口，百年未有之大变局加速演进。与此同时，世界经济总体呈现温和增长和缓慢复苏态势，但全球经济复苏不平衡问题加剧，发达经济体之间、发达经济体与发展中经济体之间经济复苏的程度和速度均有不同，在一定程度上加剧了全球政治经济的不稳定性。

作为发展中大国，中国始终保持较强战略定力，应势而为、勇于担当，不断提出中国主张，贡献中国智慧。在全球经济复苏进程中，中国展现出了较强的韧性和较大的增长潜力，为世界经济不断注入新的动能。对外，中国采取优化外商投资环境、扩大高水平对外开放、促进贸易平衡发展、推动国际经济合作、深度参与国际分工等一系列重要举措；对内，中国深入实施创新驱动发展战略，加快发展新质生产力，以科技创新为引领，积极贯彻创新、协调、绿色、开放、共享的新发展理念，构建"以国内大循环为主体，国内国际双循环相互促进的新发展格局"，不断推动经济高质量发展。

《数字经济与中国发展》一书正是基于上述背景下应运而生。它汇集了多位国内顶尖专家学者的智慧结晶，旨在深入探讨中国在全球经济形势下的角色定位及其未来发展路径。书中既从宏观角度分析了当前世界经济复苏的特点及面临的主要挑战，又结合我国实际情况提出了具有前瞻性的战略思考；既关注了经济发展过程中遇到的热点难点问题，也给出了切实可行的解决方案建议；特别强调了科技创新对于推动经济转型升级的关键作用，并倡导建立开放型世界经济体系，加强国际合作共同应对全球性难题。

希望本书能够成为连接理论与实践之间的桥梁，将各位专家宝贵的研究成果转化为服务经济社会发展的现实养料；为广大读者提供丰富的思想资源与精神食粮；为不断推动中国式现代化取得新进展、新突破，推动构建普惠包容的经济全球化、持续造福世界各国人民贡献新力量。

中国科学院院士、中国科学院原院长

2024 年 9 月

# 第一部分

## 全球经济变革和我国对策

# "双循环"新发展格局解读

王一鸣 *

\* 王一鸣，研究员，国务院发展研究中心原副主任，中国国际经济交流中心副理事长

2020 年 4 月习近平总书记提出，要构建以国内大循环为主体、国内国际双循环相互促进的新发展格局。之后，中国对构建新发展格局作出一系列重大部署。构建新发展格局，是根据中国发展阶段、环境、条件变化作出的重大战略决策，是塑造我国国际经济合作和竞争新优势的重大战略抉择。厘清构建新发展格局的理论逻辑、历史逻辑、现实逻辑，对于从全局和战略高度把握其深刻内涵，积极推进其落实，具有十分重要的意义。

## 一、畅通国内国际经济循环：构建新发展格局的理论逻辑

构建新发展格局的关键在于经济循环的畅通无阻。如果经济循环顺畅，物质产品就会增加，社会财富就会积聚，人民福祉就会改善，经济实力就会增强，从而形成一个螺旋式上升的发展过程。如果经济循环不畅，经济运行就会受阻，增长速度就会下降，社会财富积累就会减缓，人民福祉就会受损，各类风险就会集聚。根据经济活动的覆盖范围，经济循环可以区分为基于国内分工的国内经济循环和基于国际分工的国际经济循环，而在当今经济全球化和全球价值链分工的时

代，国内循环和国际循环间又是难以切割和紧密联系的。

## （一）畅通国内经济循环是构建新发展格局的基础

马克思主义政治经济学认为，社会再生产是生产、分配、流通、消费的循环过程。经济活动需要各种生产要素的组合在生产、分配、流通、消费各环节有机衔接，从而实现循环流转。只有畅通国内经济循环，打通生产、分配、流通、消费的堵点，消除各个环节循环的瓶颈制约，促进生产要素自由流动，提高资源配置效率，形成更高效率和更高质量的投入产出关系，实现更高水平上的经济动态平衡，才能始终保持发展活力和动力，不断增强经济竞争力和发展韧性，从而在更加激烈的国际竞争中赢得优势，在更加不稳定不确定的世界中牢牢把握发展的主动权。

生产环节是社会再生产的起点，对整个国民经济循环具有决定性作用。马克思主义政治经济学将生产居于社会经济活动的核心环节，一定的生产决定一定的分配、流通、消费，也决定着社会再生产过程不同环节的关系。科学技术是第一生产力。高水平的生产取决于高水平的科学技术。当前，提高生产水平和保障生产环节畅通运行的重要条件是关键核心技术自主可控。在外部环境深刻变化的情况下，我国科技创新的短板弱项逐步显现，主要是原始创新和底层技术供给能力不足，高端芯片、工业软件、核心零部件、基础材料等关键核心技术被"卡脖子"问题凸显，对生产循环形成瓶颈制约，迫切需要增强原始创新能力，推动科技创新在畅通经济循环中发挥关键作用。产业链供应链稳定性和竞争力直接影响生产环节，对畅通经济循环有重大影响。近年来，中国在全球产业链体系中的位势明显提升，产业链本地化程度提高，但产业链整体上仍处于价值链中低端，在产品质量和性能上，在核心零部件、高端装备的精度、稳定性、可靠性和使用寿命等方面，与发达国家仍有较大差距，一些具有国际竞争力的产业仍处于产业链不完整状态，在国际产业链供应链调整深化的背景下，我国产业链不稳不强不安全的矛盾趋于突出，短板和风险逐步显现，迫切要求强链补链，增强抵御风险的能力。

分配环节是连接生产和消费的纽带，直接关系到扩大消费和释放内需潜力。生产决定分配，分配又反作用于生产。合理的收入分配，既能提高生产效率，激发经济发展活力，又能促进居民消费，释放内需潜力。我国收入分配体系建设已取得积极进展，但收入分配领域存在的问题仍然比较突出，居民收入分配差距仍然较大，再分配机制尚不健全，收入分配秩序仍有待规范。这就要求加大收入分配改革力度，完善初次分配制度，健全以税收、社会保障、转移支付等为主要手段的再分配调节机制，有效规范收入分配秩序。城乡区域收入差距是影响经济循环的重要因素，最根本的是要深化要素市场化配置改革，促进城乡区域要素自由流动，推动基本公共服务均等化，促进城乡区域协调发展。

流通环节是有效衔接从生产到消费各环节的"大动脉"，是畅通经济循环的重要条件。高效的流通体系能够在更大范围把生产和消费联系起来，扩大交易范围，推动分工深化，提高生产效率，促进财富创造。近年来，中国流通体系建设取得重大进展，国家骨干流通网络逐步健全，流通领域新技术新业态新模式不断涌现，商品和要素流通制度环境显著改善。与此同时，中国流通体系现代化程度仍然不高，流通的中间环节仍然过多，不同运输方式"最后一公里"没有完全打通，还存在不少断点、堵点。迫切要求加快现代流通体系建设，优化综合运输通道布局，加快形成内外联通、安全高效的物流网络，完善现代商贸流通体系，推进数字化、智能化改造和跨界融合，增强对国民经济循环的支撑能力。

消费环节是经济循环的终点也是新起点，是释放内需潜力的主要着力点。通过扩大消费建设完整的内需体系和强大国内市场，形成扩大内需的长效机制，对于畅通经济循环具有引领作用。中国消费市场潜力巨大，城镇人口超过欧洲总人口，中等收入群体超过美国总人口。但受居民收入分配差距仍然较大和社会保障体系不健全的影响，市场潜力尚未得到充分释放。这就要求着力提高居民收入，提高教育、医疗等公共服务水平，切实减轻居民的生活压力，使人们愿消费、能消费、敢消费。近年来，中国消费升级和变革加快，呈现商品消费高端化、消费结构服务化、消费方式网络化、消费产品智能化等新趋势。要适应消费升级和变革新趋势，推动生产环节更好地适应消费需求新变化，优化产品结构，增加优质服务供给，加快新型消费基础设施和服务保障能力建设，不断满足人民群众日益增长的美好生活需要。

## （二）参与国际经济循环是经济全球化时代的必然选择

马克思主义国际分工理论深刻揭示了资本主义主导的国际分工体系演进过程。国际分工的产生与发展深刻内含于资本主义生产方式的生成发展过程之中。资本主义生产方式的全球扩散，推动各国交往和相互依赖程度不断深化。国际分工客观上是人类历史的进步力量。国际分工作为一种与机器大工业和世界生产体系相适应的世界性生产组织形式，有利于生产的专业化和规模化，能够有效节约总的劳动时间、提高生产效率。国际分工也有利于发挥各国的比较优势，将各个生产环节的成本尽可能降至最低，从而创造更多的物质财富。与此同时，国际分工也造成发达国家与欠发达国家的分化，发达国家依靠资本和先进技术进行工业品生产，欠发达国家大多局限于农业生产和资源采掘等低端生产领域。因此，国际分工具有双重属性，一方面，国际分工使世界成为一个整体，知识和技术的扩散效应使欠发达国家通过学习吸收发达国家的先进知识和技术，不断缩小与发达国家的差距；另一方面，资本主义生产方式主导的国际分工则呈现出以发达资本主义国家为中心、以落后国家为外围的基本格局，这种"中心—外围"格局是不合理的国际经济秩序的根源。

第二次世界大战后，国际分工体系继续深化，但并没有改变发达国家占主导地位的格局。发达国家对全球经济体系的主导主要表现在两个基本方面：在供给层面，发达国家通过对外直接投资将资本和技术优势与发展中国家的劳动力、资源等初级要素相结合，从而降低成本并获取高额利润；在需求层面，发达国家推动的国际分工深化，为世界经济繁荣和财富积累创造了条件，但同时也推动财富和利润向发达国家集中，加剧财富分配的不平等，进而使发达国家成为最终消费市场，新兴市场国家不得不依赖发达国家市场，通过发展加工贸易并向发达国家市场出口而参与到国际分工体系中去。同时也要看到，国际分工不断拓展并突破既有边界，也为超越现存的资本主义主导的国际分工体系、重构新的更加公平合理的全球经济体系开辟了现实道路。

改革开放后，中国积极参与国际分工和国际贸易，在传统国际分工格局下进行工业体系建构、积累资本和推动技术进步，极大地提高了综合经济实力和国际竞争力。中国参与到经济全球化进程中，在推动世界经济繁荣的同时，也深刻改变了中国在全球经济体系中的位势。在供给层面，中国形成了全球最完整、规模最大的产业体系，已成为全球第一制造业大国和第一大货物贸易国。中国制造业国际竞争力的提升加快了资本积累，外汇储备逐步增长，已成为对外投资国，在部分领域也成为重要的技术输出国。在需求层面，中国已经成为全球第二大经济体，2023 年人均国内生产总值达 1.27 万美元，中等收入群体超过 4 亿人，随着居民收入水平提高和中等收入群体规模扩大，超大规模市场优势逐步显现，已成为 140 多个国家和地区的主要贸易伙伴。世界多数经济体对中国市场的依赖度明显提高，中国与世界之间的经济联系正在悄然改变。在这个过程中，中国逐步成为全球重要的最终消费市场，改变了既有的全球市场格局。随着中国国内市场总体规模加速扩大，并与美欧等最终消费市场形成此长彼消关系，将推动中国从参与全球经济体系转变成为全球经济最重要的舞台，进而增强中国经济发展的自主性，并在推动构建更加公平合理的全球经济治理体系中发挥更重要的作用。

**（三）构建新发展格局要推动国内国际循环相互促进**

在经济全球化和价值链分工时代，国内循环与国际循环是相辅相成、不可分割的。中国早已深度融入经济全球化和国际分工体系，国内经济循环离不开国际产业链供应链的协同配合，产业技术进步也离不开参与国际合作和竞争。封闭起来脱离世界主流，只会拉大与国际先进水平的差距。习近平总书记多次强调，"开放带来进步，封闭必然落后"。构建新发展格局，既要畅通国内经济大循环，也要坚持开放的国内国际双循环，更加紧密地同世界经济联系互动。

当今世界，最稀缺的资源是市场。构建新发展格局，要充分利用和发挥中国超大规模市场优势，把建设强大国内市场作为重要支撑，巩固和增强我国超大规模市场优势，促进中国成为吸收全球优质高端要素的引力场，使国际循环更有效提升国内循环的效率和水平，提升中国经济竞争力，推动中国经济发展不断迈上新的台阶。与此同时，中国市场规模持续扩大，在全球分工体系中的地位不断提升，有利于提升中国在全球经济体系中的话语权，在引领和推动经济全球化中彰显大国担当和责任，促进全球经济治理体系朝着更加公平合理的方向发展。

## 二、中国发展格局的演进：构建<br>新发展格局的历史逻辑

经济发展总是阶段性推进的，不同的发展阶段对应着不同的内外环境和发展条件，进而形成不同的发展格局。

新中国成立初期，中国发展的外部环境和内部条件都十分严峻。

从国际看，在美苏"冷战"和西方国家对中国实施经济封锁的背景下，中国不可能参与到西方主导的国际经济体系中去，开展国际贸易和对外经济活动的空间十分有限。从国内看，中国经济基础极为薄弱，工业部门残缺不全，技术水平十分落后，主要任务是实现国家工业化，建立独立的比较完整的工业体系和国民经济体系。在这样的条件下，必须强调独立自主、自力更生，生产和消费都基本立足国内，因而也形成了国内循环占主导的发展格局。

改革开放后，随着全球市场加速整合，经济全球化进入高潮期，为中国加入国际经济大循环创造了有利条件。同时，中国推进经济体制改革，建立社会主义市场经济体制，也有效促进了国内市场与国际市场的对接。20世纪80年代后，中国从设立经济特区和沿海开放城市起步，逐步扩大对外开放。1988年，提出实施沿海地区经济发展战略，利用中国低成本劳动力优势与国际资本和技术嫁接，发展外向型劳动密集型产业，参与国际经济大循环。这对发挥中国劳动力比较优势、填补储蓄和外汇"两个缺口"、推动经济快速发展发挥了重要作用。

2001年加入世贸组织后，中国加快融入全球经济体系，市场空间迅速拓展，对外贸易和外商投资快速增长。随着人口规模巨大的中国深度参与到经济全球化进程中，大规模的低成本劳动力加入国际分工体系，大幅压低了全球制造业生产成本，加快推动制造业向中国的集聚，中国加速成长为"世界工厂"，全球也大体形成以美欧为消费市场和研发中心、东亚特别是中国为生产基地和制造中心、中东拉美为能源资源输出地的"大三角国际循环"模式。

参与国际经济循环发挥了中国的劳动力比较优势，推动经济快速发展，但同时也增大了我国对国际市场的依存度，内外经济失衡的问题逐步显现。1997 年亚洲金融危机后，外部需求大幅收缩，中国"两头在外、大进大出"模式遇到挑战。作为负责任的大国，中国实施扩大内需战略，提出"扩大国内需求、开拓国内市场，是我国经济发展的基本立足点和长期战略方针"，同时坚持人民币不贬值，为有效应对亚洲金融危机、保持经济持续稳定发展创造了条件。2008 年国际金融危机后，中国内需与外需不平衡、投资与消费不协调、工业比重过高且附加值低、资源环境约束持续强化等矛盾进一步显现。在此背景下，中国提出要加快转变经济发展方式，促进经济增长向依靠消费、投资、出口协调拉动转变。从全球范围看，"大三角国际循环"也暴露出问题，美西方过度消费、过度负债，制造业空心化，中等收入群体萎缩，政治极化，民粹主义滋生，逆全球化和保护主义思潮抬头。

国际金融危机是中国发展格局演进的重要转折点。国际金融危机后，中国需求结构和供给结构都发生了深刻变化。从需求结构看，外需与内需此消彼长，推动我国经济向内需主导转变，对外贸易依存度逐年下降，经常项目顺差占国内生产总值的比重由 2007 年的大约 10% 下降到 2019 年的 1% 左右。从供给结构看，中国生产要素结构发生重大变化，2012 年以来劳动年龄人口逐年减少，劳动力低成本比较优势减弱，资本、技术要素的相对位势上升。供需两方面的变化，客观上为中国转向以国内大循环为主体的新发展格局创造了条件。

综上所述，构建新发展格局是发挥中国超大规模经济体优势的内在要求。大国经济通常都是以国内循环为主体的。中国作为世界第二大经济体，依靠原有的外需拉动经济发展已不可能，构建以国内大循环为主体、国内国际双循环相互促进的新发展格局，既是客观必然，也是发展趋势。

# 三、统筹国际国内两个大局：构建新发展格局的现实逻辑

当今世界正经历百年未有之大变局，中国正处于实现中华民族伟大复兴的关键时期。构建新发展格局是统筹中华民族伟大复兴战略全局和世界百年未有之大变局的先手棋，是牢牢把握未来发展主动权的战略性布局。

## （一）应对百年未有之大变局的主动调整

百年未有之大变局的关键是"变"，准确识变，才能科学应变并主动求变。大变局之"变"主要有三条基本脉络。

首先，新一轮科技革命和产业变革正在成为影响大变局的关键变量。新科技革命的核心是数字化、网络化和智能化，网络互联的移动化、泛在化，信息处理的高速化、智能化，计算技术的高能化、量子化，促使人类生产生活方式全面数字化。大数据、物联网、云计算、人工智能等数字智能技术，正在成为大国竞争的制高点，并将重塑全球竞争格局，改变原有国际分工的"中心—外围"结构。在以往历次

科技革命中，中国都处在接受技术扩散和辐射的外围地带，新科技革命为中国打开了进入国际前沿地带的机会窗口。美国为保持科技竞争优势、控制国际竞争的制高点，不惜成本和代价对中国进行科技围堵和打压，这将倒逼中国下决心增强自主创新能力，攻克关键核心技术，实现高水平的自立自强。

其次，全球产业链供应链调整是影响大变局的重要变量。2008年国际金融危机后，经济全球化从高潮转向低潮，国际贸易和跨境投资增速放缓，全球产业链供应链在持续近30年的扩张后开始收缩。新冠疫情爆发后，主要经济体重新审视供应链安全问题，在效率和安全之间寻求新的平衡，推动全球产业链供应链进一步调整，北美、欧洲、东亚三大生产网络的内部循环趋于强化。以东亚地区为例，2020年东盟超过欧盟成为中国最大的贸易伙伴。东盟对中国贸易额上升主要源于中间品贸易增长，跨国公司推行"中国 +1"战略，在东盟设立生产工厂，促进东盟国家与中国的中间品贸易较快增长。与此同时，中国部分终端制造环节向东盟国家转移，也带动了中国中间品向东盟的出口。区域全面经济伙伴关系协定签署生效后，东亚地区的内部贸易将进一步上升。

最后，美国对中国战略遏制日趋强化成为大变局的核心因素。随着中国经济实力、科技实力和综合国力的跃升，美国视中国为最大的战略竞争对手，单方面挑起经贸摩擦，实行科技脱钩、金融施压。近年来，美国对中国的打压变本加厉，中美关系走向仍面临不确定性。

构建新发展格局是应对外部环境深刻复杂变化的主动调整。随着中国经济实力增强，国际力量对比深刻调整，中国发展面临的外部风险空前上升，必须把发展立足点更多放在国内，充分发挥中国超大规模市场、完整的工业体系和强大的生产能力等优势，更大力度挖掘国内市场潜力，进一步畅通国内经济循环，增强经济发展韧性，提升自主性和可持续性，更好统筹发展和安全，任凭国际风云变幻，始终保持中国经济平稳健康发展的基本盘。

### （二）构建新发展格局的现实路径

中国已经迈上全面建设社会主义现代化国家新征程。面对外部环境深刻复杂变化，要加快实现科技自立自强，提升产业链供应链韧性和竞争力，坚持扩大内需战略，形成与新发展格局相适应的体制机制，实行更高水平对外开放。

第一，加快实现科技自立自强。实现高水平的自立自强，是构建新发展格局最本质的特征，是畅通国内大循环、在国际循环中赢得主动的关键举措。过去在技术追赶阶段，中国技术进步的主要路径是引进消化吸收再创新，技术源头在海外，创新以终端产品的集成创新为主，基础研究、核心技术、原始创新能力较为薄弱。在外部环境深刻变化的背景下，增强自主创新能力尤为紧迫。在创新战略上，要从过去的技术追赶转向构建局部优势，主动在有较好科技基础、符合未来科技发展方向、具有较强战略价值的战略性前沿技术领域加大投入，实现关键核心技术自主可控，形成局部领先优势和非对称反制能力。在创新路径上，要从终端产品创新转向中间品创新。中国部分终端产品已形成较强的国际竞争力，如核电、高铁、工程机械和通信设备等，但承载关键核心技术的零部件、元器件、基础材料、基础软件等中间品，仍主要依靠进口。中间品专业化程度高，技术迭代速度快，产业生态复杂，科技投入要求高，需要长期的技术和知识积累，必须整合优势科技资源，把集中力量办大事的制度优势与发挥市场机制作用结合起来，强化创新过程中的市场需求导向和企业的主体作用，努力实现更多关键核心技术的突破。在创新方式上，要从集成创新转向原始创新，加强基础研究和应用研究，提升原始创新能力，以基础研究的突破带动引领性原创成果、战略性技术产品的重大突破，在更多领域跻身国际领先行列，推动科技创新在畅通循环中发挥关键作用。

第二，提升产业链供应链韧性和竞争力。提高产业链供应链韧性和竞争力，是增强国内大循环主体地位、扩大在国际大循环中回旋空间的内在要求。过去一个时期，由于要素成本提高，加上中美经贸摩擦冲击，中国面临产业外移压力。近期，国际上又出现所谓"去风险"问题，给中国产业链稳定性带来新的挑战。当前，全球产业链供应链加快调整，增强产业链供应链自主可控能力尤为紧迫。要加快营造一流营商环境，提升产业链根植性。统筹推进补链、强链，针对"断供""缺芯"等问题，下决心培育可替代的产业链，依托龙头企业带动供应链本土化，提高供应链安全性和可控性，增强抗风险能力。实施好产业基础再造工程，加强重要产品的技术攻关和工程化应用，并为自主创新产品市场化应用创造良好环境。立足中国产业规模优势、配套优势和部分领域先发优势，加快工业互联网建设，运用人工智能、大数据、物联网等改造传统产业，推进新一代信息技术与制造业深度融合，提升产业链供应链创新力和竞争力。

第三，坚持实施扩大内需战略。扩大内需既是增强国内大循环主体地位的内在要求，也是有效应对外需拉动作用减弱、把握发展主动权的战略举措。要坚持实施扩大内需战略，在合理引导消费、投资等方面进行有效制度安排，形成扩大内需的长效机制。打通制约消费的堵点，提升传统消费，加快培育即时零售、服务零售、互联网医疗、智慧旅游等新型消费。加大收入分配调节力度，提高劳动报酬在初次分配中的比重，加大税收、社会保障、转移支付等调节精准度，健全多层次社会保障体系，着力提高低收入群体收入，增强居民消费能力和意愿。鼓励扩大有效投资，补齐创新能力、公共安全、基本公共服务、生态环保等短板。激发民间投资活力，引导社会资本参与新型基础设施建设和新型城镇化建设，形成市场主导的投资内生增长机制。

第四，形成与新发展格局相适应的体制机制。构建新发展格局，既是发展格局的演进过程，又是体制机制变革和创新的过程。要发挥改革的引领和先导作用，建设与新发展格局相适应的高水平社会主义市场经济体制。加强产权和知识产权保护，健全公平竞争的市场环境，优化民营经济发展环境。深化国有企业改革，完善国有企业法人治理结构和市场化经营机制，健全经理层任期制和契约化管理，完善中国特色现代企业制度。深化要素市场化配置改革，加快建设城乡统一的建设用地市场；放开放宽除个别超大城市外的城市落户限制，加快农业转移人口市民化；构建与实体经济结构和融资需求相适应的金融体系，加快发展多层次资本市场。

第五，实行更高水平对外开放。实行更高水平对外开放，有利于增强对国际高端要素的吸引力，改善我国生产要素质量和配置水平，使国际循环更有效提升国内循环的效率和水平。要深化商品、服务、资金、人才等要素流动型开放,推进规则、规制、管理、标准等制度型开放。以"边境后"规制改革为重点,实行高水平的贸易投资自由化便利化政策,进一步放宽外资的准入限制,扩大金融、电信和医疗等服务业对外开放,缩短外商投资准入负面清单,营造市场化、法治化、国际化营商环境。优化国内国际市场布局,促进内需和外需、进口和出口、引进外资和对外投资协调发展。完善内外贸一体化体系建设,促进内外贸法律法规、监管体制、质量标准等相互衔接。

总之,全面认识构建新发展格局的理论逻辑、历史逻辑和现实逻辑,有助于我们深刻理解这一重大战略决策的丰富内涵、历史缘由和现实意义,也有助于我们在实践中把握战略方向和重点任务,更加自觉地推动构建新发展格局,把我国社会主义现代化事业不断推向前进。

# 推进中国特色金融强国建设

余淼杰 *

\* 余淼杰，辽宁大学党委副书记、校长

　　2023 年 12 月底中央金融工作会议以及 2024 年年初习近平总书记在省部级主要领导干部推动金融高质量发展专题研讨班开班式上的重要讲话都提到建设金融强国。本讲主要分为两个部分：第一部分是建设什么样的金融强国，第二部分是如何建设金融强国。

　　首先是建设什么样的金融强国。习近平总书记已为我们指明了方向，他明确指出建设金融强国要具备六大核心金融要素。一是强大的货币体系。我们知道，货币具有三大职能：计价职能、交易职能和储值职能。随着人民币国际化进程逐步推进，其计价和交易职能已实现。然而，作为储备货币的角色仍面临挑战。当今全球央行的人民币储备规模大概是 2900 亿美元，占比 2.6% 左右，在全球排行第五，取得了显著的进展，但是和前四位之间还有一定的差距。习近平总书记在新时代推动东北全面振兴座谈会上强调，要坚持目标导向和问题导向相结合，坚持锻长板、补短板相结合，坚持加大支持力度和激发内生动力相结合。那么，我们努力的方向和不懈追求的目标就是不断提升人民币作为国际货币及国际储备货币的地位。二是强大中央银行。中国人民银行是我国的中央银行，我们要辩证理解"强大中央银行"。在探讨西方中央银行时会讲到独立性，独立性并不意味着中央银行完全独立于政府之外。我国货币体系和中央银行的首要任务是为实现高质量发展的战略目标，更为关键的是如何有效利用货币政策及宏观政策来服务以下几个方面的具体目标——经济发展、充分就业、币值的稳定和物价稳定。中央银行的强大与否，在于能否对这些关键指标体系提供优质服务。三是强大的金融机构。从中央到地方，从监管机构到服务机构，各级各类强大的金融机构也是我们努力的重点。四是强大的国际金融中心。在全球视野下，纽约、东京、新加坡、法兰克福、香港和上海等城市均为国际金融中心。在我国，除了香港和上海，大连商品期货交易中心已崭露头角，成为地方性的金融中心，并且具有巨大的潜力，可打造成为全球性的金融中心。五是强大的金融监管。在金融监管领域，要做到以下五个方面：对金融机构的全面监管；对金融行为的深度监管，特别是针对关键人员、重要事件及核心项目的严密监控；实施穿透式监管，不仅限于表面现象，更要洞察其内在本质；确保全生命周期的动态监管，实现持续、全面的风险管理与控制。此外，金融强国还要有强大的金融人才。人才培养最重要的是靠大学，要源源不断为国家输送高品质人才。

以上是金融强国的目标，接下来，我从个人角度出发，谈一谈如何打造中国特色的金融发展之路。打造中国特色金融发展之路的基本要义是要做到"八个坚持"，我认为可以将这"八个坚持"分为四个层次。

第一个层次，坚持党中央对金融工作的集中统一领导和坚持以人民为中心的价值取向。这两点充分展现了中国特色，不仅构成了金融强国的坚实基础，也是习近平经济思想的核心与基石。首先，坚持党的全面领导。当前中国经济具有四个非常鲜明的比较优势：超大规模市场优势，全产业链供给优势，人才储备优势，以及党领导下举国体制的优势，可以保障各种政策纵向到点横向到边。尽管部分大型经济体也拥有国内统一大市场、全产业链或相对完善的产业链，并储备了大量人才，然而将这四个方面集于一体的国家，大型经济体中只有中国才有。举个例子，美国修建一条从旧金山到洛杉矶的高铁，耗费几十年的时间都没有成功。在中国，我们早已经建立起了八纵八横的高铁体系。这一成就的背后，得益于党的全面领导。其次，坚持以人民为中心。可以看到，现在西方某些国家的金融，90% 的财富集中掌握在 10% 的人手中，金融主要服务于富人阶层。然而，在我国，普惠金融的理念与实践却展现出截然不同的面貌。比如我们讲到"普惠金融"的三个重点：对农村农业的扶持，对民营企业的支持，对其他方面尤其是弱势群体的关注和帮助。这正是普惠金融所承载的深刻意义。以人民为中心不是口号，其在金融领域的具体实践便是明证。

第二个层次，坚持把金融服务实体经济作为根本宗旨和坚持把防控风险作为金融工作的永恒主题。首先，服务于金融必须服务于实体经济。金融更好地服务于实体经济，要做好科技金融、绿色金融、普惠金融、养老金融、数字金融"五篇大文章"。一是科技金融。科技金融在当前金融工作中占据核心地位。现在，我们的一项重要任务是培养新质生产力，增强创新能力，提高创新，要提高研发的比重。创新活动往往需要庞大的资金投入，并具备容错的特性，做好创新的工作需要大量的金融支撑，因此金融科技在此过程中发挥着不可替代的作用。二是绿色金融。几天前，我们同国合会（中国环境与发展国际合作委员会）共同合作一个课题，探讨如何更有效地推进中国绿色贸易的发展。目前，我国绿色贸易的出口占比已达到 14.8%，表明我国在绿色经济领域已取得显著进展。但如何进一步推动绿色贸易的发展，提高其在国际贸易中的竞争力，是当前面临的重要问题。为此，进出口银行的支持以及信贷方面的支持显得尤为重要。要做好信贷方面的支持，绿色金融是大有可为的。经过深入研究，我们发现，不管是进口国还是出口国，只要给予金融方面的充分支持，绿色贸易的发展将会异常迅速且稳健。三是老年金融。老年金融作为养老保障体系的第三支柱，其重要性不言而喻。第一支柱主要由政府承担，第二支柱则依赖于集体力量，而第三支柱则完全依赖于个人的积累。因此，无论是对一个省还是整个国家，能否充分培育和发展第三支柱，都是决定老年养老质量的关键因素。四是普惠金融。前面已经提到，不再赘述。五是数字金融。数字金融致力于实现两大核心目标。其一，推动金融工具的产业化进程，避免零散无序的发展状态，以构建完善的金融产业体系。其二，通过金融产业化和金融数字产业化的深度融合，更好地服务于实体经济。在这两大目标中，后者尤为关键。其次，如何防范金融风险，有以下几个重点内容：一是"实"。按照"谁的孩子谁抱走"的原则，明确责任归属，压实地方的执政。二是"快"。根据历史的经验，2008年的金融危机期间，美国在面对危机时存在两种不同的应对方式。当雷曼兄弟在2008年开始陷入困境时，美国政府对于是否应该进行干预存在犹豫。然而，他们"看不见的手"是不能够干涉市场，错过了最佳时机，结果金融通道越做越大，导致金融危机的规模不断扩大，最终演变成了全球性的经济危机。2023年的硅谷银行危机，美国政府在短时间内迅速出台了应对措施，三天之内马上处置，最终成功地度过了这场危机。在面对金融问题时，迅速应对至关重要。三是"准"。坚持以精准实施的原则，针对不同的金融机构、不同的案例做出不同的应对。对于需要救助的机构及时伸出援手，对于破产的机构依法依规进行破产清算，对于需要重组的机构积极推进重组工作。在这一过程中，我们始终将人民利益放在首位，以确保储户的存款安全为前提。因此，"以人民为中心"不仅仅是一句口号，更是我们决策过程中的实际行动和具体落实，同时也是我们进行分类决策的根本出发点。四是"底"。就是要守住底线。防止爆雷就是底线。经济危机往往源于金融危机，并且金融危机往往会进一步加剧经济危机的严重程度。总之，防范风险要从这几个方面着手，我们的目标不是头痛医头脚痛医脚，而是系统性地重构。

第三个层次，坚持在市场化法治化轨道上推进金融创新发展和坚持深化金融供给侧结构性改革。首先，市场化和法治化。依法治国是坚定不移的国家战略，必须毫不动摇地贯彻实施。在加强金融法规、法律、条例方面的建设迫在眉睫，应当加快完善相关法律法规，确保金融活动有法可依，违法必究，为金融市场的健康发展提供坚实的法治保障。同时，市场化改革也是推动金融发展的重要手段，积极推进各类保险基金和金融保险基金的建设，为金融市场的稳健运行提供有力支撑。其次，金融方面的供给侧结构性改革。这涵盖了多个方面和维度，比如债转股、提高融资的比重等。更为重要的是需要构建一个健全的金融设施，包括基础设施和金融基础设施的建设。就像对GPS和北斗导航两者的选择。在金融领域，建立一个类似北斗体系的、以我为主的金融设施体系，是推动实体经济发展的重要保障，能使经济高质量发展成为有本之木，有源之水。

　　第四个层次，坚持统筹金融开放、安全和坚持稳中求进工作总基调。首先，统筹金融开放。至关重要的是，我们必须统筹好开放高质量的金融开放与高水平的安全的关系。换言之，我们必须重新审视金融的"不可能三角"原则，即一个国家在独立货币政策、固定汇率制度和资本自由流动三者之间，只能选择其中的两项，而无法同时实现三者。这一原则如同水流一般，是内在的要求。例如，中国需要制定与美国不同的货币政策。若美国提高利率，中国则可选择降息降准，保持独立的货币政策。同时，保持资本流通的灵活性，不应采取固定利率制度。因为一旦采用固定利率制度，货币政策将受到大国的影响。比如香港金融管理局，其货币汇率始终维持在 1 美元兑换 7.8 港元的水平，当美国利率上升时，港币利率也必须相应上升，这是内在经济运行机制所决定的。对于中国这样一个大国来讲，独立货币政策的重要性不言而喻。从纯经济角度来讲，中国经济周期与美国的不一样。我们要有自己的独立货币政策。目前，我国资本正逐步实现有序开放，为确保这一过程的顺利进行，我们的制度必须采取切实有效的管理规定。高质量的开放保障高水平的安全还有另外一点，必须对现有的 3.25 万亿储备中美元的比重进行合理下调，或者寻求投资多元化作为另一策略。此外，在国际货币基金组织（IMF）方面，提升特殊提款权的比重至关重要。目前，人民币在该体系中的比重已提升至 12.8%，但仍有进一步上升的空间。此举不仅有助于增强我国在国际金融领域的话语权，更是迈向金融强国之路的重要一步。其次，把握好稳中求进。在具体的货币政策中，上半年我们应该以进促稳。此前，我们已经将利率下调了 25 个基点，即 0.25%，降息举措对于刺激经济至关重要。值得注意的是，当前降息是非对称性降息，对于期限较长的金融产品，降息幅度可适度较小，而对于期限较短的金融产品，降息幅度可稍大一些，大约在 20 至 25 个基点之间。促稳之后下半年怎么做？更重要的是以进促稳。下半年是否需要频繁或大力度的货币政策工具调整，要看上半年实施的金融政策与金融工具在经过半年时间后的实际流动效果。稳中求进，以进促稳。

# 新一轮经济全球化与开放型世界经济前景

王丽 *

* 王丽，北京市社会科学院副研究员

# 一、引　言

党的十八大以来，习近平总书记站在推动中华民族伟大复兴战略全局与审视世界百年未有之大变局的宏观视角，针对新一轮全球化及开放型世界经济格局，提出了一系列深邃见解，为我们做好各项工作提供了根本遵循、指明了前进方向。

习近平总书记强调："面对经济全球化带来的机遇和挑战，正确的选择是，充分利用一切机遇，合作应对一切挑战，引导好经济全球化走向。"①他指出，开放是国家兴盛的必经途径，对外开放则是中国发展征途上的关键举措。自2013年9月明确提出"共同维护和发展开放型世界经济"以来，习近平总书记在多个场合强调这一重要主张。在2023年10月举办的第三届"一带一路"国际合作高峰论坛开幕式上，习近平总书记郑重宣布"支持建设开放型世界经济"。在主持二十届中共中央政治局第八次集体学习时，习近平总书记强调："反对将经贸问题政治化、武器化、泛安全化，推动建设开放型世界经济。"2024年3月两会期间，习近平总书记在参加江苏代表团审议时强调，"持

---

① 习近平：《共担时代责任．共促全球发展》，《求是》2020年第12期。

续建设市场化、法治化、国际化一流营商环境，塑造更高水平开放型经济新优势"①。2024年5月，国家主席习近平在中法企业家委员会第六次会议闭幕式上致辞，强调中法携手应对全球性挑战、推动建设开放型世界经济，为世界注入更多稳定性和正能量。习近平总书记关于推动建设开放型世界经济的系列重要论述，为支持建设开放型世界经济，不断以中国新发展为世界提供新机遇，更好惠及各国人民，提供了根本遵循。

　　面对新一轮全球化浪潮，构建开放型世界经济体系成为各国的必然选择。尽管近年来美国大搞脱钩断链，但展望未来，随着新一轮科技革命和产业变革的深入推进，经济全球化和开放型世界经济仍将迎来新的发展机遇。推动经济全球化健康发展，建设开放型世界经济，需要国际社会携手合作，完善全球经济治理，推动建设开放、包容、普惠、平衡、共赢的经济全球化，为世界经济增长注入新动力。作为全球第二大经济体，中国在新一轮全球化中发挥着举足轻重的作用。近年来，中国持续扩大对外开放，深度参与全球经济治理，积极推动"一带一路"建设，为全球经济增长作出了重要贡献。未来，中国将继续坚持对外开放基本国策，主动参与全球化进程，深化与世界各国的经贸合作，推动形成更加公正合理的国际经济秩序，为构建人类命运共同体贡献中国智慧和中国方案。

---

①　《以更大的决心和力度深化改革开放》，《人民日报》2024年4月21日。

## 二、新一轮经济全球化的特征

新一轮经济全球化是指在经济全球化进程中出现的新特征、新趋势和新动力，这包括技术革新、贸易投资自由化便利化、全球供应链重构、数字经济发展等因素的加速推进。习近平总书记明确指出，经济全球化作为一种不可逆转的历史趋势，其进程虽曲折却持续向前推进。当前形势下，这一进程展现出双面特征：一方面，新技术革命与产业升级的深层次推进成为强劲动力；另一方面，大国之间的竞争、全球疫情的肆虐以及地缘政治冲突等因素，对经济全球化进程构成了显著阻碍。尽管阻力重重，经济全球化内生的增长动能依然超过面临的挑战。在此背景下，经济全球化表现出若干新特点，这些特点深刻地重塑并影响着我国发展的外部环境格局。

一是全球经济治理体系面临深刻重组。习近平总书记指出，国际力量对比正在发生前所未有的积极变化，新兴市场国家和发展中国家群体性崛起正在改变全球政治经济版图①。发展中国家经济增长势头加速，整体影响力与日俱增，进而在世界经济总量中的份额稳步提升，对促进全球经济增长的贡献越发突出。2002—2022 年，发展中国家国内生产总值（GDP）全球占比从 19.8% 上升至 40.4%，中国 GDP 全球占比从 4.2% 上升至 18%。这些数据表明了发展中国家在全球经济中影响力不断增强、地位提升。随着发展中国家经济的快速发

---

① 习近平：《深入理解新发展理念》，《求是》2019 年第 10 期。

展，它们成为全球经济增长的重要动力。例如，中国长期以来对全球经济增长的平均贡献率超过 30%，这一数据突出显示了发展中国家对全球经济的显著贡献。此外，发展中国家在国际经贸中的地位也得到了提升，他们的商品出口和进口全球占比都显著上升，吸引外资和对外直接投资全球占比也迅速增加，这些都说明了发展中国家在国际经济中的重要地位和作用在不断增强。诸如金砖国家（BRICS）、上海合作组织（SCO）等新兴势力的代表性机制相继设立并稳步扩容，其国际影响力亦呈递增态势，这也是新兴市场国家和发展中国家在国际话语权和经济规则制定中影响力提升的重要表现。然而，需要注意到的是，当前全球经济治理体系仍然不能充分体现发展中国家的利益和诉求，这也是我们需要关注和改进的地方。

二是经济全球化链条加快重塑。习近平总书记指出，在各国相互依存日益紧密的今天，全球供应链、产业链、价值链紧密联系，各国都是全球合作链条中的一环，日益形成利益共同体、命运共同体[1]。探讨全球产供链布局的影响因素时，除传统的成本与效率等经济考量外，政治稳定性及安全环境等非经济因素的作用亦不容忽视。2008年金融危机之后，发达国家开始重新审视经济全球化对本土产业及就业格局的潜在影响，并推动"制造业本土化"策略。受新冠疫情及地缘政治态势的影响，部分国家启动"降低外部依赖""去风险化"及"供应链多元化"的政策，加快布局近岸与友好国家的产供链。同时，新兴经济体亦积极承接产业转移，以推动经济结构的优化升级。此

---

① 《习近平外交演讲集》第二卷，中央文献出版社 2022 年版，第 162 页。

外，跨国企业为规避经贸壁垒、降低成本及分散风险，在全球布局时采用"中国+1"或"中国+N"的多元化策略。从全球分工格局来看，尽管2020年疫情期间大型跨国公司的跨国活动指数有所下滑，但至2022年已回升至约62%，表明市场接近性与效率仍是跨国企业的核心考量。我国依然保持着对全球外商投资的强大吸引力，成为重要的外资流入地。

三是经济全球化动能持续创新演进。习近平总书记指出，数字化、智能化、绿色化进程不断加快，新技术、新业态、新模式层出不穷，为推动经济全球化、恢复全球经济活力、增强世界经济发展韧性注入了强大动力[①]。数字化显著重塑了贸易发展的格局。它通过提升商品与服务的可贸易性，极大地推动了数字贸易的蓬勃发展。跨境电商作为数字经济与实体经济融合的新兴贸易模式，有效连接了全球消费者与优质商品，显著促进了销售增长。此外，数字贸易还涵盖了以数字方式进行的跨境服务贸易。世界贸易组织数据显示，2023年全球可数字化交付服务出口额同比增长9.0%，达到4.25万亿美元。绿色化则预示着巨大的经济发展潜力[②]。当前，绿色低碳发展与能源转型步伐加快，新能源汽车、锂电池、光伏产品等新能源产业正迅速发展，各国在新能源产业发展赛道上的竞争日趋激烈。

四是全球经济化治理难题日益显著。习近平总书记指出，全球经

---

① 《习近平向2023年中国国际服务贸易交易会全球服务贸易峰会发表视频致辞》，《人民日报》2023年9月3日。

② 王文涛：《经济全球化发展走向与扩大高水平对外开放》，《学习时报》2024年2月1日。

济治理滞后,难以适应世界经济新变化①。多边贸易体制与区域经济合作协议被视为拉动经济全球化进程的"双轮机制"。目前,经济全球化面临着逆向发展趋势,这对"双轮机制"均产生了不同程度的冲击,进而加剧了治理赤字的问题。单边主义和保护主义的抬头是经济全球化遭遇逆风的重要体现,这些行为违背了经济全球化的基本原则和精神,破坏了全球贸易和投资的稳定与繁荣。单边主义强调国家利益优先,忽视国际责任和合作,导致全球治理体系陷入混乱和分裂。保护主义则通过设立贸易壁垒和限制措施来保护本国产业和市场,阻碍了资源和要素的自由流动,降低了全球经济的效率和竞争力。一些国家出于自身利益考虑,采取单边主义和保护主义措施,破坏了多边贸易体制的公平性和规则性,导致全球贸易关系紧张,贸易壁垒增加,严重阻碍了贸易和投资自由化便利化进程。虽然区域贸易安排能够在一定程度上促进区域内的贸易和投资,但其碎片化趋势也日益明显。不同区域之间的贸易安排可能存在差异和冲突,导致全球贸易体系变得更加复杂和碎片化。这种碎片化不仅降低了贸易效率,还增加了贸易成本,不利于全球经济的整体发展。

## 三、开放型世界经济的机遇与潜力

新一轮全球化为开放型世界经济发展提供了动力和基础,推动形

---

① 《习近平主席在世界经济论坛 2017 年年会和访问联合国日内瓦总部时的演讲》,人民出版社 2017 年版,第 6 页。

成更加开放的世界经济体系。开放型世界经济的形成和发展，有利于各国发挥比较优势，实现互利共赢；有利于全球资源的优化配置，提高资源利用效率；有利于全球创新要素的流动，促进全球科技进步和产业升级。同时，开放型世界经济也面临着诸多挑战，如全球宏观经济失衡、国际金融市场波动、全球贸易保护主义抬头等，需要国际社会共同应对。

### （一）区域经济一体化发展

区域经济一体化是指不同国家或地区之间在经济政策、法规、标准以及市场准入等方面的相互协调与整合。这一进程不仅有助于降低贸易壁垒和投资限制，还促进了技术和资本的自由流动，从而加速了经济增长和社会发展。在经济全球化的背景下，区域经济一体化成为推动开放型世界经济发展的重要力量。通过创建单一市场和经济联盟，区域一体化有助于成员国之间的资源优化配置，增强整个区域的国际竞争力。例如，欧盟、东南亚国家联盟（ASEAN）以及北美自由贸易协定（NAFTA）等都是区域经济一体化的典型案例。这些区域的经济一体化极大地促进了成员国之间的贸易和投资，提高了区域经济的整体实力和全球影响力。

随着全球经济的深度融合，区域经济一体化也面临着新的挑战和机遇。一方面，全球经济的不稳定性，如金融危机和政治冲突，可能会影响区域合作的稳定性和发展；另一方面，全球供应链的重构、数字化转型和绿色经济的兴起为区域经济一体化提供了新的增长点。区域内国家可以通过共同开发绿色技术和数字经济平台，推动可持续发展和经济现代化。此外，区域一体化还能够帮助成员国更有效地应对全球挑战，如气候变化和公共卫生危机，通过集体行动和资源共享，增强区域的应对能力和影响力。

为了更好地推动区域经济一体化的进程，需要成员国之间建立更加紧密的政治和经济合作机制。这包括但不限于建立共同的政策框架、协调宏观经济政策，以及制定统一的市场规则和标准。加强政策协调和合作不仅可以减少区域内的经济摩擦，还可以提升区域对外的集体行动能力。此外，加强区域内的基础设施建设，如交通网络、能源供应和信息通信技术的互联互通，对于促进区域内的经济一体化和市场整合具有重要意义。这些基础设施的建设和升级能够促进人员、商品、资本和信息的自由流动，进一步加强区域内的经济联系和合作。

展望未来，区域经济一体化将继续在全球经济治理中扮演关键角色。随着全球经济权力的重新分配，新兴市场和发展中国家在区域一体化进程中的作用越来越重要。这些国家通过区域经济合作，不仅能够提高自身的经济发展和国际地位，还能够在全球舞台上推动更加平衡和包容的经济增长模式。因此，未来区域一体化的发展方向需要更加注重包容性增长和公平贸易，确保所有成员国都能从中受益。通过这种方式，区域经济一体化不仅能够促进成员国的经济繁荣，还能够为构建开放型世界经济的美好未来做出贡献。

### （二）数字经济的推动作用

数字技术对经济全球化和开放型世界经济的贡献已成为研究的热点。数字经济的兴起不仅促进了全球商业模式的变革，还加速了国际贸易和投资的流程。在全球范围内，数字平台、大数据、人工智能和云计算等技术正在重新定义产品和服务的提供方式。通过对这些技术的深入分析，可以看到其在提高供应链效率、增强消费者体验和推动创新方面的关键作用。例如，电子商务平台通过提供跨境交易服务，使得中小企业能够更容易地进入国际市场，这不仅促进了全球贸易的多样化，还增强了经济体之间的互联互通。同时，数字技术还帮助企业优化库存管理，减少交易成本，提高了全球供应链的透明度和响应速度。

数字技术在全球金融服务中的应用也正在改变开放型世界经济的面貌。通过数字货币、区块链技术和金融科技创新，金融机构能够提供更为安全、高效的服务。这些技术的应用不仅提高了跨境支付的效率，还降低了交易成本，使得全球资本流动更加灵活。区块链技术尤其在提高交易透明度、防范金融欺诈方面显示出巨大潜力。此外，人工智能在风险评估、信贷决策和市场分析中的应用，为金融机构提供了更加精准的决策支持，加强了金融系统的稳定性，对于维持全球经济秩序具有重要意义。

此外，数字技术在促进全球知识和技术交流中扮演了重要角色。在线教育平台、远程工作和数字协作工具的广泛使用，使得知识和技能的全球传播更加便捷。这种变革不仅提高了劳动力的技能水平，还促进了国家间的技术合作与创新。数字技术的广泛应用加速了研究成果的全球共享和技术的迅速迭代，为解决全球性问题提供了新的思路和工具。尤其是在应对气候变化、公共卫生和可持续发展等全球性挑战时，数字技术的作用不容忽视。

尽管数字经济为开放型世界经济的发展提供了巨大动力，但也带来了一系列挑战。数据安全、网络空间的治理、数字鸿沟和隐私保护等问题日益凸显。因此，为了实现数字经济的健康发展，需要国际社会共同努力，建立有效的国际规则和合作机制。这包括加强跨国数据流动的监管，保护个人和企业的数据权利，以及推动全球数字治理的创新。通过这些努力，可以确保数字经济的潜力得到充分发挥，同时减少其可能带来的风险。

### （三）绿色经济与能源转型

在推动经济全球化的大背景下，绿色经济的发展成为推动可持续发展的关键因素。绿色经济主张通过低碳发展、资源高效利用和环境保护来实现经济增长与生态平衡的双赢。经济全球化促进了技术、资本和信息的跨国流动，为绿色技术的创新和应用提供了新的机遇。然而，这一过程也伴随着对能源结构和经济模式转型的挑战。全球范围内的绿色转型不仅关乎技术创新和政策支持，还深受全球政治经济结构变动的影响。可再生能源技术的快速发展和应用，已成为许多国家能源政策调整的重点，这不仅减少了对化石燃料的依赖，也推动了新的工业革命。

能源转型是实现绿色经济的核心内容之一。这一转型过程涉及从以石油、煤炭等非可再生资源为主的能源体系，向以太阳能、风能、生物能等可再生资源为主的体系的转变。经济全球化为能源转型提供了必要的资源和市场基础，尤其是在技术交流和资金流动方面。随着全球对气候变化和环境恶化的认识加深，各国政府和国际组织更加重视能源结构的优化和更新。此外，国际合作在推动全球能源治理中扮演着日益重要的角色，通过多边机构和国际协议，加强了全球范围内的政策协调和技术合作。

全球绿色经济的发展不仅仅是一个经济或技术问题，它还深刻影响着社会结构和文化观念的演变。随着绿色消费和可持续发展观念的普及，公众对环境友好产品的需求不断增加，促使企业在生产和服务中采用更为环保的方法。这种需求的变化正推动全球企业重塑其商业模式和产品线，特别是在汽车、电力和建筑行业，绿色创新已成为企业竞争的新焦点。同时，这也为发展中国家提供了通过绿色经济实现产业升级和经济转型的机会，有助于这些国家在全球市场中提高自身的竞争力。

面对经济全球化带来的环境挑战和经济机会，国际社会需共同推动绿色经济的全球治理机制。这包括制定全球统一的环保标准、推广碳交易和碳税等市场机制，以及通过国际合作加强环境保护法规的实施。这些措施不仅能够促进全球环境的改善，也是实现经济增长中的绿色转型的必要条件。通过这些集体努力，经济全球化不仅能带来经济的高速增长，还能确保这种增长是可持续和环境友好的。这对于应对全球范围内的生态危机和推动长远的经济发展具有重要意义。

# 四、中国在新经济全球化中的作用

## （一）中国经济的全球化贡献

随着经济全球化进程的深入，中国经济与全球市场的互动日益加深。从成为全球最大的出口国到跃居为世界最大的贸易国，中国不仅是贸易自由化及投资便利化的积极参与者与获益者，更是国际贸易全球化进程的关键驱动力。中国作为全球第二大经济体，对世界经济增长的贡献率每年都在 25% 以上[1]，成为推动全球化的重要力量。根据世贸组织（WTO）发布的 2023 年全球货物贸易数据统计，2023 年中国进出口总额 5.94 万亿美元，其中，出口 3.38 万亿美元，国际市场份额为 14.2%，连续 15 年保持全球第一[2]。与此同时，中国也是世界最大的中间品贸易国，通过全球价值链分工，为其他经济体创造了更多的贸易机会，产生了显著的贸易创造效应。这表明中国经济的崛起并未挤占其他国家的市场空间，而是通过互利共赢的方式，推动了全球贸易的繁荣发展。

同时，中国已经发展为全球价值链网络中的核心枢纽。自加入世贸组织以来，中国在中间产品领域的年均贸易增量显著超越了消费品与资本品，彰显出其贸易结构的独特动态。聚焦于亚太区域的价值链系统，尤其是东亚价值链，这是构成全球经济贸易循环之支柱及促进全球扩张的关键力量，而中国则在此过程中扮演着举足轻重的角色。各国产业结构的优化与升级，实则嵌套于国家间相互依赖与协作的框架下，经由合作与互惠逐步推进其动态转型与效能飞跃，进而在全球协同发展中收获资源优化整合、要素配置效率跃升及全要素生产率提高的广泛利益。作为全球价值链的重要环节以及全球最大的中间

---

① 张茉楠：《当前"逆全球化"趋势与新一轮全球化走向》，《理论参考》2017 年第 9 期。

② 《我国出口连续 15 年保持全球第一》，《光明日报》2024 年 4 月 16 日。

品贸易大国，中国对国际贸易体系施加了显著的贸易创造效应，非但未缩减国际商贸版图，反而为其他经济体开辟了新的贸易途径与增长契机。

中国政府积极推进对外开放，着力构建开放型经济新体制。党的十八届三中全会决定提出，要加快自由贸易区建设，以周边为基础实施自由贸易区战略，打造面向全球的高标准自由贸易区网络。同时，中国加快与周边国家的基础设施互联互通建设，大力推进"一带一路"倡议，努力形成全方位开放新格局。这一系列举措不仅有利于中国经济的长远发展，也为深化区域经济合作、促进经济全球化进程注入了新的动力。伴随新一波全球产业迁移浪潮，中国已从产业承接主体转变为产业转出国。因要素成本攀升、后发优势渐减，加之日益严峻的外部贸易竞争环境，中国原有基于嵌入式分工模式的出口结构正经历深刻转型。全球经济一体化程度的深化促使国际新兴产业间相互依赖性不断增强，尤其考虑到中国作为新兴市场经济体所蕴含的巨大市场发展潜力，此趋势更为明显。发达国家凭借其在新兴产业的领先地位，展现出积极的合作姿态，以期在新兴领域拓展。同时，经济全球化深入发展增强了国际新兴产业间的互相依赖，中国与其他经济体之间的产业结构联结度亦显著增强。这意味着中国新兴产业的发展离不开与全球市场的互动，应当在互利共赢的原则指导下，推动产业结构与战略的动态优化与升级，借此途径实现全球资源的更优整合及要素配置效率的显著增强，进而共享全球经济一体化带来的发展成果与红利。

总之，在新一轮经济全球化中，中国不仅是亚太价值链乃至全球价值链中的关键一环，更成为推动全球贸易自由化与投资便利化的中坚力量。中国经济的全球化贡献，不仅体现在对世界经济增长的巨大拉动作用上，更在于通过不断深化与全球市场的互动，持续优化自身产业结构，推动产业转型升级，为全球贸易创造更多机会。面对"逆全球化"趋势带来的挑战，中国将进一步深化对外开放，积极参与全球经济治埋，推动构建开放型世界经济，为实现互利共赢的新一轮全球化贡献力量。

### （二）"一带一路"倡议的影响

在新兴经济不断在广度和纵深取得新突破的趋势下，中国政府及时提出了"一带一路"倡议，旨在深化与共建国家的经贸合作，共同打造政治互信、经济融合、文化包容的利益共同体、命运共同体和责任共同体[①]。

"一带一路"倡议为全球经济发展注入了新动力。一是促进经济全球一体化，通过基础设施建设，如铁路、公路、港口和通信网络，"一带一路"倡议增强了区域间的互联互通，降低了贸易成本，促进了商品、资本、技术和人员的自由流动，加速了经济全球化进程。二是推动国际贸易与投资。倡议促进了中国与参与国家之间的经贸合作，增加了多边和双边贸易额，吸引了大量投资进入基础设施项目，为共建国家带来了经济增长的新动力。2024 年第一季度，中国与共建"一带一路"国家货物贸易进出口超过 4.8 万亿元，增长 5.5%，比外贸

---

① 王莉、段光鹏：《破解"逆全球化"的思想武器》，《前线》2018 年第 12 期。

整体增速高 0.5 个百分点，占进出口总额的比重达到 47.4%①。三是助力发展中国家经济增长，通过改善交通、能源等基础设施，"一带一路"帮助许多发展中国家突破了发展瓶颈，为其工业化和现代化进程提供了支持，促进了当地就业和减贫工作。四是增进文化交流与文明互鉴，倡议不仅涉及经济领域，也加深了参与国家间的人文交流，增进了不同文明间的理解和尊重，推动了全球文化的多样性和共同繁荣。

共建"一带一路"倡议是中国推动建设开放型世界经济和构建人类命运共同体的重大实践。10 年来，共建"一带一路"从中国倡议走向国际实践，取得实打实、沉甸甸的成就。已有 150 多个国家、30 多个国际组织签署共建"一带一路"合作文件，共建"一带一路"成为深受欢迎的国际公共产品和国际合作平台②。不仅如此，共建"一带一路"还成为建设开放包容、互联互通、共同发展的世界的新动能。共建"一带一路"不仅激活了共建国家发展动力，而且成为拉动全球贸易和全球收入的新引擎。亚洲开发银行的研究表明，内陆国家基础设施贸易成本每降低 10%，其出口将增加 20%。世界银行《"一带一路"经济学：交通走廊的机遇与风险》研究报告显示，共建"一带一路"将使参与国贸易增长 2.8%—9.7%、全球贸易总额增长 1.7%—6.2%、全球收入增加 0.7%—2.9%③。合计拉动投资规模近万亿美元，

---

① 《一季度中国与共建"一带一路"国家货物贸易进出口超 4.8 万亿元》，新华社，2024 年 4 月 19 日。

② 何秋娟：《"一带一路"倡议：中华文明突出特性的当代实践》，《浙江理工大学学报（社会科学版）》2023 年第 11 期。

③ 李少康：《"一带一路"倡议十周年：发展、挑战与建议薛力》，《克拉玛依学刊》2023 年第 1 期。

创造超过 42 万个工作岗位，使共建国家 4000 万人摆脱贫困，为人类社会提供了一个新的发展范式。2024 年上半年，我国对共建"一带一路"国家合计进出口 10.03 万亿元，同比增长 7.2%，占进出口总值的 47.4%。作为共建"一带一路"的旗舰项目和标志性品牌，中欧班列累计开行超 9 万列，2024 年到 7 月初即超过 1 万列①。

同时，"一带一路"倡议的实施也对我国的对外开放格局形成重要影响。"一带一路"建设打通了亚欧非大陆，有助于中国企业"走出去"，拓展与共建国家的产能、经贸合作，实现与世界各国资源的优化配置和高效利用。但是，我国传统对外开放中存在部分区域开放、外商投资与外汇管理机制等方面的障碍，不利于企业在"一带一路"建设中的深度参与。为适应共建"一带一路"新形势，我国着力加速对外商投资管理制度、外债管控机制及贸易便捷化措施的深化改革进程，着力稳步构建一个与国际投资贸易普遍规范相接轨的制度架构。另外，"一带一路"建设也为我国优化经济布局、缩小区域发展差距提供了新路径。自改革开放以来，我国东部沿海区域率先步入快速发展轨道，而中西部地区发展步伐相对较慢，导致区域间发展不平衡状况日渐显著。随着"一带一路"建设的推进，中西部地区迎来新的发展机遇。我国加快形成东中西互动、陆海内外联动的开放新格局，积极推动中西部地区融入"一带一路"建设。例如重庆作为"一带一路"和长江经济带的联结点，近年来大力发展开放型经济，加快建设内陆国际物流枢纽和口岸高地。2024 年第一季度，重庆货物贸

---

① 赵忠秀：《推进高水平对外开放 培育国际经济合作和竞争新优势》，《光明日报》2024 年 9 月 25 日。

易出口达 1091.42 亿元，同比增长 2.6%，增速居中国前列 ①。

总之，面对贸易保护主义抬头，"一带一路"倡议倡导开放包容、合作共赢的新型全球化理念，为中国与世界其他国家共同应对全球性挑战提供了合作平台。"一带一路"倡议在全球化的新一轮发展中起到了桥梁和纽带的作用，不仅促进了经济合作与增长，还加深了人文交流与文明互鉴，为构建更加公正、合理、包容的全球治理体系作出了积极贡献。我国应抓住"一带一路"建设机遇，积极推动对外开放体制机制改革创新，打造立足周边、辐射"一带一路"、面向全球的开放新格局，不断增强我国在区域经济合作中的影响力和话语权。

## 五、推动建设开放型世界经济战略建议

开放带来进步，封闭必然落后。习近平总书记多次强调，"中国开放的大门不会关闭，只会越开越大"。面向未来，中国将坚定不移地推进高水平对外开放，支持建设开放型世界经济，更好地惠及各国人民。

### （一）推动共建"一带一路"更高质量、更高水平的新发展

一是坚持创新引领，共建开放创新的世界经济。习近平总书记指出："创新是第一动力。只有敢于创新、勇于变革，才能突破世界经

---

① 《重庆一季度外贸出口同比增长 2.6%》，《重庆日报》2024 年 4 月 29 日。

济发展瓶颈。"[1]在全球科技革命和产业变革的大背景下，创新是推动经济发展的关键引擎。通过共建"一带一路"，各国应强化科技创新合作，共享科技成果，特别是在数字经济领域，这包括利用大数据、人工智能、云计算等前沿技术，提升共建国家的数字化水平，推动"丝路电商"合作，促进电子商务和数字贸易的发展，为中小企业开辟更广阔的市场空间，加速商品和服务的跨境流动等。

二是加强绿色发展与数字丝绸之路。绿色发展是全球共识，也是"一带一路"高质量发展的核心要素之一。实施《"一带一路"绿色投资原则》，旨在引导资金流向绿色、低碳、可持续的项目，比如可再生能源、绿色交通和建筑等领域。同时，将数字经济与绿色发展相结合，推动数字丝绸之路建设，不仅能够促进信息技术与绿色技术的融合应用，还能通过智能化管理提高能源效率，减少环境影响，为实现联合国可持续发展目标贡献力量。

三是加大民生援助与包容性增长。加大对民生领域的援助和支持，是确保发展成果惠及所有人群的关键。这包括投资于教育、卫生、基础设施等"小而美"的民生项目，这些项目直接关系到民众生活质量的提升，能够有效缩小发展差距，增强社会的凝聚力和稳定性。此外，通过技能培训、就业创造等措施，提高当地居民的参与度和受益程度，统筹推进标志性工程和"小而美"民生项目，使项目成果更多、更公平惠及各方，确保"一带一路"倡议的包容性和可持续性。

---

[1] 杨丽花：《推动建设开放型世界经济》，《光明日报》2023 年 11 月 2 日。

## （二）稳步扩大高水平制度型开放，推进贸易投资自由化便利化

一是加强高水平制度型开放与 RCEP 实施。持续推进高质量实施《区域全面经济伙伴关系协定》（RCEP），作为全球最大的自由贸易协定，高质量实施 RCEP 意味着中国需在货物贸易、服务贸易、投资、知识产权、电子商务等领域与 RCEP 成员国的规则深度对接，推动贸易和投资的自由化便利化，这将增强区域供应链的稳定性和竞争力，为外商提供更为广阔的市场和合作机会。要积极推动取消外资准入限制。进一步放宽市场准入，消除行业壁垒，允许外国投资者在更多领域内设立独资或合资企业，促进技术转移、产业升级和就业创造，提升国内企业的国际竞争力。

二是打造吸引外资新优势。一方面积极优化营商环境，包括简化行政程序、提高政府服务效率、保护知识产权、保障公平竞争等，通过提升政务服务水平，保障外资企业的合法权益，增强外商投资信心，促使外资持续流入；另一方面，加强自由贸易试验区、海南自由贸易港等开放平台的建设。这些平台享有更为宽松的市场准入、更优惠的税收政策、更灵活的监管措施，为外资提供了先行先试的机会。通过在这些平台上探索制度创新，如跨境资金流动便利化、数据安全有序流动等，可以积累经验，逐步推广至全国，形成制度型开放的示范效应。

三是强化开放型经济体系建设。统筹推进内陆开放型经济试验区与沿边开发开放试验区建设，通过优化物流通道、提升边境贸易便利

化水平、加强国际合作园区建设等措施，吸引外资向这些地区流动，促进当地产业升级和经济结构优化。加强跨境经济合作区建设，作为推动"一带一路"建设的重要载体，跨境经济合作区不仅促进了跨国产业链和供应链的整合，还通过跨境金融、电子商务等新型合作模式，为外商提供了更多投资机会，同时也有利于增强中国与周边国家的经济联系和互信。

### （三）创新国际经贸合作机制，维护和完善多边经济治理机制

一是创新与维护传统与新兴展会平台。充分利用好广交会、投洽会、服贸会等传统展会作为中国对外开放的重要窗口的平台优势，为中外企业搭建展示、交易、合作的桥梁。通过持续优化展览内容、提升服务水平，更好地适应国际市场变化，为各国企业提供进入中国市场的新机遇。创新发展进博会、消博会、数贸会等新创展会平台，聚焦进口、消费品和数字贸易，进一步扩大对外开放，促进消费回流，同时为其他国家分享中国市场的增长红利提供新渠道。

二是加强与新兴经济体的经贸合作。深化与巴西、俄罗斯、南非等金砖国家以及上海合作组织成员国的经贸联系，致力于构建更加稳固的多边合作框架，促进贸易投资自由化便利化，推动技术交流、产能合作和基础设施建设，增强新兴市场和发展中国家的经济韧性。借助"一带一路"国际合作高峰论坛等平台优势，推动与共建国家的务实合作，加强基础设施互联互通，促进贸易畅通、资金融通。同时，通过新开发银行、亚投行等新兴国际金融机构的创新合作机制，为发展中国家提供了新的融资渠道，助力其基础设施建设和经济社会发

展，增强其在全球经济治理中的作用和声音。

三是推动全球治理创新与公正。增强新兴经济体发言权，借助世界合作机制的创新与实践，使中国及其他新兴经济体能够在国际经济规则制定中发挥更大作用，推动全球治理体系向更加公正合理的方向发展。包括推动 WTO 改革，确保多边贸易体制的透明度、包容性和有效性，以及在气候变化、数字经济等全球性议题上形成更多共识，共同应对全球挑战。

综上，我国在新一轮经济全球化浪潮中面临着诸多挑战和机遇。尽管逆全球化思潮、单边主义和保护主义给世界经济带来诸多不确定性，但开放融通、合作共赢始终是不可阻挡的时代潮流。中国将以更加开放的视野、更加积极的姿态参与新一轮经济全球化进程，同世界各国携手应对全球性挑战，共建开放型世界经济，推动构建人类命运共同体，开创人类更加美好的未来。

## 第二部分

### 数字化背景下的中国经济新征程

# 数实融合塑造发展新优势：
# 人机物三元融合新形态 [①]

潘教峰　吴静 [*]

* 潘教峰，研究员，博士生导师，中国科学院科技战略咨询研究院院长

　吴静，研究员，博士生导师，中国科学院科技战略咨询研究院学部咨询研究支撑中心执行主任

---

① 本文发表在《中国科学院院刊》2024 年第 6 期。

党的十八大以来，党和国家高度重视数字经济与实体经济的融合发展，互联网、大数据、人工智能等数字技术在实体经济中的融合应用越发广泛深入。习近平总书记强调，要推动数字经济和实体经济融合发展，把握数字化、网络化、智能化方向，推动制造业、服务业、农业等产业数字化，利用互联网新技术对传统产业进行全方位、全链条的改造，提高全要素生产率，发挥数字技术对经济发展的放大、叠加、倍增作用。据《中国数字经济发展研究报告（2023 年）》测算，2022 年，我国第一、二、三产业数字经济渗透率分别达 10.5%、24.0%、44.7%[①]。加快数字经济与实体经济深度融合已成为我国传统产业转型升级的新引擎，是经济高质量发展的必然选择。

纵观全球，数字经济与实体经济的融合（以下简称"数实融合"）也是世界主要国家打造竞争新优势的战略选择。2006 年，美国国家科学基金会提出"信息物理系统（Cyber-Physical Systems）"，旨在将传感、计算、控制和网络集成到物理对象和基础设施中，并将它们相互连接；此后，美国先后于 2012 年、2018 年和 2022 年制定"国家先进制造业战略"，强调将数字技术应用于制造业，以提高美国制造业竞争力，带动美国制造业回流升级，在先进制造业领域重塑

---

① 中国信息通信研究院：《中国数字经济发展研究报告（2023）》，http://www.caict. ac.cn/kxyj/qwfb/bps//202304/P020230427572038320317.pdf。

国家竞争力。德国自 2013 年提出"工业 4.0"概念以来，先后推出
《实施"工业 4.0"战略的建议》《数字化战略 2025》《德国工业战略
2030》等战略，并通过数字化技术实现对生产过程的全面感知和控
制，推动实体物理世界和虚拟网络世界的融合；2022 年，德国进一
步提出"制造-X"计划，旨在通过构建数据空间，激发数据要素价
值，促进供应链整体系统性数字化变革，以确保德国工业全球领导
者地位。日本面对老龄化、少子化等突出社会问题，提出"社会 5.0"
战略，其中"互联工业"战略通过采集海量数据，将人、设备、系
统、技术等相互连接，通过对跨越多种类型信息的大数据进行人工
智能（AI）分析，包括客户和消费者需求、供应商库存信息和交付
信息等，从而不仅解决制造问题，更力图解决日本面临的严峻社会
挑战。

总体来看，依托传感器、物联网、大数据、人工智能等技术，实
现物理世界与数字世界之间的相互感知、控制、优化，已成为国家
提升产业竞争力、破解社会发展难题的重要途径。本文旨在进一步
把握数实融合的本质规律，厘清数实融合的赋能路径，分析数实融
合的发展趋势，为深入推进数实融合、塑造我国经济发展新优势提
出对策建议。

# 一、数字经济及其赋能本质

从大历史观来看，人类社会经历了农业社会、工业社会，正步入

知识社会。在这个过程中，每个社会都有其标志性的技术，标志性的经济形态，标志性的特征、工具、对象等，从而构成了不同的社会形态。数字经济是知识社会的典型经济形态，如农业经济之于农业社会，工业经济之于工业社会；对知识社会而言，正在孕育产生以知识为特征的新经济形态。

## （一）数字经济是知识社会的典型经济形态

当今社会正在从工业经济时代大步迈向知识经济时代。1996年，经济合作与发展组织（OECD）发布《以知识为基础的经济》报告提出，"知识经济"是建立在知识和信息的生产、分配和使用之上的经济。联合国教科文组织《迈向知识社会》报告认为，知识社会的核心是为了创造和应用人类发展所必需的知识而确定、生产、处理、转化、传播和使用信息的能力。知识资源正在超越土地、水、植物、矿产、能源等自然资源，日益成为社会生产力发展的关键要素和最重要的资源。

数字经济的兴起，为知识的生产、传播和使用带来新的可能。首先，知识的生成有了新的模式。基于人工智能对大规模数据和行业知识的学习，多领域知识得以深度融合，隐藏的模式和关联被识别、挖掘，拓展人类的认知边界。其次，知识的表达有了新的维度。传统实体经济的专业技术和知识被数字化、模块化、标准化，促进隐性知识显性化，极大提高了知识的复用性。最后，知识的传播突破传统的边界。传统工业经济时代知识的独享性被打破，开放式的知识社会逐渐形成。

### （二）数实融合的赋能本质

实体经济是立国之本、强盛之基。党的二十大报告强调，要"坚持把发展经济的着力点放在实体经济上"。从本质上看，数实融合是生产要素的增加和不确定性的减少，人机物三元融合是数实融合的纽带。

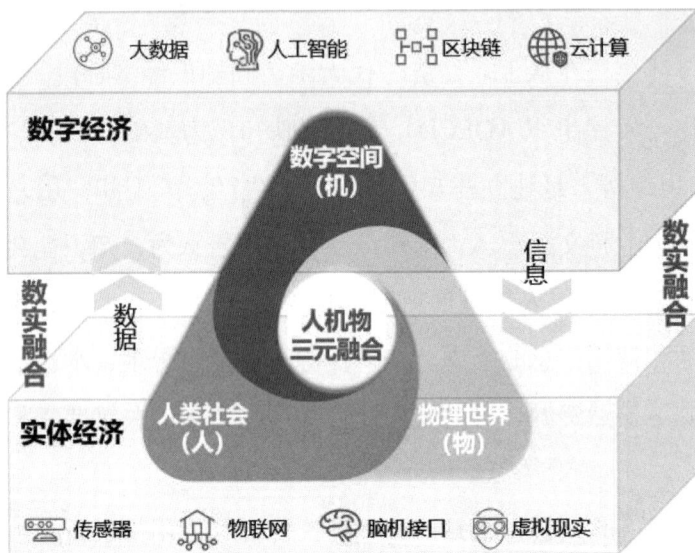

图 1　数实融合的赋能本质

注：作者自绘。

数实融合是生产要素的增加。在农业社会、工业社会，经济发展主要依靠土地、劳动力、资本、技术等生产要素。随着数字技术与经济活动的不断融合，生产活动中的数据获取、传输、存储、处理、加工能力得以大幅提升，海量级工业数据、用户数据、产业链上下游数据持续涌现，这为企业打通各环节、多维度数据，开展策略性竞争决策提供有力支持，并带来价值增值。数据在生产、竞争中的重要性日益凸显，逐渐从辅助性资源中独立出来，成为数字经济赋能实体经济的核心生产要素。据《数字中国发展报告（2022年）》显示，2022年我国数据产量达8.1ZB[①]，同比增长22.7%，全球占比达10.5%，位居世界第2位[②]。当然，仅有数据存量优势还不足以满足经济社会发展对数据要素的迫切需求，更重要的是以完善的配套制度促进数据如其他商品一样在市场上有序流转、使用，实现各领域数据融合、联结，从而真正释放数据在实体经济中的价值创造。

数实融合是不确定性的减少。美国数学家、控制论创始人诺伯特·维纳（Norbert Wiener）提出，信息、物质和能量是现实世界的三大要素。从经济学角度看，由于交易各方拥有的信息不同，将影响市场机制配置资源的效率，造成占有信息优势的一方在交易中获取较多剩余，出现利益分配结构严重失衡的情况，也就是信息不对称带来的市场失灵。在数字经济发展下，基于数据汇聚、清洗、处理，通过物联网技术、大数据分析及AI的应用，将产生有助于洞察市场、捕捉趋势、发现规律的多维信息，从而减少传统实体经济中的信息不对称，提升对生产的物质流、能量流的优化调控及资源使用效能。例如，随着数字平台的发展，供给方和需求方的信息在平台汇聚；在算法作用下，供需双方信息精准高效匹配，实现资源优化配置。

---

① ZB，泽它字节，又称皆字节，1ZB=1021byte。
② 中央网络安全和信息化委员会办公室：《数字中国发展报告（2022年）》，http://www.cac.gov.cn/2023-05/22/c_1686402318492248.htm。

人机物三元融合是数实融合的纽带。当今世界，新一轮科技革命和产业变革加速演进，大数据、互联网、人工智能、5G 通信、云计算、物联网等新一代信息技术作为本轮科技革命最活跃的关键技术群，应用赋能方兴未艾，模糊了人类社会（人）—数字空间（机）—物理世界（物）的边界，以人机物三元融合为纽带的数实融合新形态正在形成。智能手机、可穿戴设备、虚拟现实（VR）等产品和技术的广泛应用，使人的活动在虚拟空间得以映射；工业互联网、智能制造等技术使得机器能够更加智能地执行任务，从而优化生产过程，提高生产效率；物联网技术使得物理世界能够具备感知和交互的能力，从而形成一个互联的生态系统。人与人、人与物、物与物的联通方式从物理空间向数字空间拓展，远程化、全时化、全域化连接成为现实；机器的能力和人的能力的交互融合，实现生产力的跃迁。人机物三元融合不仅使生产力得以提升，并将持续催生全新的商业模式和服务方式，推动实体经济转型升级。

## 二、数实融合赋能产业系统性变革的路径

习近平总书记强调，数字经济具有高创新性、强渗透性、广覆盖性。数字经济对实体经济的赋能表现出全过程、全链条特征，渗透于研发创新、生产制造、协同融合、供给服务等各环节，进而孕育实体经济系统性变革。

### （一）数字经济赋能实体经济加速研发创新

创新是产业持续保持竞争力的动力源泉。在数字技术推动下，实体经济创新思维、创新模式、创新周期正发生全面而深刻的变化。

第一，数字经济引领开放创新思维。数字经济的发展使创新主体间由完全竞争的排他关系向共生共赢关系转变，从封闭式创新向开放创新转化；同时，互联网平台的网络效应也使得过去单一企业、单一产业、单一地区、单一国家的创新模式被打破，全社会共同参与的开放创新活力得以激发。例如，软件开源是开放创新的典型实践，通过开源社区，来自世界各地的开发者共同促进了软件的功能迭代与丰富。

第二，数据共享助力协同创新模式。依托大数据、区块链等数字技术，开放创新生态打破地域、部门、组织、环节的信息藩篱，加速产业链上下游信息传播，并以构件化和模块化灵活架构，实现产业链上下游协同创新，服务产业新业态、新模式。

第三，数字闭环缩短迭代创新周期。数字化时代，传统单向创新路径在数字时代演化为闭环迭代创新。产品原型进入市场之后，数字技术能及时收集用户使用习惯、产品性能等数据，向上反馈至创新链，引导研发环节充分了解市场需求，从而形成 B2C2B[①] 数据闭环，促进创新链、产业链紧密衔接，推动产业创新方向螺旋式迭代升级。

---

① B2C2B: Business-to-Consumer-to-Business，即商家对消费者再对商家。

## （二）数字经济赋能实体经济优化生产制造

生产作为实体经济发展的核心环节，是数字经济赋能传统产业的重要途径之一。随着数实融合的深化，将带来三大转变。

第一，以产品为中心向以用户为中心转变。在大数据驱动下，实体经济各产业对用户需求的捕捉更加明确、更加精准，引导传统以产品为中心的生产价值观向以用户为中心的价值观转变；定制化生产和用户至上理念不仅提升了用户的体验，更提高了企业的竞争力。

第二，从经验驱动向知识驱动转变。利用数字化手段，生产过程的领域知识、隐性知识或经验，被固化形成流程化、标准化、智能化的软件组件，从而实现精准控制的流程生产，提高生产效率和生产水平。

第三，规模化向柔性化转变。在知识显性化、模块化基础上，数字技术提供了按照既定规则自动完成各种要素组合操作的可能，实现生产过程自动化，支持多品种小批量的柔性制造模式。例如，海尔家电沈阳工厂，基于工业互联网实现人机、机机的高品质、高效互联，打造了一条支持500多种型号产品的柔性生产线，从而带来客户定制量的大幅增长和生产效率的大幅提升。

## （三）数字经济赋能实体经济增进协同融合

产业协同是实体经济高效有序运转的根本保障。数字经济有助于实体经济在产业内和产业间实现协同融合，提高产业竞争力，推动产业转型升级。

第一，从纵向产业内协同看，基于物联网的终端感知和产业互联网平台的数据融合，使实体经济产业链上下游有关材料、生产、采购、物流配送的信息壁垒得以突破；同时，供需信息的动态匹配降低了供给成本，提高产业链稳定性，也为产业设备共享、人员共享、产能共享及虚拟产业园等新业态、新模式夯实信息协同基础。

第二，从横向产业间协同看，数字技术有助于产业之间通过跨领域的信息对接、需求对接、服务对接，拓展产业内涵和发展空间。制造业服务化是跨产业协同发展的代表性方向之一，在数字技术作用下，制造业价值链由以制造为中心向以服务为中心转变。通过物联网、5G 通信等数字技术，在产品销售的基础上还可以进一步提供运行状态监测、预防性维护等延伸服务，提高产品附加值，助力产业转型升级。

### （四）数字经济赋能实体经济提升供给能力

传统供给模式下，生产者和消费者信息沟通不畅，市场需求难以及时得以满足。物联网、社交网络、数字平台等数字技术为产业提供触达消费者的多形式渠道，使用户需求和用户体验成为驱动产业供给的新动力，以完善产业服务供给水平。

第一，数字经济扩大了实体经济市场广度。在数字技术作用下，传统单一线下供给模式全面向线上线下融合发展方式转化。互联网、移动互联网、大数据、人工智能等工具手段打破了传统营销的空间、时间限制，企业能够更广泛地触达目标客户。特别在实体经济拓展海外市场方面，数字经济发挥着重要的作用。据统计，2022 年我国跨境电商进出口规模达 2.1 万亿元人民币，比 2020 年增长 30.2%。

第二，数字经济提升实体经济服务精度。在线上化的基础上，实体产业借助数字化手段采集消费数据，借助数据分析获知用户行为模式和需求特征，形成用户数字画像，使产品服务更精准、更及时、更多元。

## 三、数实融合的发展阶段与趋势

### （一）数实融合起步阶段：技术驱动

早期的数字经济与实体经济融合得益于互联网的兴起和计算机的普及。20 世纪 90 年代，随着互联网技术的日益成熟，全球范围内网络接入快速普及，数字技术快速从信息产业外溢，进而带来对经济社会的全面影响。1995 年，《数字化生存》一书，预言了数字科技对未来生产、生活、教育的影响。这一时期，数字技术应用于实体经济的典型实践是企业信息系统的广泛应用，如企业资源计划（ERP）、客户关系管理（CRM）等系统的使用。虽然学界、产业界多将这一阶段的数字技术应用过程称为"信息化"，但其本质仍然是数字技术与实体经济的融合。

该阶段的数实融合表现为三个特征：第一，数据化。各种物理实体、自然信息被转化为用 0 和 1 表达的数据，存储于计算机，从而使计算机和软件可以识别、控制、存储、计算等数据，实现从纸质文档到数字化文档的转化；这虽提高了信息访问效率，但尚未实现业务流程优化与价值创造。第二，单点化。数字技术仅应用在业务的特定环节，如用 ERP 系统进行企业生产管理、用 CRM 系统进行企业客户管理、用办公自动化（OA）系统进行企业办公管理。第三，离散化。数字技术应用仍然比较割裂，针对各个环节的应用之间缺乏协同和连通。例如，企业在不同的业务部门使用不同的信息系统，导致数据无法共享和耦合。

### （二）数实融合发展阶段：数据驱动

进入 21 世纪，随着互联网、移动互联网的迅猛发展，平台经济快速兴起，海量数据源源不断被采集、存储、处理、使用，从而创造新的价值。2012 年，《纽约时报》刊出《大数据时代》一文，指出"大数据"正在对每个领域都带来深刻影响，这宣告了大数据时代的到来。

该阶段的数实融合表现为三个特征：第一，网络化。随着海量用户、机器、物品接入互联网，人与人、人与物、物与物、服务与服务的连接呈现爆发式增长。在梅特卡夫定律[①]作用下，由此带来的网络价值也呈现指数增长，并为实体经济打开广阔的发展新空间。数据显示，截至 2022 年底，我国网民规模达 10.67 亿人，移动物联网终

---

[①]　梅特卡夫定律指一个网络的价值与其用户数的平方成正比。

端用户数达 18.45 亿户；我国成为全球首个"物超人"的国家。第二，平台化。平台经济在这个阶段迅速崛起，形成了庞大的数字生态。这个生态通过集聚和整合海量的数据，实现了供需双方的高效连接，使得企业、服务提供商和消费者能够更加便捷地参与到数字经济的交流和合作中，促进了实体经济的快速发展。第三，价值化。大数据的出现与普及不仅可以为决策活动提供有效的支持，同时也深刻地影响和改变了各行各业的生产模式[①]。这既体现在赋能实体经济降低交易成本、提升生产效率、拓展市场空间等经济价值层面，也体现在改善民生福祉、实现可持续发展等社会价值层面。例如，滴滴出行科技有限公司与济南、武汉等地合作，利用交管部门路况数据，结合智慧交通算法，自动调整变灯时间；通过对 2000 多个路口信号灯进行优化，使济南市高峰时段拥堵延误时间平均降低 20%。这不仅提高了交通运行效率，还减少了拥堵产生的碳排放。

### （三）数实融合深化阶段：智能驱动

随着聊天机器人 ChatGPT 的发布，以大模型为代表的人工智能技术进入加速落地应用的新阶段，为数实融合提供了新的工具、注入新的动能。我国大模型行业蓬勃发展，进入"百模时代"；其中，既有"文心一言""盘古"等通用大模式，也有面向教育、金融、媒体等各垂直领域的行业大模型。这些大模型为特定业务场景的专业化解决方案提供服务，推动数实融合进入智能驱动的新阶段。

---

① 石勇：《数字经济的发展与未来》，《中国科学院院刊》2022 年第 1 期。

该阶段数实融合表现出进一步深化的 3 个特征，为实体经济发展带来巨大变革：第一，颠覆智能交互方式。依托机器视觉、自然语言模型等技术，数字技术的供给比以往任何时候都更贴近人类交互习惯，从而降低了人工智能技术使用门槛，为人工智能赋能实体经济提供了可行路径。第二，增强多模态数据融合。大模型实现对文字、图像、音频、视频等多模态数据的融合，使得机器能更加全面、深入地理解实体经济中的复杂场景，优化提升了模型服务实体经济的能力。第三，促进新知识的涌现。在移动互联网、大数据、超级计算、传感网、脑科学等新理论新技术的驱动下，人工智能呈现出深度学习、跨界融合、人机协同、群智开放、自主操控等特征，能够发现隐藏在数据背后的规律和模式，从而为新知识的涌现提供了新的思路和方法，为实体经济的发展创造新的可能。例如，百度在线网络技术（北京）有限公司与吉利汽车合作，基于在数千万条无标注数据上的模型预训练，构建了汽车领域知识库，从而使研发时间成本节省85%，实现大模型赋能研发的降本增效。

## （四）数实融合发展趋势：以人为本的人机物三元融合

技术驱动奠定了数实融合的重要基石，数据驱动使数实融合的要素得到拓展，而智能驱动将会成为数实融合强大的引擎动力。未来，数字技术的发展将从经济领域扩展延伸至整个人类社会，借助云计算、物联网、移动通信、人工智能、虚拟现实、脑机接口等技术实现人类社会（人）—数字空间（机）—物理世界（物）之间信息共享和协同计算，形成以人为本的人机物三元融合的数实融合新形态，服务于人的需求，并最终为国家发展面临的重大经济社会问题提供解决方案。

以人为本的人机物三元融合的数实融合将推动我国经济发展呈现三个新趋势：第一，协同化。人机物三元融合通过万物互联、万物智联，实时感知人的需求，以及物理世界、数字空间的状态，从而加速物质、信息、能源三大要素的高效协同和优化配置，为提高产业韧性和经济发展质量提供新的可能。例如，智能制造通过人机协同、机器人自动化和数字孪生等技术，实现生产活动对环境变化、需求变化的快速感知，并做出及时响应。第二，服务化。数实融合的根本目的是让技术更好造福于人民的福祉，人的需求、体验和参与是数实融合的核心；人机物三元融合将推动实体经济围绕个人的个性化需求，组织定制化生产活动，从而使每个人都将在终身教育、社交休闲、购物娱乐、健康保健、衣食住行等方面享受更精准、更舒适和更高质量的服务。例如，身联网①的应用将实时监测用户的心率、血压、睡眠质量等健康数据，进而提供个性化的健康管理。第三，绿色化。在人机物三元融合的经济发展形态中，产品的生产将以人的切实需求为出发点和落脚点，按需制造。这不仅精准地满足了个体需求，更避免了过度供给所造成的资源浪费；人与自然逐步实现和谐共处，机器也将从工具逐步上升成为人类的伙伴，实现人类社会—网络空间—物理世界的协调统一。

---

① 身联网（The Internet of Bodies, IoB）是基于传感器、软件和互联网，收集、处理和传输人体生成的生物体征或行为数据，乃至改变人体某项功能的网络。

# 四、数实融合面临的问题挑战及对策建议

## （一）问题挑战

当前，我国数字经济与实体经济融合不断深化，取得积极成效，然而距离人机物三元深度融合的发展新形态，仍在理论方法、产业技术、社会伦理等层面面临问题与挑战。

（1）理论方法层面。第一，人机物深度融合的底层逻辑有待优化。如何使机器更好地服务于人的生产生活，促进工作场所的包容性，提高民众生活质量，是人机物融合下数实融合的核心——应使机器服务于人，而不是机器替代人。第二，生产制造与社会需求深度融合的理论体系亟待建立。现有数实融合，多以业务场景工作流程为核心，注重利用新一代信息技术提升生产效率；但是，尚缺少从生产供给到需求满足的贯通，未打通人民对教育、医疗等切实需求与服务、制造系统的融合，以生产制造和服务需求的闭环解决经济社会发展问题的理论体系尚未形成。

（2）产业技术层面。第一，人机物数据融合不充分。在人机物三元融合的数字社会，人的需求在不同场景间转换衔接，因此对跨行业、跨领域、跨时间、跨空间的数据融合提出很高的要求。现有的数据融合多侧重于单一领域，难以满足人机物三元融合背景下跨领域、多类型数据的计算需求。第二，标准规范体系不健全。人机物三元融合的数实融合发展需要标准规范体系的支撑；但目前不同企业、行业

使用不同的数据格式和标准，这导致数据无法流通和共享，增加了数据整合的难度。第三，网络安全问题突出。人机物三元融合使得不同规模的企业、不同类型的人机交互设备大量接入互联网，由此导致网络攻击面扩大，网络安全风险加剧，进而威胁个人生命财产安全，甚至威胁经济社会安全乃至国家安全。

（3）社会伦理层面。第一，数据隐私与安全问题。在人机物三元融合的形态中，大量实体经济数据将被采集和使用，因此可能导致个人隐私泄露、数据滥用和数据安全事件。特别是未来随着脑机接口、生物芯片等与人体行动、思维深度融合的技术成熟使用，人的意识、情绪可能面临被读取，甚至被劫持、改写、删除等风险。第二，算法偏见问题。算法设计缺陷或算法模型训练中数据的不完备性，将导致算法对某些群体的偏见和歧视，从而背离使技术造福人类的初衷。第三，算法不可解释性。人工智能模型具有"黑箱"特征，其内部运作机制难以解释。随着人工智能等技术在实体经济中的应用不断深入，在制造、医疗、交通等领域的算法可解释至关重要，因此迫切需要提高算法的透明性和责任感。第四，就业与社会公平问题。数实融合可能导致一些传统产业的就业岗位减少，同时也会创造出新的就业机会。然而，新的就业岗位大多对劳动者的数字技能要求较高，进而可能影响劳动者公平就业机会，引发社会不平等。

## （二）对策建议

（1）深化人机物数实融合的理论方法研究。第一，构建以人为本的人机物三元融合理论架构。以国家重大战略发展需求、社会重大问题和未来社会发展愿景为牵引，深入研究人机物三元融合的理论架构，突破单纯以效率提升为目标的数实融合发展模式，形成以人为本、人机互补的数实融合发展逻辑体系。第二，构建人机协同的评估体系。以使机器更好地服务于人为目标，从人机协同效率、人机协同质量、人机协同满意度等维度建立人机协同的评估体系，以提高人机协同的可操作性和可评估性，引导各行业开展以人为本的数实融合，保障劳动者的基本权益。

（2）深化人机物数实融合应用示范探索。第一，制定统一数据标准。聚焦人机物三元融合重点领域，组织行业协会、企业和领域专家进行标准制定。通过制定跨行业、跨领域的数据交换和共享标准，促进数据流通和共享。第二，搭建跨行业、跨领域的数据空间。在教育、医疗、交通等重点领域，采用先进的数据融合技术，以人民需求为导向，集成全生命周期关联数据，以实现多领域、多场景数据的统一存储、管理、分析和服务，推动跨时空、跨场景数据的可信共享共用，满足人机物三元融合背景下的数据融合需求。第三，加快重点场景应用示范。探索以人为本的人机物三元融合场景创新和模式创新，在智慧交通、智慧医疗等领域启动人机物三元融合试点示范。通过探索人机物三元融合的标准化发展，形成可复制和推广的经验和模式。第四，强化网络安全防范能力。部署先进的威胁检测和响应系统，及时识别和应对潜在的安全威胁；加强隐私保护技术，强化身份验证，并在不暴露原始数据的情况下进行数据分析。

（3）深化人机物数实融合的技术伦理规范建设。第一，强化数据采集和使用规范建设。针对不同数实融合场景，明确规定数据收集、使用、存储和共享原则，以确保个人对被采集数据的知情权和控制权。第二，强化算法分级分类监管。设立算法审查机构，依据算法应用场景及其对于经济社会安全的影响差异，建立包含公共领域、商业领域的算法分类等级体系；对于与国家公共安全密切相关的领域，加强相关数据与算法的信息披露，建立算法全生命周期的追溯和问责机制。第三，完善算法伦理准则。明确人工智能技术的研究和应用原则，强化学术科研机构和企业要在人工智能全生命周期内严格遵守科技伦理、技术标准及法律法规，以引导科研人员发展负责任的人工智能。第四，加快劳动者技能培训。鼓励数字技能培训机构与垂直细分领域企业深度合作，研发有针对性的培训课程，提升劳动者数字技能，最大可能适应技术发展需求；同时，鼓励加强高校与企业的合作，开设相关专业课程和实践教学，培养适应人机物三元融合发展需求的复合型人才。

# 中国经济的新阶段与
# 数字经济的新征程

黄益平 *

* 黄益平，北京大学国家发展研究院院长

我国进入新的经济发展阶段，数字经济将会发挥更加重要的作用。认清我国经济发展的新阶段与数字经济发展的新征程，正确理解其中的机会和问题，才能发挥数字经济的最大优势，助力我国经济高质量发展。

## 一、经济发展新阶段的重要变化

第四次工业革命促进了数字技术的大发展，数字技术更加广泛地应用到经济中，形成了新的经济形态，从而在当今这个时代诞生了数字经济。《中国2049》一书对中国到2049年，即从第一个百年奋斗目标完成之后走向第二个百年奋斗目标的这段时间，经济发展的环境、状态、挑战和应对之策将如何变化做了深入的研究。其中，有两方面的变化非常值得重视。

一是成本水平提高，低成本优势不再。改革开放之初，中国的人均国内生产总值（GDP）约为200美元，意味着当时的中国是世界上最贫穷的国家之一。贫穷意味着经济的落后，但由此带来的一项优势是要素成本很低。只要质量过关，中国产品在国际市场上一定会有竞争力，这就是低成本的优势。现在我国人均GDP很快要逼近世界银行所定义的高收入经济体门槛——13000 美元，这既意味着我们收入水平提高、生活水平改善，也意味着成本优势消减。

人均 GDP 从 200 美元上升到 13000 美元，会对我们的经济发展模式提出什么样的挑战？过去有很多中国产品畅销国际市场，比如服装、旅游产品、低端制造业产品，包括电子产品等。现在这些产品中有相当一部分在国际市场上已不见踪影。毕竟在人均 GDP 只有 200 美元时，绝大多数产品在低成本优势加持下都会竞争力拉满。现在低成本优势不再，产品失去竞争力的同时也失去了市场。在此情况下，我们面临的挑战不言而喻，只有做出更好的、附加值更高的产品，进一步提高效率，才能在国际市场上拥有竞争力。

二是人口老龄化带来挑战。中国的人口红利，主要是指劳动人口在总人口结构中的占比不断上升，意味着整个人口的生产率在不断提高。过去得益于人口红利，我国劳动密集型产业快速发展，人口结构的良性变化发挥了重要作用。如今我国人口已步入快速老龄化阶段，老龄人口增加，劳动人口减少。

人口老龄化带来的挑战有多严重？在此引用日本央行原行长白川方明的观点。他表示，从 1990 年到 2020 年，这段时间就是人们常说的日本"失去的三十年"。在此期间，日本 GDP 增速很慢，特别是与七国集团中其他国家同时期的发展速度相比，日本最慢。但如果把这段时期日本的 GDP 转化为劳均 GDP（每个劳动人口创造的 GDP），再与七国集团其他国家同时期的劳均 GDP 相比，日本反倒是增长最快的。因此白川方明得出结论，"失去的三十年"日本经济的问题不是缺乏活力，而是缺乏劳动人口。在这几十年间，日本的劳动人口不断减少，尽管每一个劳动力的效率在快速提高，人均创造的 GDP 高于欧美国家劳动力，但依旧无法对冲劳动力数量骤降带来的 GDP 减量效应，使经济整体上看起来增长乏力。

要素成本上升与老龄化的挑战相互叠加，意味着如果我国不能大幅提升效率，经济增速或将进一步下滑，甚至快速下滑。在此背景下，我们可以更好地理解为什么中央提出高质量发展和发展新质生产力。对经济学者而言，发展新质生产力要关注总要素生产率，即在给定投入（包括劳动和资本）的情况下，总要素生产率高意味着可以产出的产品很多；总要素生产率很低则意味着投入产出比不高。无论是高质量发展还是发展新质生产力，归根结底都要大幅提升总要素生产率。想要提高总要素生产率，一个很重要的手段就是创新。

## 二、数字经济"新"征程

数字经济并不是全新的经济形态，在中国已经有过多年的发展。在中国经济面临成本优势减退和人口老龄化两大挑战的同时，数字经济因为技术新、产业新，反而获得了快速发展，成为经济发展中很重要的新动能。但经历新冠疫情期间的加速发展和一段时间的强化监管治理之后，尤其是近两年人工智能技术的快速发展，使数字经济也面临新的征程。

### （一）数字经济的新机会

中国经济整体发展已经驶入新阶段，面临的挑战前所未有，与过去改革开放几十年间我们遭遇的问题大不相同。正因如此，数字经济或许可以为我们提供一个前所未有的机会。

当前数字技术中的互联网、区块链、大数据、人工智能、云计算等，可以形成很多新的经济形态，或许可以在劳动力人口减少的背景下，帮助我们继续提高经济效益。比如，人工智能机器人可以弥补劳动力不足带来的挑战，或许可以为我国提供当年日本不曾享有的机会，即便劳动力减少，产出可能不会下降太快。《中国2049》的一章中做过专门分析，认为机器人可以抵消劳动人口减少对经济的负面影响。根据2022年的数据，中国组装的机器人数量已经超过世界其他地区所有机器人数量的总和，这至少为我们提供了一个新的机会来弥补人口老龄化带来的劳动力不足。

新技术也可以提高效率，甚至是解决成本提高带来的难题。比如塑料材质的一次性打火机，随着产地生产成本不断提高，其生产线先后从日本转移到我国温州，又转移到湖南。打火机虽小，但其包含的产业链非常复杂，有16个大小零件，因此转移生产线不容易。在数字技术的帮助下，湖南的打火机制造商把成本压到了每个3分钱左右，既解决了成本提高的难题，也暂时免去了再度迁移生产线的烦扰。这也是数字技术帮助化解成本压力的一个范例。

## （二）数字经济的新挑战

中国数字经济的发展在全世界名列前茅。数字经济发展最好的两个经济体，第一是美国，第二是中国。在数字经济市场规模、独角兽公司数量、关键领域技术水平等方面，中美两国在全球领跑。

与美国相比，我国数字经济的发展还有差距。我国数字经济的应用做得更好，但原创技术水平相对滞后。比如电商、短视频平台、移动支付等，这些技术虽然不是中国原创，但我们能在 14 亿多人口的大国推广开来，这很了不起。过去我们常说，中国的数字经济"大而不强"。原因是规模做得大但原创技术相对较少，也没有使用前沿技术。这些年我国一直在大力发展数字经济。归根结底，要提高总要素生产率，必须要依靠数字经济。

一般而言，数字经济有两类，即数字产业化和产业数字化。数字产业化指的是，大数据分析、互联网、相关硬件等数字化新兴行业在经济中的占比越来越大。产业数字化是用新技术来改造、促进传统经济活动，其规模可能更大。

通过我和我的团队对数字金融问题的长期研究发现，中国的数字金融已经取得不少突破性的成就。比如中国的移动支付在规模、效率、安全性等指标上国际领先。大科技信贷平台利用大数据和平台获客做信用风险评估，不仅能触达传统金融机构很难触达的客户，还能为之做有效的信用风险评估，据此发放贷款。因此，在推广普惠金融方面，数字技术功不可没。

数字金融里还有很多问题未能完全解决，智能投资顾问问题就是其一，通过数字技术为一般的中产阶层提供类似于私人银行一样的投资理财服务的发展空间还是很大的。此外，金融服务实体经济力度不足也被广泛讨论。在我看来，具体表现为两点：一是融资难，二是投资难。中小企业融资难指的是一般的中小企业从银行借钱难。我认为大科技信贷可以为此提供解决方案或思路。无论是大科技公司还是传统银行，只要有触达手段，有数据可分析，都可以帮助中小企业做信贷。在解决投资难方面，数字技术的实践还有待突破。很多老百姓手中有钱，但不知道该投向何处。这不仅涉及投资服务，投资市场自身的结构也有待改进。目前在一些关键领域已经出现较大突破，我们期待在其他领域也能取得突破。

在数字互联网领域，目前我国做得比较好的都是消费互联网。在产业链、供应链领域做得成规模、有影响的企业很少，值得成为数字经济下一步的发展目标。

通过近几年数字经济发展的相关数据可以看到，中国数字经济在国际上的领先优势正在减退，与最强者的差距有逐渐拉大之势。这背后的原因有很多，与近些年我国对数字经济的整治、国际地缘政治等一系列问题都有关。我国是一个发展中国家，倘若与领先国家的差距越来越大，对我们未来数字经济的发展可能造成很大压力。在我们身后也有许多国家紧追不舍，我们必须紧跟领先国家的脚步快速发展，否则前有强敌、后有追兵，压力会更大。

## 三、未来的三大挑战

一是加强技术的原创性。2022 年，伦敦政经学院的两位学者曾专门比较和总结欧洲、日本、美国和中国的数字技术，包括前沿技术和创新技术的进展，发现从数量上看，中国数字经济的成果在短时间内就超越了欧洲和日本，在个别领域甚至超越了美国；从质量上看，中国数字经济的成色与美国尚有较大差距，在某些领域甚至差距不断拉大。

最近人工智能技术不断爆出颠覆性的成果，频率之高、速度之快让中美在这一领域的差距再次拉大，中国原本第二的位置岌岌可危。我们需要深思：我国真正的创新能力在哪里？科技原创还有没有机会？需要怎么做才能迎头赶上？这些问题都与国家的创新能力有关，值得高度关注。

哈佛大学商学院教授迈克尔·E.波特（Michael E.Porter）认为一个国家的创新能力由两大类因素决定：第一类是对研发活动的投入，包括科研人员的配备和研发资金的投入等；第二类更重要，是研发的总要素生产率水平，即研发投入产出比。哪些因素可能影响研发效率？迈克尔·E.波特通过研究认为，在众多因素中，最主要的是知识产权保护、国家开放度和民营部门的活力。

二是找到最合适的监管。数字经济是一种新的经济形态。新经济形态会带来新的创造力，自然也会产生一些不规范的行为和做法，对此监管很正常。监管的目的是在活力和稳健之间找平衡，既要保持活力，又要提高效率，更要兼顾平稳和公平。监管如果太紧，会影响活力；反之，放任自流会影响规范。如何找到较好的平衡点，对监管的挑战很大。

比如，人工智能大概率会带来很多便利，同时也存在很多潜在的问题和风险。监管首先要考虑权益保护的问题。人工智能技术在调用数据时有没有侵犯个人隐私？其次是算法问题。算法是否对每个人都公平？有没有出现大数据杀熟的情况？如果算法无法一碗水端平，那可能会造成"黑箱",引发更多不公平的现象。这可能成为问题,并造成风险。我们的监管方案正尝试解决这些问题。

另外,数字技术、平台经济、范围经济本身就具有世界性,仅在特定区域或一国范围内发展并非理想状态。一旦数字经济跨出国门,该如何落实监管?这也是很重要的问题。

所有的监管都要在效率和稳定之间找平衡,但如何权衡效率和稳定,各国的观点见仁见智,使用的技术手段也不尽相同。在此背景下,各国该如何展开合作?如何在坚守本国监管底线的情况下,保持一定的灵活度,同时避免负面的外生溢出效应?这些都值得深入探讨。

三是核算数字经济对总要素生产率的真实影响。这也是经济学研究者普遍关心的问题。进入 21 世纪以来,互联网等新兴技术深刻改变了我们的生活、生产、社会治理等诸多方面。多领域的效率提升和便利度提升明显,但很难看清总要素生产率的变化。发展数字经济不仅为提升民众福利,还必须考虑到对总要素生产率提升的贡献,找到准确的核算方式。

有观点认为,总要素生产率主要看投入产出比,对传统的经济部门而言,无论是投入和产出都有实打实的数据,但数字经济则不然。比如,农民使用数字技术节省了劳动时间,但实际产出可能没有太大变化。这就可能出现农民对效率提高有获得感,但农民节省下来的闲暇时间以及其他一些积极的变量不计入产出,使整体的总要素生产率提升不明显,甚至看不出来。

还有一种解释认为,技术投入对经济和生产率的正面影响往往有滞后性，不会立竿见影，也许要等待多年。最近有几位美国学者表示，数字经济对经济发展和效率提升的促进作用在美国已经初步显现，但仍处于初级阶段，尚未形成系统的经济学研究文献。

在我看来，科技改变生活没错，但到底改变了多少、带来了多少便利，存在典型的经济学问题。如何准确度量数字经济的真实影响，需要认真探讨和研究。如果数字经济的正面影响能在总要素生产率上有所体现并得以准确度量，或将为我们大力发展数字经济提供更多的鼓舞。

# 论基于供给侧的数据要素市场建设

黄朝椿 *

* 黄朝椿，贵州省社会科学院党委书记

数据已经成为国家重要的战略资源。习近平总书记多次就数据要素及其市场建设提出明确要求。中央文件多次就数据要素市场建设作出明确部署。围绕加快数据要素市场建设，学界和业界展开了深入研究和艰辛探索，然而，由于对数据要素及其市场建设的基础理论研究不够，特别是依赖于对其他要素市场的简单模仿，针对数据要素特点的研究又滑向了侧重需求侧问题的解决，数据要素市场出现了"有数无市""有市无数"的现象。2022 年 6 月 22 日，习近平总书记在中央全面深化改革委员会第二十六次会议上强调，"要建立数据产权制度，推进公共数据、企业数据、个人数据分类分级确权授权使用，建立数据资源持有权、数据加工使用权、数据产品经营权等分置的产权运行机制，健全数据要素权益保护制度"。这一关于数据要素"分类分级分置"确权利用的思路，为从供给侧着手突破数据要素流通交易的理论问题，探索培育数据要素市场，实现数据要素资源的优化配置提供了新的分析方法和实践路径。

## 一、为什么要加快数据要素市场建设？

随着数字经济的快速发展，数据规模呈现出爆发式增长、海量式集聚态势。根据有关测算，2022 年中国数据总量为 23.88ZB，2024 年将增加到 38ZB，预计 2027 年可达到 76.6ZB；2022 年中国数据要素市场规模为 877 亿元，2024 年将达到 1584 亿元，预计 2027 年将突破 2961 亿元（图 1）。

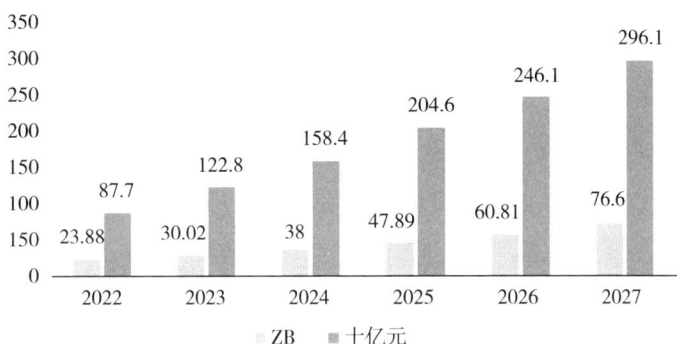

图 1　2022—2027 年中国数据规模及市场规模

资料来源：弗若斯特沙利文（北京）咨询有限公司等：《2023 中国数据交易市场研究分析报告》。

为了适应数字经济发展，市场对于数据要素交易平台建设表现出了极大热情。根据黄丽华等的统计，2014—2021 年我国建设了 31 个数据交易平台，目前还有 12 个处于拟建状态。在已建数据要素交易平台中，有 19 个处于停止运营或没有网站状态，超过了总数的 60%；继续运营的 12 个数据要素交易平台，市场交易也呈现进场企业少、交易数据少、成交金额少"三少"状况（图 2）。

结论 1：以上分析说明了数据要素市场建设面临的现实矛盾。一方面，数字经济的快速发展带来数据规模急剧增长，而数据要素交易却止步不前；另一方面，尽管数据要素交易平台经营普遍困难，但并没有阻止各地新建数据要素市场的热情。数据要素市场现状给出的思

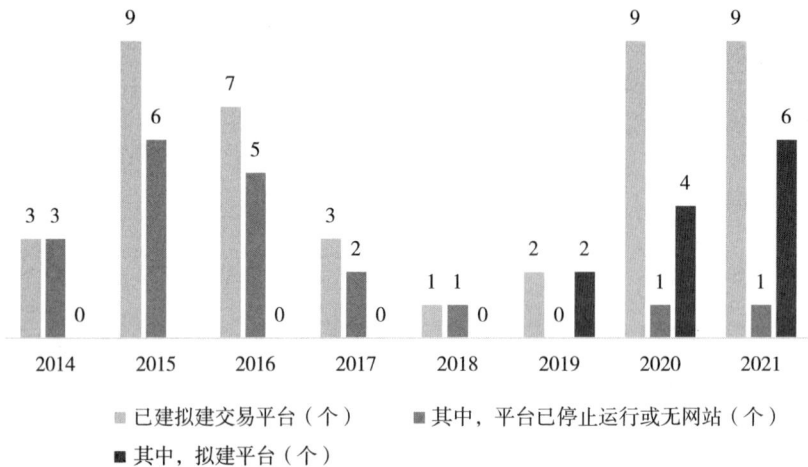

图 2  2014—2021 年中国数据要素交易平台建设情况 ①

资料来源：根据"天眼查"上的工商注册记录整理。

考是：数据要素市场冷冷清清，但数字经济发展却红红火火。反过来说，数据要素是否实现市场化配置，是不是并不影响数字经济的发展？答案需要具体分析。根据鲜祖德和王天琪的测算，中国数字经济核心产业增加值从 2012 年 35825.4 亿元增长到 2020 年 79637.9 亿元，年均增速为 10.50%；"十四五"期间年均增速将达 12.06%。数字经济的快速发展得益于三个方面：

第一，从数字经济发展阶段看，得益于公共数据的开放。2017年 5 月国务院出台《政务信息系统整合共享实施方案》之后，全国地级及以上政府推出的数据开放平台数量从 2017 年的 20 个增加到

---

① 黄丽华、窦一凡、郭梦珂等：《数据流通市场中数据产品的特性及其交易模式》，《大数据》2022 年第 8 期。

2021 年 10 月 193 个 [①]。各级政府公共数据的开放共享，满足了企业、个人、社会的数据需求。

第二，从数字经济主要行业看，得益于消费领域的主导。进入数字经济社会以来，数字技术、数据资源首先在消费领域运用，消费型数字经济成为主要形态。消费领域数字经济形态最大的特点是数据记录与消费过程具有同步性、易得性。消费者的交易行为即将个人资料、信息、特征数据留在平台，成为商家的商业数据，企业通过市场以外的渠道获得数据。

第三，从数字经济市场主体看，得益于免费数据的红利。数据要素的经济性质、产权属性尚无一致的结论，各国法律也没有给出最终的答案，这在客观上为企业凭借行业优势、技术优势、平台优势搜集数据并实际拥有数据提供了免费数据红利。

结论 2：进入数字经济时代以来，公共数据的红利，以消费为主的数字经济业态具有的数据易得性，大型平台公司占有数据的便利性，使得企业并没有因为数据要素市场建设的滞后而影响对于数据的获取。

接下来的问题是，依靠现有数据要素资源配置方式，能不能或者在以后多长时间内仍然可以满足数字经济发展对于数据要素资源配置的需要？

根据数据规模及其发挥的作用，数字经济的发展可以分为三个阶段（图 3）：（1）公共数据占主体地位的阶段，政府部门掌握着大量数据，数据开发利用重点在公共数据的开放和共享；（2）企业数据占主

---

① 《复旦 DMG.2021 年度中国地方政府数据开放报告》（2022-01-24），http://news.sohu.com/a/518794729_483389。

体地位的阶段，随着产生于工业生产领域和商业经营领域的数据越来越多，数据开发利用将依托数据要素市场进行资源配置；③个人数据占主体地位的阶段，随着现实世界虚拟化、数字化进程加快，到元宇宙时代，数据开发利用将更加注重有效治理，建设有序的网络空间。

结论3：随着社会和企业数字化转型加快，工业互联网、物联网、5G等数字技术的普及运用，必将产生更大规模、更高价值的企业数据，通过市场机制配置数据资源显得更为重要和紧迫。

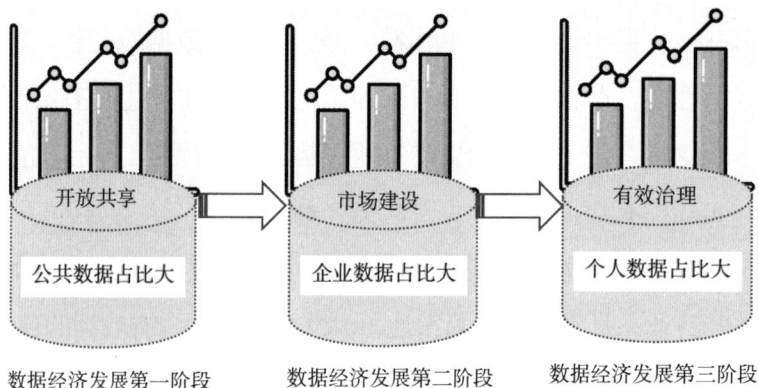

图3 数字经济的三个发展阶段

注：作者自绘。

## 二、加快数据要素市场建设的难点是什么？

本文对原贵阳大数据交易所（以下简称"贵交所"）进行了典型研究。贵交所的典型意义体现在"三个第一"：（1）贵交所是全国第一家大数据交易所；（2）贵交所地处我国第一家国家大数据综合试验区——国家大数据（贵州）综合试验区，多家知名企业数据中心集聚贵阳；③贵交所是第一家被明确赋予"数据要素流通"试验的数据交易平台。在数据集聚地、数据综合试验区研究数据交易问题，具有较为深厚的实践基础和理论说服力。

贵交所过去七年可以分为三个发展阶段（表1）：（1）起步期（2015—2016年），主要是搭建平台，探索交易制度和经营模式；（2）技术、资质积累期（2017—2019年），获得了国家多项技术认证和企业资质；（3）二次创业（2020年以来），完成整合重组，股权结构转化为完全国有，以贵阳大数据交易所名称继续运营。

### 表1　贵阳大数据交易所三个阶段发展历程

| 第一阶段 | 2015年 | 2015年4月贵交所正式成立，成为我国第一家数据交易平台；首创八大交易规则、十大标准规范；布局区域中心 |
|---|---|---|
| 起步期 | 2016年 | 探索增值式交易服务模式；推出系列数据要素交易制度 |
| 第二阶段<br>技术、资质<br>积累期 | 2017年 | 发布区块链技术应用标准；获得CID网络身份服务机构资质 |
| | 2018年 | 成为贵州高新技术企业；成为国家技术标准创新基地 |
| | 2019年 | 成为工业和信息化人才培养工程培训基地；入选新中国成立70周年里程碑事件 |
| 第三阶段<br>二次创业 | 2020年 | 年初，成立工作专班负责贵交所整合重组工作；推进股权结构改革；5月任命新董事长 |
| | 2021年 | 10月成立贵州云上数据交易有限公司，完成原贵交所整合重组；同月，贵州省数据流通交易平台正式投入运行，标志着贵交所进入2.0时代 |
| | 2022年 | 新国发2号文件①：支持贵阳大数据交易所建设 |

注：作者根据网络资料搜集整理而成。

---

① 2022年1月18日，国务院印发《关于支持贵州在新时代西部大开发上闯新路的意见》（国发〔2022〕2号），贵州简称"新国发2号文件"。

针对贵交所七年艰辛探索存在的问题，本文在贵州大数据管理部门和企业员工中进行了问卷调查，共发放问卷80份，收回80份，有效问卷80份。针对数据要素市场建设的难点，受访者把数据确权难、交易模式有局限、没有数据源排在了前三位（图4），这一调研结果体现了与理论分析的一致性。

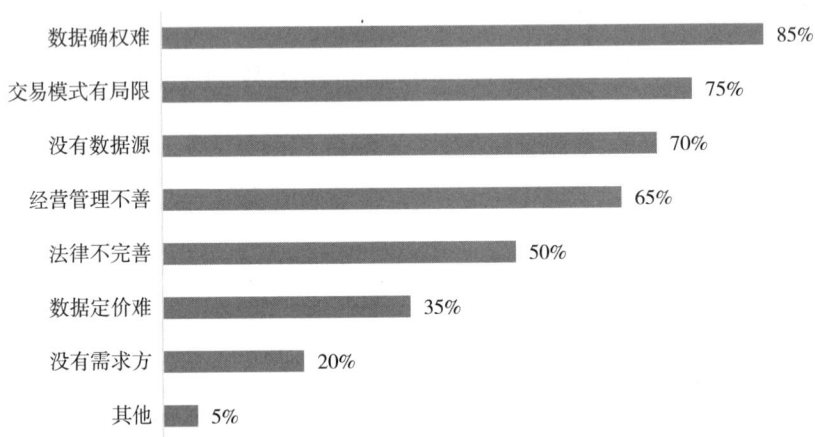

图4　对贵交所数据要素交易有关问题的问卷调查

注：作者自绘。

根据对贵交所的典型研究结论，本文认为，推进数据要素市场建设，需要遵循数据要素"分类分级分置"确权利用的思路，重点研究和破解三个问题。

## （一）数据要素的确权问题

在问卷调查中，数据确权难排在第1位。已有研究关注了数据权的内涵和外延，主要有新型人格权说、财产权说、商业秘密说等，但都没有从根本上解决数据确权问题。事实上，数据是对于事实主体的记录。任何一个数据，都包含事实主体和记录主体，这就是数据产权的"二重性"。数据要素产权与其他生产要素一样，具有所有权、支配权、使用权、收益权、转让权等"一般权利"；同时，数据还具有其他生产要素不具有的隐私权、许可权、删除权、查阅权、复制权、更正权等"特殊权利"。无论把产权赋予数据事实主体，或者数据记录主体，还是两者共有而分别行使不同权利，都会因数据同时包含两个主体而使确权问题进入两难处境。即使法律有明确的规定，也难以在事实上解决确权问题。近年美国法院对于数据产权纠纷的判决，很多都没有适用数据相关法律，而普遍采用了合同法规定。

　　根据"分类分级分置"的思路，可以对数据进行分类确权（表2）。第一，公共数据。公共数据是指具有管理公共事务职能的组织和提供公共服务的运营单位，在依法履行职责或者提供公共服务过程中收集、产生的数据①。公共数据具有公共产品性质，属于公共产权，其中包含的企业数据、个人数据根据法律界定所有权。第二，企业数据。企业数据是指在企业生产经营或交易过程中产生或获取的采用电子方式进行记录的数据。企业产生的数据包括用户提交的网页数据、平台生成的个人数据、机器生成的非个人数据②，其中，前两类存在数据事实主体和记录主体的确权问题，企业记录的必要个人数据属于企业，机器生成的非个人数据属于企业。第三，个人数

　　①　③公共数据概念源于2022年1月21日十三届浙江省人大常委会第六次会议通过的《浙江省公共数据条例》。

　　②　周樨平：《大数据时代企业数据权益保护论》，《法学》2022年第5期。

据。个人数据与个人信息都是指与自然人相关或在个人活动中产生的数据和信息。个人数据权属分为两种情况，个人作为事实主体记录和储存的数据属于个人；数据事实主体和记录主体分离情况下的必要个人信息属于数据记录主体，非必要个人信息属于数据事实主体。

表 2　数据要素分类确权示意表

| 公共数据 | | 企业数据 | | | 个人数据 | |
|---|---|---|---|---|---|---|
| 公共管理数据 | 公共服务数据 | 机器生成的非个人数据 | 用户提交的个人数据 | 平台整理的个人数据 | 企业记录储存的个人数据 | 个人记录储存的个人数据 |
| | | | 必要个人信息 | 非必要个人信息 | | |
| 公共产权 | | 企业产权 | | | 个人产权 | |

资料来源：根据以下文献整理：中共中央，国务院：《关于构建数据基础制度更好发挥数据要素作用的意见》，2022 年；周樨平：《大数据时代企业数据权益保护论》，《法学》2022 年第 5 期。

## （二）数据市场的模式问题

在问卷调查中，市场交易模式存在缺陷排在第 2 位。市场模式要有利于市场机制有效发挥作用。任何一个市场，如果不能发挥市场机制作用，那么这个市场就很难建立起来。已有数据要素市场实际上普遍采用了交易所模式，核心的制度机制是三个：第一，基于第三方保证信用机制；第二，严格的强制信息披露制度；第三，标准化的交易标的。然而，数据要素的交易并不都满足这三个制度机制。由于数据要素市场信息的反向不对称，基于第三方的信用保证机制将难以建立；由于阿罗信息悖论的存在，数据信息的披露即意味着数据价值的丧失，因此强制信息披露机制也难以建立；由于数据要素的高度个性化、无形化特点，很难进行标准化生产和再生产，交易所模式降低交易成本的机制在数据交易中很难实现。

以上分析，给数据要素市场模式提出了三条思路：第一，继续探索交易所商业模式。对于存在众多买家和卖家，产品可以标准化，能够基本满足交易所模式条件的，比如知识文献类数据，可以采取交易所模式，买卖双方通过竞价进行交易。第二，引导市场提供满足交易所商业模式的数据要素产品。随着数字经济进入以企业数据为主导的阶段，同一类型企业的生产、运行和经营管理的数据具有相通性、相关性，通过科学的制度设计，推动企业数据要素符合交易所模式的核心条件。第三，创新市场交易模式。对于满足不了交易所模式的数据要素，可以探索做市商制度（Market Maker），由一个特许中间商通过双向报价参与市场交易；还可以根据使用场景的不同，选择使用直接交易模式、资源互换模式、会员账户服务模式、数据云服务交易模式、API 访问模式等。

### （三）数据要素的供给问题

在问卷调查中，没有数据来源排在第 3 位。数据要素市场的供给不足，主要是两个原因。

第一，数据很大程度上是生产生活过程的附属品、伴生品，市场并没有专门从事原始数据生产的厂商，数据要素的供给存在天然的缺陷。贵交所成立之初，规划了包括 30 多个领域可供交易的 4000 多个产品，但实际上并没有实现这一目标。加之现行会计准则并没有数据资产这一科目，企业对于数据的需求很难进入预算和计划。由于供给和需求都存在模糊性，数据要素市场就很难自发形成。

第二，数据要素市场信息反向不对称导致市场失灵。根据市场交易要素或商品的流动顺序，本文把市场信息卖家占优称作市场信息顺向不对称，而把市场信息买家占优称为市场信息反向不对称。在典型柠檬市场①上，卖家占据信息优势，结果将是买家也就是需求侧引致的市场失灵。数据要素市场正好相反，是买家掌握更多信息。数据的价值在于与其他生产要素一起参与生产，用于什么目的、能创造多大价值、会不会重新开发利用、能否保证卖家的信息安全等信息优势都在买家。市场信息反向不对称的结果将是卖家"惜售"甚至"不售"的市场行为，从而出现供给侧引致的市场失灵。当买家感到从市场上购买数据要素不划算或者无法获得数据时，就会转而寻求市场以外的渠道，或者通过自建数据中心满足对于数据要素的需求。世界各国电信运营商、平台公司等大多自建数据中心，就是这一现象的现实反映。

## 三、从哪里着力加快数据要素市场建设？

建设数据要素市场，需要坚持"分类分级分置"确权使用的思路，

---

① 柠檬市场是一种信息不对称的市场。在该种市场中，商品的卖方对商品的质量状况拥有比买方更多的信息。在这种情况下，市场交易将受到影响，质量较高的商品不断退出市场，而质量最差的商品则逐渐占领全部市场，出现逆向选择现象。

坚持问题导向，坚持全国统一大市场的方向，在具体工作中遵循三个原则：第一，从供给侧入手的原则。数据要素市场信息反向不对称，将导致供给侧引发的市场失灵，市场供给侧的问题需要从供给侧入手解决。第二，坚持顶层设计的原则。由于数据要素市场供需矛盾主要出在供给方，需求不能自动创造供给，必须先有顶层设计，通过有效的制度供给培育形成要素市场。第三，运用市场机制的原则。发挥有效市场和有为政府各自优势，通过市场机制实现数据要素资源的优化配置。

根据以上总体思路和原则，本文提出三点建议。

## （一）建立国家数据中心

建议设立国家数据中心，充当国家数据"金库"，履行公共数据的采集、存储和管理职能。这符合国务院印发的《"十四五"数字经济发展规划》中"建立健全国家公共数据资源体系，统筹公共数据资源开发利用"的精神。国家数据中心的数据开放共享可以采取政府直接经营，也可以采取授权经营、特许经营、政府资助、购买服务等形式，还可以引进社会资本，采取国有为主的混合所有制形式。

建立国家数据中心，可解决三个问题：第一，代表社会公众利益，保护个人隐私和国家数据安全；第二，在全国范围形成一个巨大的数据库，相当于为数字经济建成一座"数据矿山"；第三，缓解目前数据市场供给不足的问题，市场将围绕公共数据的开发利用催生和培育一批数据市场主体。

各省（区、市）可以设立省级数据中心，主要行业设立专业数据中心，与国家数据中心形成有机整体。这一制度设计符合 2022 年 3 月中央印发的《关于加快建设全国统一大市场的意见》文件精神。

### （二）制定数字经济促进法

建议制定一部综合性数字经济促进法，对数字经济发展中的一系列问题作出界定，给予支持。理由是：第一，我国现行有效的国家层面促进法共有 13 部，共同特点是集中解决大事难事和重点难点问题。发展数字经济是"国之大者"，需要法律的保障。第二，我国在数字经济领域的立法主要涉及《民法典》《网络安全法》《数据安全法》等，这些法律多是限制性条款，缺乏促进性内容。第三，关于促进数字经济发展的地方性法规已有 6 部，数据资源开发、利用的法律 22 部，这反映了对于促进数字经济发展、开发利用数据资源的立法需求（表 3）。

**表 3　地方关于数字经济及数据开发利用立法情况**

| | | 广东省 | 江苏省 | 河北省 | 河南省 | 浙江省 | 福建省 | 海南省 | 安徽省 | 辽宁省 | 黑龙江 | 重庆市 | 上海市 | 山东省 | 山西省 | 吉林省 | 贵州省 | 天津市 |
|---|---|---|---|---|---|---|---|---|---|---|---|---|---|---|---|---|---|---|
| 数字经济促进条例 | （决定）6 部 | 1 | 1 | 1 | 1 | 1 | 1 | | | | | | | | | | | |
| 大数据发展、开发、利用条例（决定） | 省级 17 部 | 1 | | | | 1 | 1 | 1 | 1 | 1 | 1 | 1 | 1 | 1 | 2 | 1 | 3 | 1 |
| | 市级 5 部 | 1 深圳 | | | | | | | | 1 沈阳 | | | | | | | 3 贵阳 | |

注：作者根据网络资料整理而得。

# 四、结　论

已有对于数据要素及其市场建设的研究，客观上更多关注了需求侧。本文从新的角度界定了两种市场信息不对称的具体形式，并给出了需求侧引致和供给侧引致两种市场失灵的结论。数据要素市场信息具有典型的反向不对称性，市场作用的结果将是供给侧引致的市场失灵。因此，必须从供给侧研究、发现和解决数据要素市场建设问题。

尽管现在仍然没有数据要素市场的成熟模式，但并不等于无法建立数据要素市场。随着以企业数据为主的数字经济发展阶段的到来，加快数据要素市场建设刻不容缓，必须抓住目前的时间窗口期，加快推进数据要素市场建设。

数据要素"分类分级分置"确权利用为数据要素市场建设提供了全新思路。鉴于数据要素及其市场建设的特殊性、复杂性，必须根据不同类型数据的特点探索适用不同的数据要素市场模式，而设立国家数据管理局、建立国家数据中心、制定数字经济促进法将对数据要素市场建设发挥基础性、引领性和推动性作用。

# 数据和技术对于实体经济
# 数字化转型的重要性

李志起 *

* 李志起，著名战略研究专家，北京市人民政府参事室特约研究员，振兴国际智库理事长

在数字经济高速发展的背景下，实体经济数字化转型已成为不可逆转的趋势。数据和技术作为这一转型过程中的关键因素，不仅改变了传统经济模式和商业模式，还为实体经济注入了新的活力和创新动力。本讲将详细分析数据和技术在实体经济数字化转型中的重要性。

# 一、数据在实体经济数字化转型中的重要性

## （一）数据作为决策支持的关键要素

在数字化转型的浪潮中，数据已经从一个单纯的信息记录转变为了一种强大的决策工具。对于实体经济企业来说，数据不仅反映了过去的业绩和市场动态，更是指引未来方向的重要灯塔。

### 1. 数据收集的全面性与实时性

在数字化时代，数据的收集变得更为全面和实时。实体经济企业通过各种传感器、线上平台、社交媒体等多种渠道，实时捕获关于市场动态、消费者行为、竞争对手策略等多方面的数据。这种全面且实时的数据收集，为企业提供了前所未有的市场洞察能力。

## 2.数据分析的深度与广度

数据分析技术的不断进步，使得企业能够从海量的数据中提炼出有价值的信息。通过深度挖掘，企业可以发现隐藏在数据背后的市场趋势、消费者偏好以及潜在的商业机会。在广度方面，数据分析不再局限于单一的业务领域，而是可以横跨多个部门、多个市场，为企业提供全方位的运营视角。

## 3.数据在洞察市场趋势中的应用

市场趋势是企业制定战略的重要依据。通过分析历史销售数据、市场调研数据以及社交媒体上的用户讨论，企业可以准确地把握市场的发展方向和消费者的需求变化。例如，通过分析某一产品类别的销售数据，企业可以预测该类别的增长趋势，从而及时调整生产计划和营销策略。

## 4.数据在了解客户需求中的价值

了解客户需求是提供个性化服务和产品的基础。通过收集和分析客户的购买记录、浏览行为、搜索关键词等数据，企业可以深入了解客户的消费习惯和偏好。这些数据不仅可以帮助企业优化产品设计，还可以用于开发更加精准的市场推广活动。

## 5.数据在优化产品设计和服务中的作用

数据驱动的产品设计已经成为一种新的趋势。通过分析用户的使用数据和反馈，企业可以及时发现产品的不足和潜在改进点，从而进行迭代优化。同时，数据还可以帮助企业确定最佳的服务策略和定价模型，以提升客户满意度和忠诚度。

### 6. 零售企业的数据应用案例

以零售企业为例，数据在决策支持中的作用尤为突出。通过分析销售数据，零售企业可以精准地预测每个产品的需求量和销售趋势。这种预测能力不仅可以帮助企业制定更为合理的库存规划，避免库存积压和缺货现象，还可以优化产品的供应链管理，提高库存周转率，降低库存成本。

例如，某零售企业通过分析过去几年的销售数据，发现某一款运动鞋在春季和秋季的销量会明显增加。基于这一洞察，企业在这两个季节到来之前加大了该运动鞋的采购量，并通过营销活动吸引了更多的消费者。结果，该运动鞋的销量大幅增长，企业的利润也随之提升。

## （二）数据驱动的业务模式创新

在数字化时代，数据已经渗透到企业运营的每一个角落，特别是在业务模式创新方面，数据发挥着前所未有的重要作用。数据的丰富性和多样性为企业提供了巨大的创新空间，使得企业能够以前所未有的方式理解和满足客户需求，进而开发出全新的业务模式。

### 1. 数据驱动的个性化产品和服务

基于大数据的分析，实体经济企业能够更深入地了解消费者的偏好和行为模式。通过分析消费者的购买历史、浏览记录、搜索行为等数据，企业可以构建出精细的用户画像，并根据这些画像来设计和提供个性化的产品和服务。这种个性化的业务模式不仅能够更好地满足消费者的独特需求，还能有效提升客户忠诚度和品牌黏性。

例如，在时尚零售行业，一些品牌通过分析客户的购物数据和时尚偏好，推出了个性化的服装设计和搭配建议。这不仅提升了销售业绩，还大大增强了客户的购物体验。

### 2. 用户行为数据分析与定制化产品

用户行为数据的分析是数据驱动业务模式创新中的关键环节。通过分析用户在网站或应用上的点击流数据、停留时间、转化率等信息，企业可以洞察用户的真实需求和潜在痛点，从而针对性地推出定制化产品。这种定制化产品不仅能够解决用户的实际问题，还能有效提升用户的使用体验和满意度。

以电子产品为例，一些企业通过分析用户的使用习惯和反馈数据，发现了用户对某些功能的特殊需求。基于这些发现，他们推出了定制化的电子产品，如具有特定功能或设计的智能手机、平板电脑等，从而赢得了市场的广泛认可。

### 3. 数据驱动的市场预测与产品开发

除了个性化产品和服务外，数据还可以用于市场预测和产品开发。通过大数据分析，企业可以预测市场的未来趋势和消费者需求的变化，从而及时调整产品开发和生产计划。这种预测能力不仅可以帮助企业抢占市场先机，还能有效降低库存风险和运营成本。

例如，在快消品行业，一些企业通过销售数据和市场调研数据的分析，预测了某种新产品的市场接受度和销售潜力。基于这些预测，他们及时调整了产品开发和营销策略，最终取得了显著的市场成果。

### 4. 数据驱动的营销策略优化

数据不仅在产品开发方面发挥作用，在营销策略的制定和优化方面也同样重要。通过分析用户的消费数据、社交媒体行为、搜索意图等信息，企业可以更加精准地定位目标受众，并制定出更具针对性的营销策略。这种数据驱动的营销策略不仅能够提高营销效率，还能有效降低营销成本。

## （三）数据安全管理的重要性

在数字化转型的过程中，数据安全管理显得尤为重要。随着企业数据量的不断增长，如何确保这些数据不被泄露、滥用或损坏，是每一个实体经济企业需要严肃对待的问题。

### 1. 防止数据泄露

数据泄露是企业面临的一大风险。一旦敏感数据被泄露，不仅可能导致企业声誉受损，还可能引发法律纠纷和财务损失。例如，客户信息的泄露可能会被不法分子利用进行诈骗，造成客户的财产损失，进而影响企业的信誉和客户信任度。因此，通过数据加密、访问控制等手段来加强数据安全管理，是防止数据泄露的关键。

### 2. 避免数据滥用

在数字化转型过程中，企业会收集大量客户数据以优化服务和产品。然而，如果这些数据没有得到妥善管理，就可能被内部员工或外部攻击者滥用，用于不正当目的。因此，企业需要建立完善的数据访问控制机制，确保只有经过授权的人员才能访问敏感数据，从而避免数据滥用的情况发生。

### 3. 保护数据完整性

数据的完整性对于企业的正常运营至关重要。如果数据在传输或存储过程中被篡改或损坏，就可能导致企业做出错误的决策，进而影响业务的发展。因此，企业需要采取一系列措施来保护数据的完整性，如使用校验和数字签名等技术手段来验证数据的真实性和完整性。

### 4. 加密技术与数据安全性

加密技术是数据安全管理的重要手段之一。通过对敏感数据进行加密处理，可以确保数据在传输和存储过程中的安全性。即使数据被非法获取，也难以被解密和利用。因此，企业需要采用先进的加密算法和密钥管理机制来保护数据的安全性。

### 5. 访问控制与权限管理

为了防止未经授权的人员访问敏感数据，企业需要建立完善的访问控制和权限管理机制。通过为不同用户设置不同的访问权限和角色，可以确保只有经过授权的人员才能访问和操作相关数据。同时，企业还需要定期对访问权限进行审查和更新，以确保权限分配的合理性。

### 6. 数据备份与恢复

为了防止数据丢失或损坏，企业需要建立完善的数据备份和恢复机制。通过定期备份数据并测试备份的可用性，可以确保在发生灾难性事件时能够迅速恢复数据和系统。这不仅可以保障企业的业务连续性，还可以降低因数据丢失而带来的损失。

# 二、技术在实体经济数字化转型中的重要性

## （一）技术推动生产效率提升

先进技术的应用，在推动实体经济生产效率方面发挥着重要作用，以下列举几项应用。

### 1. 物联网（IoT）的应用

实时监控与数据分析：物联网技术能够实时监控生产过程中的各个环节，并通过数据分析来优化生产流程。例如，在制造业中，通过在生产设备上安装传感器，可以实时收集设备运行数据，及时发现潜在问题并进行调整，从而提高生产效率。

物联网技术还可以实现对供应链的实时监控和管理。通过物联网技术，企业可以更加准确地掌握物流信息，优化库存管理，降低库存成本，并提高生产计划的准确性。

物联网技术还可以帮助企业监测能源、原材料等资源的使用情况，从而实现资源的优化利用，降低成本。

### 2. 人工智能（AI）的应用

AI 驱动的机器人可以执行重复性高或危险的操作，从而减少对人工的依赖，提高生产效率。例如，在汽车制造行业中，使用机器人生产线可以大幅度提高生产效率和质量。

AI 能够通过分析设备数据预测潜在故障，从而在问题发生前进行维护，减少停机时间，提高生产效率。

AI 技术还可以实现企业根据客户需求进行个性化生产，提高客户满意度和市场竞争力。例如，在服装行业中，通过 AI 技术可以实现快速定制生产，满足消费者的个性化需求。

3. 智能制造的应用

智能制造通过引入自动化设备和机器人实现生产线的自动化操作。这种自动化生产线可以减少人为操作的错误和疲劳，提高生产的精准度和产品质量，同时降低生产成本。

智能制造通过收集和分析生产数据来指导生产决策。企业可以根据实时数据调整生产计划，提高生产效率和产品质量。

## （二）技术助力供应链管理优化

随着科技的不断发展，先进技术如区块链、大数据分析等被广泛应用于供应链管理领域，为实体经济企业带来了显著的效益。

1. 区块链技术的应用

区块链技术通过建立一个去中心化的账本，使得供应链中的各方能够实时共享信息。这不仅提高了信息的透明度，还有助于增强参与者之间的信任。例如，在物流追踪和产品溯源方面，区块链技术可以确保物流信息的实时性和不可篡改性，让消费者和企业对商品的来源和流向有清晰的了解。

区块链采用分布式账本和加密算法，确保每笔数据都被记录并在多个节点验证，从而大大增强了数据的安全性。这种技术还能防止数据被篡改或冒用，提高了整个供应链的可信度和安全性。

区块链技术为供应链各方提供了一个分布式的合作伙伴网络，这有助于数据共享、信任建立和合约的自动化执行。通过智能合约，企业可以实现与合作伙伴之间的自动化交易和结算，大大提高了合作效率和响应速度。

### 2. 大数据分析的应用

通过大数据分析，企业可以精确地分析市场趋势、消费者购买行为等关键信息，从而实现对未来需求的准确预测。这有助于企业优化库存管理，减少库存成本和风险，并提高客户满意度。

大数据分析可以整合供应链各环节的数据，实现信息共享和流畅传递，从而提高供应链的协调性和效率。例如，企业可以实时获取供应商的生产能力、物料库存等信息，以便及时调整生产计划和采购策略。

大数据分析帮助企业监控和分析供应链中的各个环节和关键指标，及时发现问题并采取改进措施。同时，这种分析还能帮助企业发现供应链中的优化机会，如战略合作和资源共享等，从而提升供应链的竞争力。

## （三）技术增强客户服务体验

在数字化转型的背景下，技术的应用已经深入影响到客户服务领域，为客户带来了前所未有的体验升级。

### 1.AR/VR 技术的应用

通过 AR（增强现实）和 VR（虚拟现实）技术，企业能够为客户提供一种全新的、沉浸式的产品体验方式。客户不再需要亲自到实体店，即可在线上对产品进行全方位的体验。例如，在家居行业中，客户可以利用 AR 技术，在自己的家中"试放"家具，直观地看到家具摆放的效果，这大大增强了客户的购买信心和意愿。

AR/VR 技术不仅提供了产品的三维展示，还能通过交互设计，让客户更加深入地了解产品的特性和功能。这种互动性极大地提升了客户的参与感和兴趣。对于一些复杂的产品，如汽车或电子设备，VR 技术可以让客户在虚拟环境中模拟操作，从而更好地理解产品的使用方法和效果。

利用 AR/VR 技术，企业还可以为客户提供定制化的产品体验。客户可以根据自己的喜好和需求，在虚拟环境中选择和组合不同的产品元素，从而创造出符合自己个性的产品。

## 2. 智能客服系统的应用

快速响应与自助服务：智能客服系统，如聊天机器人，能够 24/7 全天候为客户提供即时的咨询和帮助。这种快速响应大大减少了客户的等待时间，提高了服务效率。通过自然语言处理技术，智能客服能够理解和解答客户的问题，提供相关的信息和解决方案。

智能客服系统能够根据客户的历史记录和行为习惯，提供个性化的推荐和服务。这种定制化的服务让客户感受到更多的关注和尊重。例如，在电商平台上，智能客服可以根据客户的购物历史和浏览行为，推荐相关的产品或优惠活动。

通过持续地学习和优化，智能客服系统能够不断提高服务质量，从而增强客户的满意度。企业还可以通过智能客服系统收集客户的反馈和建议，以便及时改进产品和服务。

# 三、数据与技术结合推动实体经济创新

当前，可以清晰地看到，在数字经济时代，数据与技术已经成为推动实体经济创新发展的两大驱动力。数据与技术的深度融合，不仅优化了传统产业结构，还为实体经济带来了前所未有的创新机遇。

## 1.数据指导技术研发

数据分析在当今的商业环境中已经成为一种不可或缺的工具。其核心价值在于，通过对大量数据的深入挖掘和分析，可以为企业的决策提供科学、客观的依据。特别是在技术研发领域，数据的指导意义更是显而易见。

在现代经济活动中，数据分析的重要性日益凸显。企业通过对市场数据、用户反馈以及产品使用数据的全面收集与精准分析，能够更深入地洞察市场需求的变化、用户偏好的转移以及产品的实际性能表现。这种基于数据的洞察，为企业的技术研发提供了明确的方向和有力的支撑。

具体来说，数据在技术研发中的应用可以体现在以下几个方面：

第一，市场需求分析。通过对市场数据的分析，企业可以预测未来的市场趋势和消费者需求。这有助于研发团队提前布局，开发出更符合市场需求的产品。

第二，用户行为研究。深入分析用户的使用数据和反馈，可以帮助企业了解用户在使用产品过程中的痛点和需求。这样，研发团队可以针对性地进行产品优化，提升用户体验。

第三，性能改进。通过对产品使用数据的持续监控和分析，企业可以及时发现产品存在的问题和不足之处。这为研发团队提供了改进产品性能的明确方向。

以智能手机行业为例，数据在技术研发中的指导作用尤为突出。智能手机厂商通过对用户行为数据的细致分析，如屏幕使用时间、应用使用习惯、拍照和录像的频率等，可以深入洞察用户的真实需求和偏好。基于这些数据，研发团队可以更加精准地定位新产品的研发方向，设计出更符合用户使用习惯的手机界面、更高效的处理器或者更出色的摄像头系统。这不仅显著提升了产品的市场竞争力，还为用户带来了更加流畅便捷的使用体验。

### 2.技术提升数据收集与分析效率

随着科技的日新月异，特别是大数据、云计算和人工智能等前沿技术的迅猛发展，数据收集与分析的效率和准确性得到了前所未有的提升。这些技术革新不仅显著加快了数据处理的速度，更在数据分析的深度和广度上实现了质的飞跃。

云计算技术的广泛应用，为企业提供了一个弹性、可扩展的数据存储和处理平台。通过云计算，企业能够轻松应对海量数据的存储需求，实现数据的集中管理和高效访问。同时，云计算的分布式处理架构大大提高了数据处理的并行性和效率，使得对大规模数据的实时分析和响应成为可能。

大数据分析技术的出现，则让企业能够从浩如烟海的数据中挖掘出真正有价值的信息。通过复杂的算法和模型，大数据分析能够揭示数据背后的关联、趋势和模式，从而为企业的决策提供有力的数据支持。这种深度的数据分析不仅帮助企业更好地理解市场和客户需求，还能预测未来的市场走向，为企业的战略规划提供科学依据。

而人工智能技术的融入，更是将数据处理提升到了一个全新的高度。通过深度学习和模式识别等技术手段，人工智能能够自动发现数据中的隐藏规律和关联，提供更为精准的预测和建议。这不仅极大地减轻了人工分析的负担，还提高了决策的准确性和效率。

以电商行业为例，国内电商平台通过大数据和云计算技术的融合应用，成功优化了其营销策略。平台成功利用云计算实时收集并分析用户浏览、购买等数据，深入挖掘用户购买习惯和偏好。基于这些数据，他们精准构建了用户画像，并通过个性化推荐系统推送符合用户需求的商品。此举不仅显著提升了销售额，还大幅提高了用户满意度。同时，数据分析也助力该平台预测销售趋势，优化了库存管理，进一步提高了运营效率，也充分展示了大数据和云计算在电商行业中的巨大潜力与价值。

**3. 良性互动循环推动实体经济创新**

数据与技术的紧密结合形成了一种良性互动循环，这种循环机制犹如实体经济的"心脏"，为其创新注入了持续而强劲的动力。具体来说，数据的精准分析如同"指南针"，为技术研发指明了方向，确保了研发活动的针对性和实效性。与此同时，技术的不断进步又好似"催化剂"，推动了数据收集和分析能力的持续提升。这种循环往复、相辅相成的关系，不仅大幅缩短了产品的研发周期，提升了研发效率，还显著提高了产品的质量，使其在市场中具有更强的竞争力。

进一步看，这种基于数据与技术结合的创新模式，已然成为推动实体经济持续发展的新引擎。通过充分利用数据和技术的融合优势，企业能够以前所未有的灵活性和敏捷性应对市场的快速变化。无论是在产品功能的迭代更新上，还是在服务模式的创新升级上，企业都能更加精准地把握用户需求，满足市场的多样化需求。这种以用户需求为导向的创新策略，不仅提升了用户体验，还帮助企业在激烈的市场竞争中脱颖而出，实现了可持续发展。

当前，为了进一步加强这一趋势并推动实体经济的持续发展，政府可以从多个维度进行支持和引导。首先，政府应制定和完善相关的政策法规，为数据与技术的融合提供坚实的法律保障，确保数据安全和合法利用。其次，通过提供资金支持和税收优惠，政府可以激励更多企业投身于数据与技术的创新应用中。同时，加强基础设施的建设，如高速互联网和数据中心，是确保数据高效传输和处理的关键。此外，政府还应促进产学研的紧密合作，以加速科研成果的转化，培养创新人才，并提升企业自主研发的能力。为了进一步优化创新环境，政府还需简化行政审批流程，降低企业创新成本，并建立知识产权保护制度。同时，积极开展国际合作与交流，引进国外先进技术，为国内企业提供更多国际展示和交流的机会。最后，政府应加强对数据与技术融合创新效果的评估和监管，防止数据垄断和不正当竞争行为，确保市场的公平竞争。通过这些综合性措施，政府可以有效地推动数据与技术的良性互动循环，进一步促进实体经济的创新和发展。

# 四、面临的挑战与应对策略

在实体经济数字化转型的过程中，数据和技术虽然起到了关键作用，但同时也带来了一系列挑战。这些挑战主要集中在数据安全、技术更新迭代的速度以及人才培养等方面。为了有效应对这些挑战，企业需要采取一系列策略。

## （一）企业面临的挑战

数据泄露和信息安全事件频发，导致客户信任度下降。隐私保护法律法规的不断完善和严格执行，要求企业对数据进行更加精细化的管理。

新技术的迅速迭代可能导致企业面临技术过时、系统不兼容的风险。集成多种技术和系统可能导致复杂性增加，维护成本上升。

具备数字化技能的人才供不应求，尤其是在数据分析、人工智能和网络安全等领域。现有员工的数字化培训需求量大，但培训资源和时间有限。

数字化转型可能要求企业进行深刻的组织和文化变革，这可能遭遇内部阻力和员工的不适应。需要建立一种更加灵活、创新和协作的工作环境。

数字化转型需要大量的初期投资，包括技术采购、系统集成和员工培训等。长期运营成本可能因需要不断更新和维护技术而上升。

单个企业难以独自应对所有挑战，需要与其他企业、研究机构等建立合作关系。构建一个健康的数字化生态系统对于持续创新和增长至关重要。

## （二）企业应采取的应对策略

一是增强数据安全与隐私措施。为确保数据的绝对安全，企业必须采取一系列严密的数据保护措施。首先，要执行严格的数据加密标准，通过先进的加密算法保护数据的机密性，防止未经授权的访问和数据泄露。其次，企业应实施精细化的访问控制机制，确保只有经过授权的人员才能访问敏感数据，从而维护数据的完整性和可用性。此外，企业还应定期开展全面的安全审计和风险评估工作，通过深入检查系统的安全性，及时发现并有效修复可能存在的安全漏洞，为数据安全提供坚实的保障。

二是保持技术更新与兼容性。为了在技术日新月异的今天保持竞争力，企业需要构建一个高度灵活且可扩展的技术架构。这样的架构应具备迅速接纳和融合新技术的能力，无论是新兴的云技术、人工智能算法还是其他前沿科技，都能被无缝集成到现有的系统中，从而提升企业的整体技术实力。同时，与关键技术供应商维持紧密的合作关系也至关重要。通过与供应商的持续沟通与协作，企业可以确保自己始终站在技术革新的前沿，第一时间获取最新的技术支持、系统更新以及必要的升级服务。这种策略不仅能让企业及时跟上技术发展的步伐，还能确保企业系统始终保持最佳状态，为未来的业务拓展和创新奠定坚实基础。

三是加强人才培养与引进。为了构建强大的数字化人才队伍，企业应制订一套系统的数字化人才培养和引进计划。这一计划应涵盖多元化的渠道，包括但不限于内部人才的选拔与晋升、外部专业人才的招聘，以及与高等院校和研究机构的深度校企合作。同时，企业应为员工提供连贯且富有吸引力的职业发展路径，鼓励并激励他们通过自主学习、参加专业培训等方式不断成长。这样不仅可以提升员工的专业技能，还能增强他们对企业的归属感和忠诚度，从而为企业创造更大的价值。

四是推动文化与组织变革。为了全面推进数字化转型，企业需要从领导层到基层员工，形成一致的数字化文化和思维方式。这意味着在整个组织内部营造一种鼓励创新和实验的氛围，让员工勇于尝试新思路、新方法，以更好地适应数字化时代的需求。同时，企业应建立跨部门的数字化转型团队，这个团队将作为连接不同部门的桥梁，推动各部门间的紧密协作与知识共享。通过这种方式，企业可以打破部门壁垒，实现资源的优化配置和高效利用，从而加速数字化转型的进程。

五是合理规划投资与成本。为确保数字化转型的经济效益，企业需要制订详尽的预算计划，并进行全面的成本效益分析。这一步骤至关重要，不仅能帮助企业清晰地了解每一笔投资的去向，还能预测并量化投资可能带来的回报。通过这种方式，企业可以更加精准地评估数字化转型项目的财务可行性，从而做出明智的投资决策。

同时，为了减轻资金压力并分散风险，企业应积极寻求多元化的融资途径。这可能包括争取政府提供的补贴和激励政策，或者与产业链上下游的企业建立合作关系，共同承担转型的成本和风险。通过这些策略性的举措，企业不仅能够获得更多的资金支持，还能够在转型过程中形成更稳固的合作关系，为未来的发展奠定坚实基础。

六是构建合作与生态系统。为推动行业数字化进程的加速发展，企业应积极参与行业联盟的活动，深入参与相关标准的制定与修订工作。这样不仅能提升企业在行业内的影响力，还能确保自身技术和产品符合行业发展的最新趋势。同时，与行业内外的其他企业、顶尖研究机构以及高等院校建立稳固的合作关系至关重要。通过这些合作，可以共同研发新技术、推广创新应用，实现资源共享和优势互补，从而构建一个充满活力且可持续发展的数字化生态系统。这将有助于企业在激烈的市场竞争中保持领先地位，实现长期稳定发展。

## 五、结　论

数据和技术是实体经济数字化转型的两大支柱。数据的丰富性和技术的先进性不仅提升了实体经济的生产效率和服务质量，还为其带来了更多的创新机遇。然而，这一过程中也面临着诸多挑战，需要企业、政府和社会共同努力，推动实体经济的数字化转型走向深入。

# 共享经济平台与数字化
# 转型助力经济复苏

舒骋[*]

[*] 舒骋，随锐科技集团股份有限公司创始人，随锐科技集团股份有限公司董事长兼 CEO

随着经济发展进入新常态，国内经济增长速度逐渐放缓。由于国际国内各种因素的叠加，经济增长面临较大的下行压力。出现的问题包括：

产能过剩。一些传统产业过度扩张，导致产能过剩问题突出。特别是在钢铁、煤炭等行业，产能过剩严重，导致价格下跌，企业利润下降；内外需疲软。受全球经济不确定性影响，国内外需均有所疲软。外贸出口下降，投资增速较低；劳动力市场压力。劳动力市场面临较大压力，就业形势严峻。大量农民工返乡就业困难，新就业岗位不足。

以上问题和现象对国内经济发展带来了不小的挑战，需要政府和各方共同努力，采取有效措施解决。本讲将讨论共享经济平台与数字化转型如何助力经济复苏和发展。

## 一、共享经济平台的特点与发展

共享经济平台是指通过互联网技术和平台化运营，将个人或企业闲置资源、技能、劳动力等无形资产转化为可供其他人使用或交换的商品或服务，从而实现资源的共享和利用的经济模式。

　　共享经济平台的背景可以追溯到经济全球化、互联网普及和社交网络的兴起等多个因素。全球化使得资源和需求更加跨国界流动，互联网的普及和发展提供了实现资源共享的技术基础，社交网络的兴起则促进了个人和企业间信任的建立和交流的便利。

　　共享经济平台的出现满足了人们对于高效利用资源和获得更便捷服务的需求。通过共享经济平台，个人和企业可以将闲置资源或技能转化为收入来源，同时也能够方便地获得所需的商品或服务。这种模式强调了资源的共享和利用效率的提升，对于节约资源、减少浪费、促进可持续发展等方面具有积极意义。

　　近年来，涌现出的共享经济平台包括，网约车平台：如 Uber、滴滴出行等，提供车主与乘客之间的配对服务。短租平台：如 Airbnb、途家网等，提供个人与民宿业主之间的房屋短期租赁服务。共享办公平台：如 WeWork、纳什空间等，提供共享办公场所与设施的服务。共享单车平台：如哈啰、青桔等，提供共享单车的租用服务。共享停车平台：如 EVCARD、SOPark 等，提供共享停车位的租赁与预订服务。共享餐厅平台：如开饭啦、U 餐厅等，提供厨师与消费者之间的餐饮共享服务。共享家政平台：如阿姨帮、龙爪擦等，提供家政服务的共享与预订服务。共享健身平台：如 Keep、小猪健身等，提供健身教练与用户之间的线上线下共享健身服务。共享教育平台：如蛙课堂、好未来等，提供教育资源与教师的共享与在线教育服务。共享农场平台：如全程农庄、X 土地等，提供农场主与消费者之间的农产品共享服务。

　　共享经济平台对经济复苏起到了重要的帮助作用。首先，共享经济平台提供了一种灵活的就业机会，使失业人口有机会找到工作和提供服务，从而增加了就业率。这一点在经济衰退时尤为重要，因为许多人失去了工作，共享经济平台为他们提供了一种快速恢复就业的途径。

其次，共享经济平台提供了一种更方便、更经济的服务方式。通过共享经济平台，人们可以共享资源和服务，降低了成本，提高了效率。例如，共享出租车平台可以提供更便宜的交通服务，共享住宿平台可以为旅行者提供更实惠的住宿选择。这种价格优势可以吸引更多的消费者，促进消费和经济增长。

此外，共享经济平台还鼓励了创业和创新。平台提供了一个开放的市场，允许个人和小企业参与经济活动，提供自己的产品或服务。这为创业者提供了更广阔的机会，促进了经济的多元化和创新。

此外，共享经济平台还可以促进资源的有效利用和环境可持续发展。通过共享资源和服务，可以减少资源的浪费和消耗，提高资源利用效率。例如，共享汽车可以减少车辆的数量和交通拥堵，共享办公空间可以充分利用空置的办公楼。这种资源的有效利用有助于减少环境负担，促进可持续发展。

## 二、数字化转型对经济复苏的重要性

数字化转型指的是将传统的业务模式和业务流程通过数字技术的应用，实现改造和升级，以提高企业的效率和竞争力。数字化转型涉及各个方面，包括但不限于技术、组织架构、业务流程等。

具体来说，数字化转型可以包括以下几个方面的内容。

技术升级和应用：通过引入新的技术和系统，如云计算、大数据分析、人工智能等，来提高企业的生产和管理效率。

数据驱动决策：通过收集、分析和利用大数据，来支持企业的决策制定和业务优化。

业务流程优化：通过重新设计和改造业务流程，利用数字技术提高流程的自动化和效率。

客户体验改善：通过数字技术和平台，提供更好的客户服务和体验，满足客户的个性化需求。

创新和新业务模式：通过数字化技术的应用，开展新的业务模式和创新，以适应市场的变化和需求。

数字化转型的目标是推动企业的转型和发展，提高企业的竞争力和适应性。通过数字化转型，企业可以更好地把握市场机遇，提高生产效率，降低成本，提供更好的产品和服务，从而实现企业的可持续发展。

数字化转型在经济发展中起着重要的作用，包括：

提高生产效率。数字化转型可以帮助企业实现自动化、智能化和数据驱动的生产和运营，提高生产力和效益。通过数字化技术的应用，企业可以更好地管理资源、优化供应链、降低成本，提高产能和质量。

创新增长。数字化转型为企业创造了新的商业模式和机会。通过数字化技术，企业可以开发新产品和服务，进入新的市场，创造新的价值链。

提升客户体验。数字化转型使企业能够更好地了解客户需求和偏好，并为客户提供个性化的产品和服务。通过数字化技术，企业可以实现更好的客户互动、响应和服务。

促进创新和合作。数字化转型促进了企业之间和跨行业之间的创新和合作。通过数字化技术，企业可以更便捷地共享信息和资源，加强合作和创新能力。

推动经济转型升级。数字化转型使得传统产业能够更好地融入数字经济，提升其竞争力。数字化技术可以帮助企业改造和升级传统产业，提高产业链的附加值和竞争力。包括电子商务、在线教育、远程工作等。数字经济的快速增长为经济提供了新的增长点，拉动了消费和投资，推动了经济复苏。

刺激创新和创造就业机会。数字化转型鼓励企业采用新技术和解决方案，从而推动创新和创造新的就业机会。新兴行业和数字化技术的应用为经济提供了新的增长点。

优化政府和公共服务。数字化转型可以改善政府和公共服务的效率和质量。通过数字化技术的应用，政府可以提供更加高效的服务，优化政策制定和执行，促进经济复苏。

促进产业结构调整。数字化转型推动了产业结构的调整和转型升级。传统产业可以通过数字化转型实现转型升级，提高竞争力和降低生产成本。数字经济和新兴产业的发展也为经济提供了新的增长动力。

国际劳工组织（ILO）的研究发现，数字化转型有助于提高生产力和就业机会，从而促进经济增长和复苏。该研究还指出，数字化转型可以减少劳动力不平等，并为经济增长创造更多高质量的就业岗位。

麦肯锡全球研究院的一项研究发现，数字化转型可以带来巨大的经济增长，预计到 2030 年，全球数字化经济的增加值可能达到 23 万亿美元。这种增长将主要来自数字技术的广泛应用，包括云计算、大数据、人工智能和物联网等。

世界经济论坛（WEF）的一份报告指出，数字化转型对复苏经济至关重要。该报告强调，数字化转型可以提高企业的灵活性和创新能力，减少成本并提高效率。此外，数字化转型还可以帮助企业开拓新的市场和经济机会。

根据国际数据公司（IDC）的数据，数字化转型将成为全球企业的首要议程。2022 年，全球企业对数字化转型的投资超过 1.5 万亿美元。这些投资主要用于改善业务流程、提升客户体验和加强创新能力。

根据这些研究和数据表明，数字化转型对经济复苏具有重要影响。可以提高生产力和就业机会，促进经济增长，创造新的市场和机会，并帮助企业在竞争激烈的环境中取得成功。

## 三、"视频云会议"系统

我们以近年来发展迅速的"视频云会议"系统为例，分析平台经济和数字化转型对经济增长、企业增效的促进作用。

视频通信作为一种能实时双向传播视频、音频信息的通信技术，会议参与者能更加直观、真实地"面对面"交流。随着企业跨地域业务的发展以及企业信息化、精细化运营需求提升，企业用户采用视频会议系统及时进行业务沟通的需求越来越大。视频会议是远距离高效沟通的重要工具，然而传统视频会议的短板逐渐显现，一是需要部署大量硬件设备，需要专网，使用复杂，运营成本高；二是不同品牌的视频会议设备难以实现互联互通，造成信息孤岛；三是传统视频会议大多只能局限于会议室中，实时性较差，造成诸多不便。

云技术的发展，以及移动互联带来场景革命，便捷化、移动化和云应用成为趋势。随着企业间协作的深入发展，企业在不同地点拥有办公场地以及员工出差现象非常普遍，企业办公移动化趋势越来越明显。传统的视频会议系统烦冗的硬件设备已经不完全能够满足企业信息化所需，用户兴趣逐步从传统硬件视频会议开始转移到了基于软件和云服务的解决方案。智能手机的普及解决了政企领域视频会议的设备问题，进一步简化了政企视频会议的组织流程，为视频通信云服务的大规模普及提供了有利条件。

"视频云会议"能够使用户在任何地点、任何时间，使用任何终端，便捷、高效、高性价比地召开或参加一场多方的网络视频会议，使用户之间有天涯若比邻的感觉。

"视频云会议"将深远地改变我们的工作方式：在家远程办公更加普遍、外包人力资源的管理和沟通更方便，跨地域团队协作更高效，企业差旅和会议成本更低。视频云会议替代传统视频会议是必然趋势，将成为移动互联网时代沟通的新常态。

随着城市 Wi-Fi、5G 网络和智能设备的普及以及云计算和云应用的成熟，视频会议将完成从标清到高清、从专网到云端的变革。视频云会议，可以让用户摆脱昂贵硬件的束缚，可随时随地邀请或参与会议，有效降低搭建视频会议系统的成本，让办公效率提升到全新的高度，有效降低企业的运营成本。

以随锐科技为代表的视频通信云服务提供商逐渐受到大量政企用户的广泛关注，它能够让用户在任何地点、任何时间，使用任何终端，便捷、高效、高性价比地召开或参加一场多方互联的网络视频会议，低成本、简便、灵活的特点充分匹配了移动化办公场景，被视为移动互联网时代沟通的新常态。

## 四、共享经济平台与数字化转型的协同作用

共享经济平台和数字化转型之间也存在着相互促进和加强彼此的效果，具体体现在以下几个方面：

提升共享经济的便利性和效率。数字化转型为共享经济平台提供了更便捷、高效的服务方式。通过数字化技术，用户可以随时随地使用共享经济平台进行交易，不再受时间和空间的限制。同时，数字化转型还可以提供更多的信息和数据支持，帮助共享经济平台更好地匹配供求双方的需求，提高资源利用效率。

促进共享经济的创新和发展。数字化转型为共享经济平台带来了

更多的创新机遇。通过数字化技术，共享经济平台可以不断推出新的服务模式和产品，满足用户的多样化需求。数字化转型还可以为共享经济平台提供更多的智能化工具和技术支持，提升平台的运营效率和用户体验，从而促进共享经济的发展。

加强共享经济的安全和信任。数字化转型可以为共享经济平台提供更强的安全保障和信任机制。通过数字化技术，共享经济平台可以建立起更完善的用户身份认证、交易评价和纠纷解决机制，提高交易的安全性和可靠性。数字化转型还可以为共享经济平台提供更多的数据分析和风险控制手段，帮助平台及时发现和应对潜在的风险，保护用户的利益。

共享经济平台通过数字化转型可以提供更好的服务和用户体验。能够提供更便捷的交易流程。通过数字化转型，共享经济平台可以将整个交易流程数字化，使用户可以通过手机或电脑轻松完成交易，避免了繁琐的人工操作和纸质文件的传递，大大提高了交易的效率和便利性。

提供更个性化的推荐服务。共享经济平台可以通过用户的历史数据和行为分析，利用算法和人工智能技术，向用户推荐更符合其需求和喜好的商品或服务。这种个性化推荐可以提高用户满意度，增加交易量，并让用户感觉到平台对其需求的理解和关注。

提供更安全的交易体验。通过数字化转型，共享经济平台可以引入更严格的身份验证和支付安全措施，确保交易过程的安全性和可信度。同时，平台可以通过技术手段来监控和预防不法行为，保护用户的权益，提供更安全的交易环境。

　　提供更高效的客户服务。共享经济平台可以通过数字化转型，建立完善的客户服务系统，通过在线客服、智能机器人等方式，提供更快速、及时的客户支持和解决方案。用户可以通过平台上的在线咨询和反馈功能，随时随地获得帮助，提高了客户服务的效率和便捷性。

　　提供更多元化的支付方式。共享经济平台通过数字化转型可以引入多种支付方式，如电子支付、线上支付、信用卡支付等，以满足不同用户的支付需求。这样可以提高支付的便利性和安全性，增加用户的选择权和满意度。

　　总的来说，通过数字化转型，共享经济平台可以实现交易的便捷化、个性化推荐、安全性提升、高效客户服务和多元化支付方式等优势，从而提供更好的服务和用户体验。

　　共享经济平台与数字化转型的协同作用在经济复苏中发挥了重要的价值。以下是一个实际案例：

　　Uber（优步）是一家全球性的共享经济平台，通过数字化技术连接乘客和司机，提供便捷的出行服务。Uber 的服务也因为其个人化、隐私保护和安全性而变得更加吸引人。此外，Uber 也通过数字化转型提供了更多的服务，例如 Uber Eats（优食）——一个食品外卖平台。

　　在经济复苏阶段，Uber 的共享经济平台和数字化技术为复苏发挥了重要作用。首先，Uber 为失业的人提供了灵活就业的机会。许多人可以通过成为 Uber 司机来获得收入，从而帮助他们渡过难关。这对于经济复苏非常重要，因为它可以提高雇佣率和消费能力。

　　其次，Uber 的数字化转型为经济复苏提供了更高效的服务。通过数字化平台，乘客可以更容易找到可用的司机和计费明细，而司机则可以通过应用程序轻松地接受订单和处理支付。这种高度自动化和数字化的运营方式不仅提高了效率，还减少了不必要的人际接触，有助于防止疾病的传播。

最后，Uber 的共享经济平台和数字化技术促进了城市的经济活动。在疫情期间，许多传统实体店面被迫关闭，而 Uber Eats 等外卖服务则提供了一种新的销售渠道。许多餐馆可以通过 Uber Eats 将食物送到消费者家中，从而保持业务运营。这不仅帮助了餐馆的经济复苏，还为消费者提供了方便的外卖选择。

我们可以看到，共享经济平台如 Uber 与数字化转型的协同作用在经济复苏中发挥了重要的价值。它们为人们提供了灵活的就业机会，提供了高效的服务，并促进了城市的经济活动，帮助经济恢复和发展。

共享经济平台和数字化转型在当前经济复苏的过程中发挥着重要的作用。这两个概念在过去几年中已经获得了广泛的关注，并在许多行业和领域中取得了成功。

共享经济又称分享经济，是一种提升闲置资源利用效率的经济新模式，以平台化、高效化、开放性和分布式为特征，借助信息化平台整合多种资源要素，通过改变资源配置机制（如供给机制和市场交换机制）来盘活存量资源、提升供给效率。

共享经济平台为经济复苏提供了新的机会和选择。共享经济平台通过连接供应和需求方，有效地利用和共享资源，为人们提供更多的经济活动选择和就业机会。在经济复苏过程中，共享经济平台可以提供更多的工作机会，帮助人们增加收入，并促进经济增长。

数字化转型为经济复苏提供了更高效和便利的解决方案。数字化转型可以大大提高生产力和效率,减少时间和成本。通过将传统的线下业务转移到线上平台,企业可以更好地满足消费者的需求,提供更加个性化和定制化的产品和服务。数字化转型还可以帮助企业实现自动化和智能化,提高管理和决策的准确性和效率。

共享经济平台和数字化转型也可以促进创新和创业。共享经济平台为创业者提供了低成本和低风险的机会,让更多的人可以尝试创业。数字化转型为创新提供了新的工具和平台,使创新更加容易和快速。通过共享经济平台和数字化转型,更多的创业者和企业可以在复苏过程中推出新的产品和服务,推动经济增长。

共享经济平台和数字化转型在经济发展中发挥了重要的作用。它们为经济注入了新的活力和机遇,提供了高效和便捷的解决方案,促进了创新和创业。在未来的经济发展中,共享经济平台和数字化转型将继续为经济复苏和可持续发展做出贡献。

随着应用的不断拓展,共享经济平台和数字化转型也还存在需要提升的方面。

第一,信任和安全。共享经济平台需要加强对用户身份验证和信用背景审核的能力,确保用户信息的真实性和可信度,同时建立健全的纠纷解决机制,保障用户的权益和安全。

第二,用户体验。共享经济平台需要提供简洁、直观的用户界面和流程,方便用户搜索、选择和使用服务。同时,提供全天候的客户服务和技术支持,及时解决用户遇到的问题和困难。

第三,法律法规和监管。共享经济平台需要与相关部门和机构密切合作，制定并遵守合适的法律法规，确保平台运营的合法性和合规性。同时，平台需要主动接受监管部门的监督和检查，确保平台运作符合规范。

第四，数据保护和隐私保护。共享经济平台需要加强用户数据的保护措施，确保用户的个人信息不被滥用或泄露。平台需要建立健全的数据安全管理体系，对数据进行加密和备份，同时与第三方共享数据时，保证数据隐私的安全性。

第五，社会责任和公平竞争。共享经济平台需要承担起社会责任，积极履行对消费者和社会的义务，遵守公平竞争的原则。平台应确保参与者的权益平等，提供公正的竞争环境，不允许垄断行为和不正当竞争手段。

## 第三部分

### 向新而行，加快发展新质生产力

# 中国科技创新在经济复苏中的
# 实践与成效

刘冬梅 *

*  刘冬梅，研究员，中国科学技术发展战略研究院党委书记，享受国务院政府特殊津贴专家

新中国成立以来，特别是改革开放以来，中国科技取得了飞速发展和辉煌成就。综合科技创新能力稳步提升，重大科技成果不断涌现，科技创新在国家发展全局中的地位和作用也日益显著。在支撑经济高质量发展、引领产业持续升级的同时，中国科技也为推动世界前沿科技探索和应对人类共同挑战作出了重要贡献。展望未来，中国科技发展的前景更加光明，全人类科技进步和社会发展中也必将有更多的"中国含量"。

# 一、中国科技发展的辉煌成就

## （一）综合科技创新能力稳步上升

创新能力评价指数是综合研判一个国家科技创新实力的重要依据。世界知识产权组织自 2007 年开始发布《全球创新指数》，中国科学技术发展战略研究院自 2006 年开始发布《国家创新指数报告》。两份指数均显示，近年中国创新能力快速提升，已跻身世界领先行列。中国《全球创新指数》排名从 2012 年的第 34 位，上升到 2023 年的第 12 位。中国《国家创新指数报告》排名从 2012 年的第 20 位，上升到 2023 年的第 10 位。

### （二）科技创新产出快速增长

科学研究影响力持续提升。2022 年，中国发表高水平国际期刊论文 [①]9.36 万篇，被引用次数为 64.96 万次，排在世界第一位。中国高被引论文数 [②]2023 年达到 5.79 万篇，占世界总量的 30.8%，比 2022 年提升了 3.5 个百分点。

知识产权成果稳步增长。2023 年，中国发明专利授权量为 92.1 万件，发明专利有效量为 499.1 万件。其中，国内（不含港澳台）发明专利有效量为 401.5 万件，成为世界上首个国内发明专利有效量突破 400 万件的国家。2023 年全年共签订技术合同 95 万项，技术合同成交金额 61476 亿元，比上年增长 28.6%。

### （三）重大科技创新成果不断涌现

航空航天取得新的应用成果。中国成功完成了月球样本返回任务，获取了月球表面的岩石和土壤样本，为科学家研究月球的起源和演化提供了宝贵资料。国产 C919 大型客机（C919）圆满完成首次商业载客飞行，标志着 C919"研发、制造、取证、投运"的全面贯通，中国掌握了民机产业 5 大类、20 个专业、6000 多项民用飞机技术，

---

① 将各学科影响因子和总被引用次数同居本学科前 10%，且每年刊载的学术论文及述评文章数大于 50 篇的期刊，遴选为世界各学科代表性科技期刊，在其上发表的论文属于高水平国际期刊论文。数据来源于中国科学技术信息研究所。

② 各学科论文在 2013—2023 年被引用次数处于世界前 1% 的论文称为高被引论文。数据来源于中国科学技术信息研究所。

中国民用航空翻开崭新一页。包含北斗卫星导航系统标准和建议措施的《国际民用航空公约》附件最新修订版正式生效，标志着北斗系统正式加入国际民航组织（ICAO）标准，成为全球民航通用的卫星导航系统。

信息通讯领域纪录不断刷新。量子计算原型机"九章三号"成功研制，再度刷新了光量子信息的技术水平和量子计算优越性的世界纪录。首创开放式新架构实现615公里光纤量子通信。新一代国产超级计算系统"天河星逸"发布，在通用CPU计算能力、网络能力、存储能力以及应用服务能力等多方面较"天河二号"实现倍增。

能源技术研究取得新进展。中国"人造太阳"刷新世界纪录，全超导托卡马克核聚变实验装置实现稳态高约束模式等离子体运行403秒，对提升核聚变能源经济性、可行性，加快实现聚变能应用具有重要意义。全球首座第四代核电站高温气冷堆示范工程投入商业运行，标志着中国成为世界上第一个实现模块式高温气冷堆核电站商业运行的国家。全球首台16兆瓦海上风电机组并网发电，使得中国海上风电大容量机组研发制造能力达到国际领先水平。

## （四）科技创新中心建设统筹推进

国际科技创新中心和区域科技创新中心逐渐成为引领中国、融入世界的高地。根据世界知识产权组织发布的全球科技集群百强榜单，2023年，中国进入全球百强的科技集群（城市或城市群）数量达到24个，比上一年增加3个，是科技集群数量最多的国家。

北京、上海和粤港澳大湾区三大国际科技创新中心优势突出，科技实力进入国际领先行列。北京位居全球科技集群第 4 位，科学论文产出占世界份额达到 3.7%，是全球最大科研产出城市，PCT 专利申请量占世界份额达到 3.0%，科研和技术产出占世界份额合计比上一年提高了 0.2 个百分点。深圳—香港—广州排名全球科技集群第 2 位，PCT 专利申请量占世界份额达到 9.0%。上海—苏州排名全球科技集群第 5 位，科研和技术产出占世界份额达到 4.8%。

成渝、武汉和西安科技创新中心建设加速推进，科创高地加速崛起。武汉在全球科技集群榜单中排名第 13 位，上升了 2 位。成都排名第 24 位，提升了 3 位。重庆排名第 44 位，上升了 5 位。西安排名第 19 位，提升了 2 位。

## 二、中国科技发展的国内意义

### （一）科技催生发展新动能

党的十八大以来，中国深入落实创新驱动发展战略，科技创新已成为带动经济转型升级、增强经济活力的新动能。国家统计局数据显示，2023 年中国高技术制造业增加值增长 2.7%，占规模以上工业增加值比重为 15.7%，高技术产业投资同比增长 10.3%。2023 年中国服务机器人产量 783.3 万套，同比增长 23.3%；3D 打印设备产量 278.9 万台，增长 36.2%；规模以上服务业中，战略性新兴服务业企业营业收入增长 7.7%。<sup>①</sup> 电动载人汽车、锂电池和太阳能电池成为新时期中国产品出口的"新三样"。

同时，中国大力发展数字经济，着力推动产业数字化转型和数字产业化发展。根据估算，2022 年中国数字经济规模达到 50.2 万亿元，同比名义增长 10.3%，已连续 11 年显著高于同期 GDP 名义增速，数字经济占 GDP 比重达到 41.5%<sup>②</sup>；国家统计局数据显示，2023 年中国电子商务交易额 46.8 万亿元，比上年增长 9.4%<sup>③</sup>。

### （二）科技助力脱贫攻坚与乡村振兴

习近平总书记指出，"创新是乡村全面振兴的重要支撑"。近年来，科技创新在推动打赢脱贫攻坚战，助力发展现代农业，加快实现农业农村现代化等方面都发挥关键作用，为乡村全面振兴和推动实现共同富裕提供了不竭动力。

通过为贫困地区培育科技产业、培养科技人才，科技在打赢脱贫攻坚战中发挥了重要作用<sup>④</sup>。党的十八大以来，全国科技系统累计在贫困地区建成 1290 个创新创业平台，实施 3.76 万个各级各类科技项目，推广应用 5 万余项先进适用技术、新品种，建立 7.7 万个科技

---

① 国家统计局：《中华人民共和国 2023 年国民经济和社会发展统计公报》https://www.stats.gov.cn/sj/zxfb/202402/t20240228_1947915.html。

② 中国信息通信研究院：《中国数字经济发展研究报告（2023）》http://www.caict.ac.cn/kxyj/qwfb/bps/202304/P020230427572038320317.pdf。

③ 国家统计局：《中华人民共和国 2023 年国民经济和社会发展统计公报》https://www.stats.gov.cn/sj/zxfb/202402/t20240228_1947915.html。

④ 习近平：《中国科学院第二十次院士大会、中国工程院第十五次院士大会、中国科协第十次全国代表大会上的讲话》，《人民日报》2021 年 5 月 29 日。

帮扶结对，选派 28.98 万名科技特派员，培训 5211 名农村科技创业骨干[①]，大幅增强了贫困地区的"造血"功能。

科技特派员制度是习近平总书记亲自总结提升的农村工作重大机制创新。科技特派员通过"做给农民看、带着农民干、帮着农民赚"这种更贴近农民的方式开展服务，带动科技创新要素向农村地区流动。目前，科技特派员已成为农村创新创业的主体和农村科技服务的主力军。

科技全面支撑农业现代化。2023 年，中国农业科技进步贡献率超过 63%[②]，农作物良种覆盖率在 96% 以上，良种在农业增产中的贡献率超过 45%[③]。高质量的农业科技创新推动新品种、新技术、新装备、新模式不断突破，涌现出一批农业科技标志性成果，为农业现代化发展提供了强劲动力。

科技创新要素不断向边疆集聚。习近平总书记指示，"欠发达地区可以通过东西部联动和对口支援等机制来增加科技创新力量"。近年来，全国科技系统通过人才交流、平台联建、联合攻关、成果转化和产业化，为边疆地区送技术、送人才、送服务，有效带动边疆地区创新能力提升，推动高质量发展。

### （三）科技支撑可持续发展

2020 年，习近平主席向世界承诺力争于 2030 年前实现碳达峰、

---

① 科技部：《国新办全面建成小康社会提供科技支撑发布会》，2020 年 12 月 23 日，https://www.most.gov.cn/xwzx/twzb/fbh201224/index.html。

② 《科技助力，农业发展更有活力》，《人民日报》2024 年 2 月 22 日。

③ 《1.3 万亿斤以上，连续 9 年的丰收答卷》，《人民日报》2023 年 12 月 19 日。

努力争取 2060 年前实现碳中和。中国积极参与全球气候治理，开展绿色低碳国际合作，将科技创新作为推动可持续发展的重要力量。

当前，中国加快构建新型能源体系，以风电、光伏、新型储能、新能源汽车为代表的新能源技术展现出巨大潜力。根据国家能源局数据，截至 2023 年底，中国太阳能发电装机容量约 6.1 亿千瓦，风电装机容量约 4.4 亿千瓦，可再生能源装机首次超过火电装机，新能源成为电力供应的新力量。同时，中国新能源汽车产业快速成长，2023 年新能源汽车产量 944.3 万辆，比上年增长 30.3%。中国持续推进节能降碳和开展环境治理，根据国家统计局数据，2015 年以来，中国以年均 3.2% 的能源消费增速支撑了年均 5.7% 的经济增长，全国地级及以上城市空气质量不断改善。

## （四）科技守护生命健康

习近平总书记提出科技事业发展要坚持"面向人民生命健康"，是党中央践行"人民至上，生命至上"的本质体现。

科技创新让老百姓用上国产高质量创新药。在国家"重大新药创制"科技重大专项的推动下，中国创新药研发投入不断增加，药物创新能力和竞争力不断增强，实现了由仿制到创新的历史性转变。2023 年，中国批准上市一类创新药高达 40 个，刷新历史纪录 [1]。

科技创新提升老年人幸福感。中国已经进入老龄化社会。为解决老龄化问题，中国大力推进老龄科技创新，在老年痴呆发病机理、帕

---

[1]  国家药品监督管理局：《2023 年度药品审评报告》。

金森病早期诊断等方面取得原创突破，养老机器人产品类型不断丰富，应用场景不断拓展。

## （五）科技便捷人民生活

中国科技创新成果广泛应用到各类生活场景中，不断满足广大人民群众美好生活需要。

在出行方面，高铁已成为中国科技发展的一张名片，截至 2023 年，中国高铁营业里程达 4.5 万千米[①]。截至 2023 年 6 月，中国网约车用户规模近 4.72 亿人，网民使用率达 43.8%，极大便利了日常出行。

在互联网接入方面，截至 2023 年 12 月，中国互联网上网人数为 10.92 亿人，其中手机上网人数 10.91 亿人，互联网普及率达到 77.5%。[②]2023 年上半年，移动互联网接入流量达 1423 亿 GB，同比增长 14.6%。[③]

在网络支付方面，截至 2023 年 6 月，网络支付用户规模超 9.43 亿人，网民使用率达 87.5%。[④]2023 年 6 月城乡网络支付使用率差值 11.4%，较 2022 年 6 月缩小 0.5 个百分点。

---

① 中国国家铁路集团有限公司：《中国国家铁路集团有限公司 2023 年统计公报》https://www.peoplerail.com/rail/show-2020-532996-1.html。

② 国家统计局：《中华人民共和国 2023 年国民经济和社会发展统计公报》https://www.stats.gov.cn/sj/zxfb/202402/t20240228_1947915.html。

③ 中国互联网络信息中心，第 52 次《中国互联网络发展状况统计报告》https://www.cnnic.net.cn/NMediaFile/2023/0908/MAIN1694151810549M3LV0UWOAV.pdf。

④ 中国互联网络信息中心：第 52 次《中国互联网络发展状况统计报告》https://www.cnnic.net.cn/NMediaFile/2023/0908/MAIN1694151810549M3LV0UWOAV.pdf。

# 三、中国科技发展的世界意义

## （一）科技成果开放共享，惠及全球

中国在清洁能源、医疗健康、大科学工程等领域的科技进步正在惠及全球，为全人类的共同发展作出重大贡献。例如，在能源转型方面，可以说没有中国的科技进步，就不可能实现全球绿色低碳发展目标。据英国《自然》杂志增刊《2022 自然指数—能源》统计，2015至 2021 年，在与联合国可持续发展目标相关的"清洁和可负担的能源"（SDG7）领域，中国的科研产出增幅达 324.1%，产出总量位居全球第一。[①]

在人类科技前沿探索方面，中国的天宫空间站对全球科学家开放，目前已有 17 个国家、23 个实体的 9 个项目成为空间站科学实验首批入选项目。中国也是全球最大"人造太阳"项目国际热核聚变实验堆（ITER）、平方公里阵列射电望远镜（SKA）等近 60 个国际大科学计划和大科学工程的重要参与者与贡献者。

## （二）科技援外，构建"一带一路"创新共同体

作为世界上最大的发展中国家，中国一贯重视同全球南方国家合作，依托"一带一路"倡议等机制，通过科技合作、对外技术转移与

---

[①]　Nature: The national and institutional connections driving research in affordable and clean energy. https://www.nature.com/articles/d41586-022-02832-3.

援助，与广大发展中国家共享发展红利。

2017 年，中国宣布启动"一带一路"科技创新行动计划。一是密切科技人文交流。依托各类先进、适用技术培训计划，在农业、食品、卫生健康、信息技术、节能减排、能源科技等领域为共建国家培训各领域人才逾 1.6 万名。二是共建联合实验室。截至 2023 年，与共建国家启动建设 50 余家联合实验室（未来还将再建 50 家），围绕各国经济社会发展和民生改善需求开展联合研究、技术示范，帮助各国培养科研人才，带动研究能力提升。[①] 三是加强科技园区合作。通过分享建设经验、培养管理人才、共建科技园区等方式，帮助共建国家推进科技园区建设。四是推动国际技术转移。目前已建成面向东南亚、南亚、中东欧、非洲和拉丁美洲等区域的国际技术转移平台，聚焦民生关切，开展先进成熟和适用技术转移转化和援助。

上述工作助力共建国家技术水平、产业发展和民生福祉提升，受到高度赞扬和普遍欢迎。例如，在农业领域，与一些国家合作推动新农业品种的示范种植，实施农业灌溉系统改造，加强农作物产业技术示范基地建设，提升了当地标准化生产技术、水肥一体化技术和绿色防控技术的水平。菌草技术更是将中国减贫脱困经验应用于全球可持续发展的成功实践，目前已在 100 多个国家和地区落地生根。在基础设施领域，与共建国家在高铁、港口管理、互联网服务等方面广泛合作，有效提升了当地设施建设的先进性和适用性。

---

① 推进"一带一路"建设工作领导小组办公室：《创新丝绸之路发展报告》，科学技术文献出版社 2023 年版。

中老铁路、雅万高铁等显著改善了当地的出行条件，拉动了经贸增长。在数字领域，与 10 多个国家签署"数字丝绸之路"合作备忘录，与 20 多个国家建立"丝路电商"双边合作机制，通过人才培训、打造智能示范企业等方式助力数字经济赋能工业转型升级。[①] 在医疗健康领域，与一些国家在专业人员培训、疾病筛查随访平台建设、疾病追因及饮用水安全保障、创新药物研发等方面合作，改善当地健康服务的可及性和可负担性。在绿色发展领域，面向南亚、非洲、东南亚及中东欧地区，推进小水电技术、清洁能源开发、农村电气化发展等合作；与 30 多个国家实施气候变化南南合作项目，通过共建低碳示范区、实施气候变化项目等方式提供环保技术支持。在防灾减灾领域，与一些国家共建卫星信息服务平台和遥感数据共享服务平台，为数十个国家提供与灾害相关的卫星遥感数据；向部分国家援建地震监测台网和地震海啸监测预警系统，大大提升了当地应对灾害的技术能力。

### （三）支撑全球创新网络，形成国际科技正循环

伴随着创新全球化的深入发展，中国已经全方位嵌入全球创新网络，并在其中多个环节扮演着重要角色，帮助维持和促进了国际科技正循环。

在科研合作方面，中国科研人员与全球各个国家的同行取得了大量的合作发表成果。2022 年，中国国际合著论文达到 15.92 万篇。中

---

① 推进"一带一路"建设工作领导小组办公室：《创新丝绸之路发展报告》，科学技术文献出版社 2023 年版。

国科研人员为第一作者的国际合著论文占中国全部国际合著论文的73.3%，合作伙伴涉及173个国家和地区。

在人才输出方面，中国通过派遣留学生，向海外输送了大量的优秀科研人才。很多留学生在毕业后留在海外工作，持续向所在国的科研事业做出贡献。根据全球化智库（CCG）发布的《中国留学发展报告2023—2024》，中国目前仍然是全球第一大留学生来源国，2021年中国在海外高等教育机构留学的学生为102.1万人，比第二名的印度多一倍。根据《纽约时报》调查，在美国获得博士学位的中国公民中，有90%的人在毕业后会继续留在美国至少五年，而美国顶级的人工智能研究人员中，约30%来自中国。[①]

在智力贡献方面，在华外资企业雇用了大量的中国本土科研人员，这些科研人员则帮助外资企业研发出高质量的知识产权成果。根据中国国家统计局的数据，2012至2021年，中国规模以上外商投资工业企业研发人员的全时当量从59.5万人年增加到71.6万人年，增长20.4%；有效发明专利数从6.8万件增加到24.1万件，增长255.2%。OECD的数据则显示，2020年由中国公民发明但由外国企业拥有的PCT专利数量达到5687件。[②]

在市场需求方面，很多外国企业的科技成果在中国得到应用，通过中国超大规模市场收获了经济利益，进而获得了重新投入研发的巨

---

① A U.S. Secret Weapon in A.I.: Chinese Talent, June 10, 2020, https://www.nytimes.com/2020/06/09/technology/china-ai-research-education.html.

② https://www.oecd-ilibrary.org/science-and-technology/data/oecd-patent-statistics_patent-data-en.

额资金。据美国战略咨询公司贝恩的数据，日本、欧洲和美国的 200 家大型跨国公司 2022 年的全球收入中，从中国市场获得的收入占到大约 15%。[①] 在半导体等高技术产品方面，中国更是最重要的销售市场之一。根据全球半导体行业协会（SIA）发布的数据，2022 年全球半导体行业销售额达到 5735 亿美元，中国仍然保持最大的半导体市场地位，销售额为 1803 亿美元，占 31.4%。[②]

## 四、中国科技发展的光明前景

### （一）科技发展的深厚底蕴

经过几十年的持续努力，中国科技已经打下了扎实的基础、积累了深厚的底蕴。面对新一轮科技革命和产业变革，中国也具备了抓住发展机遇、实现科技实力跃升的潜力。

首先，中国持续大规模的科技投入将会产生显著的累积效应，实现能力的"涌现"以及科技创新成果从量变到质变的飞跃。全社会研发经费投入从 2012 年的 1.03 万亿元增加至 2023 年的 3.33 万亿元，自 2013 年以来稳居世界第 2 位，累计投入超过 24 万亿元。研发投入强度从 2012 年的 1.91% 提升至 2023 年的 2.64%。

---

① https://www.gov.cn/yaowen/liebiao/202402/content_6934148.htm.

② https://www.semiconductors.org/global-semiconductor-sales-increase-3-2-in-2022-despite-second-half-slowdown/.

其次，经过几十年的发展，中国积累了规模庞大的科技人力资源。研发人员全时当量从 2012 年的 324.7 万人年提高到 2022 年的 635.4 万人年[①]，稳居世界首位。中国博士毕业生数 2022 年达到 8.2 万人，连续多年成为全球博士生第一大培养国[②]。全球高被引科学家数量及全球占比稳步上升，2023 年，中国内地高被引科学家人数增加至 1275 人次，占全球总人数的 17.9%[③]。

最后，中国连续 14 年保持为世界第二大经济体，并且拥有行业齐全、配套完善的产业体系，是全世界唯一拥有联合国产业分类中所列全部工业门类的国家，能够为科技创新提供充足的资源保障和应用场景支持。

### （二）科技发展的宏伟蓝图

党的十八大以来，以习近平同志为核心的党中央坚持把科技创新摆在国家发展全局的核心位置，统揽科技事业发展全局，部署国家科技发展的宏伟蓝图。

创新驱动发展战略是党中央在新的发展阶段确立的立足全局、面向全球、聚焦关键、带动整体的国家重大发展战略。2016 年发布的《国家创新驱动发展战略纲要》设定了中国科技创新"三步走"的战

---

① 数据来源：《中国科技人才发展报告（2022）》，网址：https://www.gov.cn/zhengce/jiedu/tujie/202312/content_6920562.htm。

② 数据来源：教育部，《2022 年全国教育事业发展统计公报》，网址：http://www.moe.gov.cn/jyb_sjzl/sjzl_fztjgb/202307/t20230705_1067278.html。

③ 数据来源：科睿唯安，《2023 年度"全球高被引科学家"》，网址：https://clarivate.com.cn/highly-cited-researchers/analysis/。

略目标，并提出了全面的战略部署和战略任务。

党的二十大报告进一步强调，必须坚持科技是第一生产力、人才是第一资源、创新是第一动力，深入实施科教兴国战略、人才强国战略、创新驱动发展战略，开辟发展新领域、新赛道，不断塑造发展新动能、新优势。在实施创新驱动发展战略方面，要坚持面向世界科技前沿、面向经济主战场、面向国家重大需求、面向人民生命健康，加快实现高水平科技自立自强。

### （三）科技发展的开放政策

近几十年来，中国科技快速进步的基本经验之一就是坚持改革开放。当前，全球技术民族主义呈现抬头之势，少数国家对华科技封锁打压意图明显，世界面临创新体系脱钩、创新链条断裂、全球化趋势倒退的严峻风险和挑战。面对这种严峻的形势，中国坚持全球化方向，坚持"科学无国界、惠及全人类"，践行开放、公平、公正、非歧视的国际科技合作理念，进一步深度融入全球创新网络。

党的二十大报告明确部署，要"扩大国际科技交流合作，加强国际化科研环境建设，形成具有全球竞争力的开放创新生态"。按照这一部署，中国将进一步提升创新主体对外开放能力与水平。为包括外资在内的各类主体营造公平竞争、一视同仁的创新环境，为创新主体对外合作交流创造更便利的制度环境。进一步畅通创新要素高效流动的机制，支持人才、资金、数据、信息、资源、物品等更加便利、自由地依法跨境流动。进一步构建更加开放包容的人才发展环境，为各类创新人才创造安全、自由、宽松、获得感高的创新创业环境，让中国成为全球人才的聚集高地和创新创业乐土。进一步加强国际科技合作与交流，创新政府和民间科技合作交流形式，高质量建设"一带一路"创新之路。进一步加大全球科技公共产品供给，加大面向全球的科学研究资助，为全球科学发展和应对共同挑战作出更大贡献。

# 加快发展新质生产力若干
# 重大问题的思考

张占斌 *

* 张占斌，教授，博士生导师，中央党校（国家行政学院）中国式
现代化研究中心主任

2023 年 7 月以来，习近平总书记在不同场合多次提及"新质生产力"。2024 年 1 月，习近平总书记在主持二十届中央政治局第十一次集体学习时强调，发展新质生产力是推动高质量发展的内在要求和重要着力点，必须继续做好创新这篇大文章，推动和促进新质生产力加快发展。新质生产力的提出，界定了新时代新一轮经济发展的决定力量，指明了下一阶段中国经济高质量发展的突破方向。那么，新质生产力的提出，是基于什么样的现实背景？新质生产力的科学内涵是什么？新质生产力的理论创新和战略意义体现在哪些方面？新质生产力的实践路径是什么？我们应如何调整生产关系，不断提升新质生产力，进一步促进生产力高质量发展？针对这些问题，本文加以探讨。

## 一、新质生产力的科学内涵和理论创新意义

自 2023 年 7 月以来，习近平总书记在四川、黑龙江、浙江、广西等地考察调研时，提出要整合科技创新资源，引领发展战略性新兴产业和未来产业，加快形成新质生产力。2023 年 12 月在中央经济工作会议上，习近平总书记又提出要以科技创新推动产业创新，特别是

以颠覆性技术和前沿技术催生新产业、新模式、新动能，发展新质生产力。2024 年以来，在二十届中央政治局第 11 次集体学习和第 12 次集体学习中都提到了加快发展新质生产力的问题。特别是在 2024 年的两会上，习近平总书记参加江苏省代表团审议时，围绕着加快发展新质生产力，又作出了重要的指示，在李强总理的《政府工作报告》的 10 项任务的第 1 项就是大力推进现代化产业体系建设，加快发展新质生产力。所有这些，引起参加两会人大代表和政协委员的热议，通过媒体的采访和报道，新质生产力这个概念在全国成为一个热词，为大家广泛关注和讨论，反响非常强烈。

　　什么是新质生产力？其科学内涵是什么？确实需要我们认真讨论，以提高认识。应当说生产力和生产关系是马克思主义理论中的一个基础概念，也是一个核心概念，以往学术界也有人围绕着生产力和生产关系做过比较深入的研究。习近平总书记在思考什么是新质生产力以及它的科学内涵的时候，也注意到了学术界的一些研究成果。习近平总书记强调，他之所以提出新质生产力这个概念和发展新质生产力这个重大任务，主要考虑是生产力是人类社会发展的根本动力，也是一切社会变迁和政治变革的终极原因。高质量发展需要新的生产力理论来指导，而新质生产力已经在实践中形成并展示出对高质量发展的强劲推动力、支撑力，需要我们从理论上进行总结概括，用于指导新的发展实践。习近平总书记对新质生产力进行了概括，他认为新质生产力是创新起主导作用，摆脱传统经济增长方式、生产力发展路径，具有高科技、高效能、高质量特征，符合新发展理念的先进生产力质态。它是怎么来的呢？是由技术革命性突破、生产要素创新性配置、产业深度转型升级而催生，以劳动者、劳动资料、劳动对象及其优化组合的跃升为基本内涵，以全要素生产力大幅提升为核心标志，特点是创新，关键在质优，本质是先进生产力。

在马克思主义政治经济学理论中，生产力理论的提出是马克思历史唯物主义思想确立的重要标志。马克思主义认为生产力是人类对自然的改造和征服能力，构成了人类社会和历史发展的根基，是推动人类文明进步的根本动力，也是人类社会不断发展的动力源泉。马克思曾指出："生产力，即生产能力及其要素的发展"。在马克思看来，"生产力的这种发展，归根到底总是来源于发挥着作用的劳动的社会性质，来源于社会内部的分工，来源于智力劳动特别是自然科学的发展。"马克思主义认为科学技术是生产力的一部分，生产力中包含着科学的论断，科学技术是生产力和社会发展的强大动力。中国共产党的领导人对生产力高度重视。在社会主义建设探索时期，毛泽东同志就指出："科学技术这一仗，一定要打，而且必须打好。""资本主义各国，苏联，都是靠采用最先进的技术，来赶上最先进的国家，我国也要这样。"毛主席还说："不搞科学技术，生产力无法提高。"在改革开放新时期，邓小平强调指出："科学技术是生产力，这是马克思主义历来的观点。""马克思说过，科学技术是生产力，事实证明这话讲得很对，依我看，科学技术是第一生产力。"中国特色社会主义进入新时代，习近平总书记提出新质生产力的概念，认为新质生产力是创新起主导作用，具有高科技、高效能、高质量特征，符合新发展理念的先进生产力质态。这些重要的思想继承了马克思主义政治经济学的理论，同时也大大地推进创新了马克思主义政治经济学的理论。这是习近平新时代中国特色社会主义思想的创新和发展，特别是习近平经济思想的创新和发展。

新质生产力的理论创新意义体现在哪些方面？我理解，主要体现在以下几个方面。一是拓展了马克思主义政治经济学的研究对象。政治经济学的研究对象是马克思主义政治经济学区别于其他政治经济学理论的标志，也是马克思主义政治经济学最基础的问题。马克思将"生产方式"视为政治经济学研究的核心问题。新质生产力作为当前时代前沿生产方式，扩展了马克思主义政治经济学的研究对象，开辟了马克思主义政治经济学理论新视域。二是丰富了马克思主义政治经济学生产力理论。新质生产力的提出，深化了马克思主义政治经济学理论中对生产力范畴的理解，体现为对生产力结构要素的新认识、进一步突出科学技术对于生产力的重要意义、明确界定新质生产力本身等于绿色生产力，以此拓展和深化了生产力概念的内涵和外延。三是深化了马克思主义政治经济学生产关系理论。马克思主义认为，生产力与生产关系的矛盾运动构成了社会基本矛盾运动。强调与新质生产力适应的新型生产关系，突出深化经济体制、科技体制等改革对于新的生产关系的本质关联，极大拓展了对生产关系的认识，并在实践中以教育、科技、人才的良性循环深刻把握一系列生产关系的本质关联。四是发展了马克思主义政治经济学关于物质生产历史作用的认识。生产力的尺度是马克思主义政治经济学考察经济社会发展的基本依据，也是衡量现代化发展水平的根本尺度。新质生产力理念为解决当前世界面临的重大经济问题提供了新的思路，为马克思主义政治经济学的创新发展提供了新的思路和方向。

## 二、新质生产力提出的现实背景和战略布局意义

中国特色社会主义进入新时代，以习近平同志为核心的党中央在推进中国式现代化的历史进程中，敏锐地把握住"两局"和"两新"，作出了世界百年未有之大变局和中华民族伟大复兴的战略全局的研断，提出以新质生产力发展和新型生产关系保障为推动力，为我们探索中国式现代化的新动能指明了前进方向。

在当今世界正经历百年未有之大变局、全球正在发生新一轮科技革命和产业革命交织背景下，新质生产力的提出是符合大趋势和大逻辑的自然演进，是中国特色社会主义新时代的必然需求。其中，外因是加速器，根本在高质量发展的内在要求。

一方面，新质生产力是我国应对新国际形势的主动选择、主动出击。当前国际经济、政治、文化、安全等发生深刻调整，一些国家保护主义和单边主义盛行，民粹主义、种族主义等思潮活跃，美国作为守成大国，为维护其世界霸权和领导地位，采取多种措施企图遏制中国发展，不断对中国进行政治误导、战略遏制和全面施压，对我国社会主义现代化建设带来不利影响。我们在一个更加不稳定、不确定的世界中谋求发展，特别是在美国"卡脖子"背景下，需要加速推进高水平的自立自强，依靠新质生产力的助推助攻，能够有效地改变我国制造业在国际分工中处于"微笑曲线"底部的情况，推动抢占新一轮科技革命和产业变革的制高点。

另一方面，大力发展新质生产力是推动高质量发展的内在需求。

首先，新旧动能转换需要我们发展新质生产力。当前，我们在生产要素供给方面的低成本优势正在丧失，人口红利逐步式微，人口老龄化日益加剧，资源环境已无法承受旧的粗放式增长，若不积极主动调整旧的生产模式，提高全要素生产率，将经济发展动力及时转换到创新上来，就有跌入中等收入陷阱的风险。只有推动新旧动能转化，加快形成新质生产力，大力发展新质生产力，才能拓展经济发展之源，赢得发展主动权。其次，新质生产力正在对高质量发展发挥重要促进作用。党的十八大以来，我国经济社会快速发展，产生了巨大的量的积累，正在发生从高速度向高质量的转型升级，这种转型升级离不开已经萌发的新质生产力的推动。数据显示，电动汽车、锂电池、光伏产品"新三样"出口增长近30%，新能源汽车产销量占全球比重已超过60%，国产大飞机C919已投入商业运营，国产大型邮轮已成功建造。正如习近平总书记所指出的，"新质生产力已经在实践中形成并展示出对高质量发展的强劲推动力、支撑力"，推动我国产业向中高端甚至高端迈进，在世界舞台和国际分工中占据一些有利阵地。未来，我们要深入学习贯彻习近平总书记围绕新质生产力重要讲话精神，在发展新质生产力上取得更大作为。

在新时代面对世界百年未有之大变局和中华民族伟大复兴的战略全局的大背景下，党领导人民不断推进和拓展了中国式现代化。如今，中国式现代化破浪前行进入了一个十分关键的阶段，如何理解中国式现代化对新动能的时代呼唤呢？

其一，这是加快构建新发展格局，推动高质量发展的时代呼唤。党的十八大以来，习近平总书记高度关注中国经济发展的时代特征和趋势性变化，提出了中国经济从高速增长转为高质量发展的重大时代课题，并提出了创新、协调、绿色、开放、共享的新发展理念，将供给侧结构性改革与深化扩大内需战略紧密结合起来，建设现代化产业体系，建立有效市场和有为政府的一系列重要精神；提出要构建新发展格局，构建以国内大循环为主体、国内国际双循环相互促进的新发展格局，把发展的主动权和安全掌握在自己手里，实现高水平的自立自强。所有这些，都是对中国式现代化新动能的呼唤。

其二，这是建设社会主义现代化强国，创造人类文明新形态的时代呼唤。党的十八大以来，以习近平同志为核心的党中央带领人民不断推进中国式现代化的伟大事业，在全面建成小康社会之后，决定分两步走实现社会主义现代化，到2035年基本实现现代化，到本世纪中叶把我国建设成为社会主义的现代化强国。而且提出了制造强国、质量强国、航天强国、交通强国、网络强国、农业强国、海洋强国、教育强国、科技强国、人才强国、文化强国、体育强国、金融强国以及数字中国、健康中国、美丽中国、法治中国、平安中国等一系列发展战略部署。这些靠什么呢？应当说是需要有新的动能，需要有新的推动力。

其三，这是努力破解社会主要矛盾，满足人民美好生活需要的时代呼唤。党的十八大以来，以习近平同志为核心的党中央带领人民在探索中国现代化的进程中，对我国社会的主要矛盾进行了再认识，提出我国社会的主要矛盾是人民日益增长的美好生活需要和不平衡不充分的发展之间的矛盾。那么如何不断满足人民对美好生活的向往，不断追求更高品质的生活摆在了我们面前，要求我们必须破解主要矛盾，必须更加关注发展问题，特别是经济和社会的发展问题。把握好了这个问题，也就把握好了以人民为中心的发展思想，也就体现了我们共产党的初心和使命。

其四，这是推进世界和平发展，构建人类命运共同体的时代呼唤。中国式现代化是走和平发展道路的现代化，我们希望通过努力跟世界上更多的国家和人民进行友好合作，在合作中实现共赢，共同成长、共同进步，推动构建人类命运共同体。我们也意识到打铁必须自身硬，只有我们本身有真功夫，才能在整个世界经济的合作中更好地引领世界潮流，更好地站在世界的正确一边，才能够有更大的国际影响力和国际带动力。

## 三、新质生产力的实践路径和发展态势分析

在习近平总书记的关于新质生产力的重要论述中，我们注意到强调的重点是发展战略性新兴产业和未来产业。要以科技创新引领现代化产业体系建设，以科技创新推动产业创新，特别是以颠覆性技术和前沿技术催生新产业、新模式、新动能，发展新质生产力。所有这些，都为我们建设现代化产业体系指明了正确的方向。以往虽然没有新质生产力这个概念，但是从全国各地的情况看，也都在谋划发展壮大战略性新兴产业和未来产业，特别是一些超大规模城市和特大型城市都在这方面积极布局，在努力探索中已经有了一定的实践基础。

国家"十四五"规划中提出要着眼于抢占未来产业发展先机，培

育先导性和支柱性产业，推动战略性新兴产业融合化、集群化、生态化发展，战略性新兴产业增加值占 GDP 比重超过 17%。涉及具体问题的时候，讲到了发展壮大战略性新兴产业，主要是聚焦新一代信息技术、生物技术、新能源、新材料、高端装备、新能源汽车、绿色环保以及航空航天、海洋装备等战略性新兴产业，加快关键核心技术创新应用，增强要素保障能力，培育壮大产业发展新动能。提出要推动生物技术和信息技术融合创新，加快发展生物医药、生物育种、生物材料、生物能源等产业，做大做强生物经济。提出要深化北斗系统推广应用，推动北斗产业高质量发展。提出深入推进国家战略性新兴产业集群发展工程，健全产业集群组织管理和专业化推进机制，建设创新和公共服务综合体，构建一批各具特色、优势互补、结构合理的战略性新兴产业增长引擎。在国家"十四五"规划前瞻谋划未来产业中，强调在类脑智能、量子信息、基因技术、未来网络、深海空天开发、氢能与储能等前沿科技和产业变革领域，组织实施未来产业孵化与加速计划，谋划布局一批未来产业。在科教资源优势突出、产业基础雄厚的地区，布局一批国家未来产业技术研究院，加强前沿技术多路径探索、交叉融合和颠覆性技术供给。实施产业跨界融合示范工程，打造未来技术应用场景，加速形成若干未来产业。

与发达国家相比，我国新质生产力发展在以下方面存在一些不足和短板：一是核心技术创新能力不足。尽管我国在一些领域取得了显著的技术进步，但在许多关键领域，如人工智能、生物技术、新材料、高端装备制造等，与美国等发达国家相比仍存在一定的技术差距。这导致我国在国际竞争中处于劣势，难以引领产业发展。近年来出现的美国在高技术领域对我国"卡脖子"问题就是一个实实在在的需要破解的重大难题。像华为、中兴通讯受到美国的打压就是一个典型的例子。二是产业链供应链不够完善。尽管我国是制造业大国，但在一些关键环节，如芯片、高端机床、精密仪器等领域，自给率较低，这影响了我国制造业的进一步升级。这种情况下就容易受制于人，使我们的产业链和供应链发生波动。三是企业规模偏小。与国际大型企业相比，我国大多数企业规模偏小，抗风险能力较弱，创新能力也相对较弱，而且品牌建设滞后。我国企业在品牌建设方面相对滞后，许多国内品牌在国际市场上缺乏竞争力，这影响了我国产品的国际形象和市场地位。四是高技术人才短缺。随着产业升级，我国在关键核心技术领域的高层次人才短缺问题变得更加突出。按照赛迪智库发布的《中国集成电路产业人才白皮书（2019—2020 年版）》和《关键软件领域人才白皮书（2020 年）》预测，当前我国集成电路产业技术人才缺口接近 25 万，到 2025 年，关键软件领域人才新增缺口将超过 80 万。领英公司发布的《全球 AI 领域人才报告》显示，在全球人工智能领域 190 多万技术人才中，有 85 万在美国，而我国只有 5 万人左右。这在一定程度上影响了我国产业的竞争力。应当说高技术人才安全是总体国家安全观的一个重要组成部分。当前全球高技术人才竞争日趋激烈，我国引进人才外部环境形势严峻，美国限制打压我国学生学者成为常态，赴美学习交流阻力重重。美国围猎破坏华裔高科技人才事件频发，海外高技术人才回流困难加剧，美国实施对华高科技产业脱钩遏制，也破坏了人才发展的载体。所有这些，都给我们培养高科技人才增加了不少的困难，所以我们要统筹国家人才安全和发展规划，健全引育协同的人才保障制度，强化海外引才法律制度研究，构建维护国内产业安全的长效机制，完善国家高技术人才安全保障制度。

与发达国家相比，我国发展新质生产力具有以下发展优势：一是制度优势。我国在中国共产党的领导下，坚定不移地走中国式现代化道路，具有社会主义市场经济的体制优势，这种体制能够集中力量办大事，有利于在新技术领域组织突破并形成对新技术需求的统一市场。此外，我国的制度体系与新质生产力具有很好的契合性，能够最大限度地释放制度优势，促进新质生产力的发展。二是大市场优势。中国式现代化的一个突出特点，就是人口规模巨大的现代化。我国人口众多，产业丰富，具有极大的市场容量，可以容纳大量创新型企业。我国人均 GDP 已超过 1.2 万美元，中等收入群体已有 4 亿多人，这些都构成了一个规模巨大、增长性强的国内市场，将为各国企业提供广阔市场空间和合作机会。这种超大规模国内市场的需求优势正在逐步地显示出来，也正在逐步地被释放出来，这是我国发展新质生产力的重要支撑。三是产业配套优势。我国是全世界唯一拥有联合国产业分类中所列全部 41 个工业大类、207 个工业中类、666 个工业小类的国家，具有非常强的产业配套能力和集成优势。我国产业体系配套完整，有利于形成新型产业集群，为新质生产力的发展提供有力的产业支撑。四是人才综合优势。我国的人口红利在释放的同时，正在形成新的人才综合红利。我国拥有大量高素质劳动者，他们是新质生产力发展的重要推动力量。同时，我国的高等教育、职业教育等体系也在不断完善，为培养更多高素质人才提供了有力保障。综上来看，我国在制度、市场、产业配套和人才等方面都具有明显的发展优势，这些优势为我国发展新质生产力提供了有力支撑。

新质生产力理论创新对社会实践具有重要的指导意义，那么，新质生产力的实践路径有哪些？要处理好哪些重大关系？按照马克思主义生产力理论和新质生产力理论要求，加快培育新质生产力要把握好三点：一是要打造新型的劳动者队伍，包括能够创造新质生产力的战略人才和能够熟练掌握新质生产资料的应用型人才，也就是这些人要受过专业化知识化的培养和训练。二是用好新型生产工具。现在我们和过去所用的生产工具大不一样了，特别是要掌握关键核心技术赋能，发展新兴产业技术层面要补短板助长板，重视通用技术产业层面要巩固战略性新兴产业，提前布局未来产业，改造传统产业。三是要塑造适应新的生产力的生产关系，也就是说新质生产力的发展需要新型生产关系与它配套配合，相向而生，相向而行，这也就意味着要通过改革开放，着力打通束缚新的生产力发展的堵点、卡点和痛点，让各类先进优质生产要素向发展新质生产力顺畅流动和高效配置。

具体来说，有以下几个方面的实践要求：一是要畅通教育、科技、人才的良性循环。教育、科技、人才是全面建设社会主义现代化国家的基础性、战略性支撑，必须坚持科技是第一生产力、人才是第一资源、创新是第一动力，把真正的人才发现出来、使用起来、培养起来，很好地弘扬科学家精神和企业家精神，营造鼓励大胆创新的良好氛围。二是要围绕核心技术攻关，加快完善新型举国体制。要加强党对科技创新的领导，要发挥我们政府能够办大事的优势，要弘扬"两弹一星"精神。同时，我们要在经济全球化的背景下，海纳百川，胸怀天下，要坚守社会主义市场经济原则，让市场在配置资源中发挥决定性作用。三是要围绕着发展战略性新兴产业和未来产业加速布局。我们必须在高技术领域抢占世界的制高点，在世界舞台上要有自己的一席之地。瞄准世界前沿技术和颠覆性技术，激励企业加快数字化转型，推动实体经济和数字经济的深度融合。四是要加快建设全国统一的大市场。坚持"两个毫不动摇"，鼓励国有经济顶天立地，创造世界一流企业，鼓励民营经济上层次上台阶，发挥自身的特点和优势，真正发挥出超大规模市场的应用场景丰富和创新收益放大的独特优势，推动产业升级与科技变革。五是要健全要素参与收入分配机制。激发劳动知识技术管理数据和资本等生产要素活力，更好地体现知识技术人力资本导向。六是要更高水平地扩大开放。要从过去的商品要素型流动性开放，向规则、标准、规制、管理等制度型开放转变，不断改善营商环境，加强知识产权保护，更好地吸引外商，形成具有全球竞争力的开放创新生态。

## 四、构建与新质生产力发展相适应的新型生产关系

在马克思主义理论中生产力和生产关系是一对核心的概念。习近平总书记重要讲话中提到了新质生产力，也提到了新型生产关系，这两个"新"都特别重要。生产关系必须与生产力发展要求相适应。当生产关系适合生产力发展的客观要求时，它对生产力的发展起推动作用；当生产关系不适合生产力发展的客观要求时，它就会阻碍

生产力的发展。发展新质生产力，本身就隐含着一个特别重要的问题，就是改革与之不相适应的旧的生产关系，建立与之相适应的新型生产关系，而这只能通过全面深化改革才能实现，这也就提出了要进一步全面深化改革的重大命题，要求我们在全面深化改革上有更大的创新和更大的作为，通过新型生产关系的构建来更好地服务新质生产力。发展新质生产力，必然提出全面深化改革的要求。因为马克思主义认为，生产力和生产关系是矛盾统一体，二者对立统一、不可分割。我们必须通过全面深化包括经济体制、科技体制、教育体制、人才体制等在内的改革，破除制约生产力发展的体制机制障碍，把生产力的潜能释放出来。这就涉及深化经济体制、科技体制、教育体制和人才体制改革等方面，要打通束缚新质生产力的各种堵点、痛点和卡点，调动新质生产力的积极性，让新质生产力"心情愉快"，为新质生产力的迅猛奔跑开辟广阔的道路和空间。从生产力对生产关系的决定作用以及生产关系对生产力的能动反作用的关系可以看出，全面深化改革是促进新质生产力发展的主动作为，目的是不断推动社会生产发展，进而推动整个社会逐步走向高级阶段。各级党委和政府都要增强这种自觉性，按照中央要求，结合各地实际，不断"深化经济体制、科技体制等改革，着力打通束缚新质生产力发展的堵点卡点，建立高标准市场体系，创新生产要素配置方式，让各类先进优质生产要素向发展新质生产力顺畅流动"。

习近平总书记提出，发展新质生产力必须进一步全面深化改革，形成与之相适应的新型生产关系。这里提出的不是一个新，是两个新。这个新型生产关系就要求我们在深化经济体制改革、科技体制改革、教育体制改革、人才体制改革等方面，要敢于打破束缚新的生产力发展的堵点、痛点和难点，创新生产要素配置方式，让各类先进优质生产要素向发展新质生产力顺畅流动。另外，我们还要注意到建立新型的生产关系是一个非常复杂的系统工程，还要进一步扩大高水平对外开放，在全球配置先进优质生产要素，为发展新质生产力营造良好的国际环境。我们改善生产关系，建立新型生产关系，也要把全球化和高水平对外开放更好地结合起来。我们注意到中央正在研究新一轮的深化改革开放的重大战略举措。我们期待着在完善新型生产关系方面，有更大的作为、更大的进步，来更好地引领市场和社会预期，调动市场和社会各方面的积极性。此外，我们要准确把握好新质生产力的科学内涵，在理论上和实践上还要把握好若干重大关系。

一是要把握好新质生产力与高质量发展的关系。当下推动高质量发展已经成为经济社会发展的主旋律。那么靠什么来实现高质量发展呢？我们理解在很大程度上是靠新质生产力。习近平总书记强调指出：发展新质生产力是推动高质量发展的内在要求和重要着力点。有了新质生产力的发展，有了更多的颠覆性技术和前沿技术，就有可能更好地建设现代化产业体系，就能产生新的产业、新的动能、新的业态，就能够为高质量发展提供强劲的推动力和支撑力。一方面，新质生产力是推动高质量发展的核心动力，高质量发展则是新质生产力的具体体现和必然结果。发展新质生产力是高质量发展的一个重要内容，高质量发展所体现的创新、协调、绿色、开放、共享的新发展理念也是新质生产力所注重的。高质量发展要通过传统产业的升级、新动能的培育才能实现，而这有赖于科技创新和进步，只有这样，才能够推动整个经济的高质量发展。正如习近平总书记所言："发展新质生产力是推动高质量发展的内在要求和重要着力点，必须继续做好创新这篇大文章，推动新质生产力加快发展"。另一方面，高质量发展是发展新质生产力的必然要求。因为只有真正实现高质量发展，才能满足人民日益增长的美好生活需要，增强人民群众获得感、幸福感、安全感，才能够解决我国经济社会发展不平衡不充分问题，为可持续发展创造必要条件。可见，新质生产力与高质量发展之间是相互促进、互相支撑的关系。新发展理念引领下的新质生产力为高质量发展提供有力支撑和源源不断的动能，高质量发展也必将为新质生产力创造更加广阔的市场空间。因此，将两者结合起来形成良性互动就特别有意义，这也是中央在高质量发展阶段如此重视加快发展新质生产力的原因。可以说，高质量发展阶段也就是加快发展新质生产力的阶段。我们要搞清楚新质生产力和高质量发展的内在关系，用新的生产力理论指导新的实践，推动高质量发展行稳致远。

二是处理好政府的顶层设计和市场的实践探索的关系。各级政府要积极发展新质生产力，搞好战略规划，搞好顶层设计，把发展新质生产力的路线图、未来蓝图清晰勾画出来，凝聚人心、凝聚力量、凝聚资源。经济比较发达的大省，应该走在前面做示范，成为发展新质生产力的重要阵地，对全国产生更大的辐射带动作用。各级政府要本着实事求是的原则，要根据地方的要素禀赋、产业基础、科研条件等方面情况有所为有所不为，先立后破、因地制宜、量力而行、分类指导，不能图热闹，空喊口号，搞形式主义，做表面文章，不能搞一哄而上，不能搞泡沫化，也不能搞成一种模式，要在取得真正的实效上下功夫。要更多地尊重市场经济原则，尊重市场主体的积极性，创造市场化、法治化、国际化的营商环境，让市场配置资源发挥决定性作用，让市场主体发挥积极作用。

三是要处理好传统产业和战略性新兴产业、未来产业的关系。发展新质生产力，肯定是要把重点放在战略性产业和未来新兴产业上，因为这些产业代表着技术发展的前进方向，是潮头、是战略制高点，要积极为之。但也不能因此忽视甚至放弃了传统产业。习近平总书记3月5日在参加他所在的十四届全国人大一次会议江苏代表团审议时强调，发展新质生产力不是忽视、放弃传统产业，要防止一哄而上、泡沫化，也不要搞一种模式。各地要坚持从实际出发，先立后破、因地制宜、分类指导，根据本地的资源禀赋、产业基础、科研条件等，有选择地推动新产业、新模式、新动能发展，用新技术改造提升传统产业，积极促进产业高端化、智能化、绿色化。事实上，传统产业未必就是夕阳产业、落后产业，特别是对于我们这样一个传统产业占比很高的国家。以我国制造业为例，80%都是传统产业，如果丢了，将来我们吃饭都会成问题。所以，一定要按习近平总书记所说的那样，坚持先立后破，先把传统产业稳住，同时用新技术改造提升传统产业，积极促进产业高端化、智能化、绿色化，实现"老树发新芽"，使传统产业焕发新的青春。在传统产业发展过程中，也有技术水平和劳动者素质提高的问题，是一个不断进步的过程。在这一过程中，传统产业中的企业为了提高产品市场竞争力，势必需要引进新技术、新工艺、新设备，或者进行技术创新和科技成果转化，加大新产品研发。这就是用新质生产力对传统产业进行改造以实现转型升级；否则，传统产业在市场竞争中势必走向没落，成为真正的夕阳产业，最终被历史所淘汰。传统产业要实现转型升级，提高产业竞争力，取得更好的发展、更大的进步，还有一个优化产业结构、健全产业链、完善配套的问题。传统产业要发展，加强人才培养特别重要，比如，通过培训提高人才技能水平和综合素质。传统产业要实现转型升级，既事关传统产业向上发展的基础和空间，又事关就业这个民生大问题。在促进传统产业转型升级的过程中，各级政府可以有针对性地出台一些政策，为企业提供财政和税收支持服务，促进传统产业和新质生产力融合。比如，通过支持企业进行绿色改造、利用清洁能源、发展循环经济等方式，助力传统产业实现绿色转型。总之，传统产业与新质生产力之间的关系，不能简单地理解为相互排斥关系，而应努力使其形成相互促进的良性互动。千万不能因为发展新质生产力就把传统产业给忘了、丢了、不管了，假如这样，新质生产力就失去了基础，很可能都搞不好。这就要求地方在发展新质生产力时要从各自实际情况出发，特别要明确自己传统产业的优势或者比较优势在哪里，并通过有针对性的举措来促进传统产业改造提升。在育新枝栽新苗的同时，也离不开老树发新芽。一方面新兴产业要在新赛道上奋力奔跑，另一方面传统产业也需要聚焦高端化、智能化、绿色化。

四是处理好科技创新与体制创新的关系。发展新质生产力最显著的特点就是要创新，科技创新能够催生新产业、新模式、新动能，是发展新的生产力的核心要素。这就要求加强科技创新，特别是原创性、颠覆性科技创新，加快实现高水平的科技自立自强。要实施科教兴国战略、人才强国战略、创新驱动发展战略，充分发挥新型举国体制优势，打好关键核心技术攻坚战，使原创性、颠覆性科学技术成果竞相涌现。同时，我们要特别注意到，推动科技创新离不开体制机制创新，比如说科技体制、教育体制、人才体制等方面的配合，只有畅通教育、科技、人才的体制机制并形成良性循环，才能够增强新质生产力的动能，才能把人才的积极性调动起来，把真正的人才红利发挥好。发展新质生产力，人才的作用相当重要。

五是要处理好自立自强与对外开放的关系。要实现高水平的自立自强，自己要有真功夫，要在发展新质生产力方面走在世界前列，真正突破"卡脖子"技术。现在全球化速度和全球技术变革加快，给我们提供了一个技术赶超的重要历史机遇，自立自强不是关起门来搞建设，不是闭门造车、当井底之蛙，而是要胸怀天下、海纳百川、有容乃大，要实施更加开放包容互惠共享的国际科技合作战略。我们要通过开放"强身健体"，在"奥林匹克运动场"上争先创优，取得最好的成绩。新型举国体制一个很重要的内容，就是要开放，国内国外都要开放，发挥市场在配置资源中的决定性作用，不能搞小圈子，窝里斗。这方面，我们还有很大的改进和提升空间。


## 五、以加快发展新质生产力推动实现"三个倍增"

按照党的二十大报告提出的中国式现代化的本质要求和未来方向，结合全面建成社会主义现代化强国的战略安排，统筹扎实推动全体人民共同富裕的基本原则，我们提出以加快发展新质生产力推动实现"三个倍增"。"三个倍增"，即：到2035年，我国城乡居民人均收入实现倍增，从2020年的32189元倍增至2035年的64378元；我国中等收入群体规模实现倍增，从4亿人倍增至8—9亿人；我国市场经营主体数量实现倍增，从2020年的1.4亿倍增至2035年的2.8亿。实现"三个倍增"的行动能够充分释放我国经济发展的活力，继续增强我国经济发展的社会动力，优化我国经济要素的组合力，稳固中国式现代化的经济基本盘。

实施"三个倍增"行动，是扎实推动全体人民共同富裕取得实质性进展的关键性一步。"三个倍增"行动涵盖我国城乡居民收入、中等收入群体规模等重要概念，这是中国式现代化进程中实现全体人民共同富裕的核心命题。党的十九大报告对全体人民共同富裕作出"两阶段"战略安排，其中第一阶段为，实现"人民生活更为宽裕，中等收入群体比例明显提高，城乡区域发展差距和居民生活水平差距显著缩小，基本公共服务均等化基本实现，全体人民共同富裕迈出坚实步伐"。党的十九届五中全会对第一个阶段的战略目标提出了更高的要求，要求实现"人的全面发展，全体人民共同富裕取得更为明显的实质性进展"。为了按时保质完成全体人民共同富裕的战略安排，在实际工作中应该明确一个扎实推进共同富裕的抓手。"三个倍增"行动与第一个阶段的工作要求相适应，成为推进共同富裕工作的着力点和衡量共同富裕进度的"温度计"。

实施"三个倍增"行动，是推动居民收入平稳增长的重要一步。党的二十大报告强调，到2035年人均国内生产总值迈上新的大台阶，达到中等发达国家水平，实际上已经明确提出了到2035年居民收入倍增的目标。从实现难度看，到 2035 年实施居民人均收入倍增行动具有可行性。根据国家统计局的数据，2010 年我国居民人均可支配收入为 12520 元，到 2020 年这一数值已经达到 32189 元，增长了近 1.6 倍，远远超过既定目标。如果从 2020 年开始计算，到 2035 年居民人均收入倍增，那时我国居民人均可支配收入将需要达到 64378 元，年均名义增速需要略超 4.7%。随着居民收入增长和经济发展的同步性越来越强，完全有可能利用 15 年时间实现居民人均收入倍增目标。我国城乡居民人均收入实现倍增，有利于进一步缩小城乡收入差距，全面巩固脱贫攻坚成果，增强城乡融合发展的内生条件，更好地引导城乡经济要素的良性流动，极大地提升全国农民的收入水平，乡村实现振兴迈向决定性的一步。

实施"三个倍增"行动，是实现第二个百年奋斗目标和中国式现代化战略安排的坚实性一步。"三个倍增"行动涉及我国经济发展的市场主体，这是中国社会主义市场经济健康发展的重要基础。在中国式现代化进程中，市场经营主体要参与我国经济活动中的生产、交换、分配和消费各环节。实现市场经营主体数量的倍增有利于推动和完善社会主义市场经济的大发展，提高我国居民收入水平、提振经济发展预期，为实现第二个百年奋斗目标提供经济保障。我们要着力激发经营主体发展活力，使一切有利于社会生产力发展的力量源泉充分涌流，为全面建成社会主义现代化强国、实现第二个百年奋斗目标提供重要支撑。

加快发展新质生产力，推动实现"三个倍增"，需要充分认识三对重要关系。首先，要充分认识"以经济建设为中心"和"以人民为中心"的辩证关系。一方面，"以经济建设为中心"是改革开放以来党总结社会主义建设正反两方面经验教训得出的深刻结论，是对"什么是社会主义、怎样建设社会主义"这一基本问题的深刻认识。党中央基于我国当时生产力落后、商品经济不发达、人民生活水平低的客观现实作出"以经济建设为中心"的重大决策。另一方面，"以人民为中心"为党的十八大以来以习近平同志为核心的党中央全面总结和借鉴国内外发展经验教训得出的科学结论。党中央基于新时代我国社会主要矛盾的转化，深刻回答了"新时代坚持和发展什么样的中国特色社会主义、怎样坚持和发展中国特色社会主义"这一基本问题，提出了"坚持以人民为中心的发展思想"。当前，我国仍处于并将长期处于社会主义初级阶段，经济建设仍然是全党的中心工作。以经济建设为中心与以人民为中心是相统一的，二者都是中国共产党基于历史唯物主义对中国特色社会主义的深刻认识，彰显了中国共产党始终坚持人民至上的价值追求。中国式现代化进程中实现"三个倍增"需要辩证地理解二者之间的区别和联系。其次，要充分认识政府和市场之间的重要关系。党的十八届三中全会首次明确市场在资源配置中起决定性作用，这是新时代中国坚持和完善社会主义市场经济体制的一锤定音。党的二十大报告强调，要"充分发挥市场在资源配置中的决定性作用，更好发挥政府作用"。要讲辩证法、两点论，把市场和政府的优势都充分发挥出来，才能更有效地体现社会主义市场经济体制的特色和优势。最后，要把握好公有制经济与非公有制经济的关系。公有制经济和非公有制经济都是我国社会主义市场经济的重要组成部分，二者构成社会主义基本经济制度的重要内在因素，都关乎中国经济繁荣富强的发展大局。实施"三个倍增"行动，要继续坚持两个"毫不动摇"，深刻领悟非公有制经济的三个"没有变"，促进非公有制经济健康发展和非公有制经济人士健康成长。

理顺全体人民共同富裕与中国式现代化之间的重大关系，实施"三个倍增"行动，还需要充分调动三个"积极性"。一是要充分调动民营经济的积极性。民营经济是推进中国式现代化的生力军，是中国经济高质量发展的重要基础，是推动我国全面建成社会主义现代化强国、实现第二个百年奋斗目标的重要力量。充分调动民营经济的积极性，需要持续优化民营经济发展环境，加大对民营经济政策支持力度，强化民营经济发展法治保障，促进民营经济人士健康成长，持续营造促进民营经济发展壮大社会氛围，着力推动民营经济实现高质量发展。二是要充分调动资本市场的积极性。习近平总书记强调，我们要探索如何在社会主义市场经济条件下发挥资本的积极作用。按照金融强国的战略要求，一方面，要全力以赴抓好全面实行股票发行注册制改革，统筹推动提高上市公司质量和投资端改革，坚守监管主责主业，更加精准服务稳增长大局，巩固防范化解重大金融风险攻坚战持久战成效；另一方面，要根据经济主体的不同需求，发展多元化股权融资，要持续丰富资本市场产品工具，保护好各类投资者特别是中小股民的积极性，稳步增强资本市场投资的财富效应，改善资本市场的预期和信心。强化市场规则，打造规则统一、监管协同的金融市场，使金融之水更好地浇灌实体经济。三是要充分调动领导干部的积极性。一方面，要设计合理的地方政府竞争发展机制。地方政府竞争曾被普遍视为中国改革开放以来经济发展的重要动力。需要优化考核机制，合理设计考核指标，加之必要的顶层牵引，发挥相应的正向引导作用，充分释放治理效能。另一方面，要调动地方和基层干部的积极性。要建立与完善激励和容错的制度与机制，并在实践中落到实处，缓解地方和基层的考核焦虑，克服问责恐慌，减轻负重包袱，要让"想干事、能干事、干成事"的干部有机会、有舞台、有空间。党员领导干部要正确认识和把握实现共同富裕的战略目标和实现途径、充分认清社会主义市场经济条件下的资本特性和行为规律，在中国式现代化进程中的"三个倍增"行动中"敢作为、善作为、作大为"。

# 全面推动制造业数字化转型，
# 走好新型工业化道路

张立　鲁金萍 *

＊ 张立，中国电子信息产业发展研究院院长

鲁金萍，中国电子信息产业发展研究院信息化与软件产业研究所
信息化发展研究室副主任

习近平总书记指出，"新时代新征程，以中国式现代化全面推进强国建设、民族复兴伟业，实现新型工业化是关键任务"。在推进新型工业化进程中，如何把握数字化变革力量，是一个重要命题。数字化赋能新型工业化，势必引发技术、产品、模式、业态的持续创新和扩散，为构筑中国式现代化的物质技术基础提供重要"加速器"。

## 一、制造业数字化转型是推进新型工业化的必由之路

数字化浪潮是一种变革性力量，必须顺应这一趋势，大力推进数字化转型，全方位赋能经济社会发展。当前，厘清数字化转型与新型工业化的关系，对于充分发挥数字化赋能作用具有重要意义。

### （一）数字化转型有助于再造技术引擎

纵观工业革命发展史，历次工业革命的成功都离不开其背后控制技术的发展突破。如果按照德国工业 4.0 的演进路径，控制技术正在更多更广的工业场景中深化应用。数字化转型浪潮蓬勃兴起，突破物理空间和赛博空间的界限，承载规律知识的软件与聚合执行功能的硬件加速融合，驱动软硬件交织联动、一体化发展，将全方位为新型工

业化打造软硬耦合的技术引擎。

### （二）数字化转型有助于重构要素体系

数字技术深度融入生产制造全过程，将赋予劳动者、劳动资料、劳动对象更多的数字化基因，加速传统生产要素"比特"化进程，使数据从附属产物成为数字经济时期的核心生产要素。同时，数据要素深度嵌入经济增长函数，驱动技术流、资金流、人才流的最优配置，带动土地、劳动、资本、技术等传统要素最优组合，打造经济增长"第二曲线"。

### （三）数字化转型有助于改变生产方式

数字化转型能够建立供给侧和需求侧的信息通道，实现供需在更高水平的动态均衡。数字技术在供需两端加速渗透，驱动生产者与使用者、生产过程与使用过程、生产场景与使用场景全方位融合，催生大规模定制生产方式，低成本满足使用者个性化需求，有效化解标准化供给和个性化需求间的长期矛盾。

### （四）数字化转型有助于变革组织形态

数字化转型能够打破企业内部部门间"数据孤岛""业务孤岛"，颠覆式重构遵循"泰勒制"的"金字塔式"组织方式和流程架构，打造具有柔性和活力的平台型企业。同时，也能突破时间和空间限制，在数字空间构建跨区域、松耦合的产业链供应链，指导物理空间的企业间实现业务协作和资源共享，打造以优势互补、协同联动为特征的链群化产业网络。

### （五）数字化转型有助于优化产业体系

数字化转型的深入推进能够加快制造业数字化、网络化、智能化步伐，推动传统产业改造提升和新兴产业培育壮大，推动产业体系高端化升级。同时，还能推动产品与服务、硬件与软件、应用与平台趋向交融，促进产业链、价值链各环节跨界融合，搭建形成信息互通、资源共享、能力协同、开放合作的价值共创生态圈。

### （六）数字化转型有助于适应新发展要求

数字化转型加快工业互联网平台等载体的广泛应用，驱动订单、生产、经营等关键信息共享，实现产业链供应链风险预判和协同处置，适应全面提升双链安全稳定水平的要求。此外，还能实现能源消耗、废弃物处理等关键信息自动化采集和动态化监控，科学量化、实时绘制"碳足迹"，精准优化能源管理策略、生产工艺等环节，适应制造业绿色化发展的要求。

### （七）数字化转型有助于创新治理模式

数字化转型能够通过技术融合、业务融合和数据融合，实现跨层级、跨地域、跨系统、跨部门和跨业务协同管理和服务，建立泛在连接、动态响应、协作协同的产业经济"驾驶舱"，提高常态化监管水平。此外，还能以数据贯穿政府各部门、各场景，打破体制壁垒，缓解内外融合难、上下对接难等问题，实现信息共享、统一调度、及时更新，提高整体智治水平。

## 二、以制造业数字化转型赋能新型
## 工业化取得的工作成效

近年来，国家和地方通过政策制定、标准推广、工程实施、试点示范等举措，持续释放制造业数字化转型的叠加、聚合和倍增效应，强化对新型工业化的赋能作用，成效显著。

### （一）转型政策体系不断健全

一是国家层面政策体系逐步完善。国家层面强化战略布局和规划指引，从数字技术创新、产业数字化转型、新一代信息技术和制造业融合发展等方面做出总体部署。二是各部门积极推进制造业数字化转型，中央网信办、工信部、发展改革委、交通运输部、自然资源部等部门围绕数字设施建设、智能制造发展、工业互联网创新应用、企业数字化转型、数字素养培育等方面加快部署，深化行业数字化转型。三是各地积极制定数字化转型路线图。全国重点地方制定出台以数字化转型推进新型工业化发展的政策文件，制定数字化转型路线图，高位推动数字化转型。如，北京推出"新智造100"工程，江苏深入推进制造业智能化改造，浙江以"产业大脑＋未来工厂"为引领加快推进制造业数字化转型行动，重庆制定工业企业以数字化为引领深化技术改造促进产业转型升级的行动方案。

## （二）数字基础设施不断夯实

一是网络基础设施支撑能力逐步增强。5G 网络建设全球领先，覆盖所有地级市城区、县城城区。建成全球最大的光纤和移动宽带网络，截至 2023 年，光缆线路总长度达 6432 万千米[①]。固定网络实现"市市通千兆、县县通 5G、村村通宽带"，千兆光网具备覆盖超 5 亿户家庭能力。移动物联网率先实现"物"连接数超"人"连接数。截至 2023 年 12 月底，IPv6 活跃用户数达 7.765 亿，移动网络 IPv6 流量占比首超 60%[②]。二是算力基础设施布局持续优化。围绕全国一体化算力网络国家枢纽节点建设 130 条干线光缆[③]，数据传输性能大幅改善。截至 2023 年 9 月，数据中心在用标准机架数量超 760 万架，算力总规模达每秒 1.97 万亿亿次浮点运算[④]。智能计算中心加速布局，超 30 个城市在建或拟建智能计算中心[⑤]。建成一批国家新一代人工智能公共算力开放创新平台，以低成本算力服务支持中小企业转型需求。三是工业互联网发展水平显著提升。工业互联网标识解析体系全面建成，五大国家顶级节点和两个灾备节点全部上线，二级节点实现

---

① 《2023 年通信业统计公报》，https://www.gov.cn/lianbo/bumen/202401/content_6928019.htm。

② 国家 IPv6 发展监测平台：《中国 IPv6 产业发展报告（2023 年）》。

③ 《2023 中国算力大会聚焦算力产业高质量发展》，http://www.news.cn/fortune/2023-08/19/c_1129811830.htm。

④ 《工信部：截至 9 月底我国算力总规模达每秒 1.97 万亿亿次浮点运算》，https://new.qq.com/rain/a/20231020A07LHL00。

⑤ 《规模年均增长超 50% 智算为人工智能夯实"算力底座"》，https://www.zjsjw.gov.cn/shizhengzhaibao/202302/t20230213_8612392.shtml。

省级全覆盖，服务企业34万多家[①]。综合型、特色型、专业型多层次工业互联网平台体系基本构建，具有一定影响力的工业互联网平台超340家，连接设备近9600万台（套），"5G+工业互联网"项目数超过1万个[②]。"部—省—企"三级联动的国家工业互联网安全技术监测服务体系基本完善，覆盖了31个省（区、市）和14个重点行业，不断健全风险监测应对能力[③]。

### （三）数字技术和产业供给水平显著提升

一是数字技术创新能力持续提升。AI技术创新能力突出，企业数占全球1/4。云计算、大数据、区块链技术创新能力位于世界前列，国际专利申请和授权量稳步增加。5G技术、产业、网络和应用全面领先，6G加快研发布局。高性能计算、EDA、数据库、操作系统等领域取得重要进展，智能芯片、终端、机器人等标志性产品创新能力持续增强。数字技术协同创新生态不断优化，创新联合体建设稳步推进，数字开源社区蓬勃发展，开源项目覆盖全栈技术领域。成立开放原子开源基金会，32个开源项目通过技术监督委员会技术准入[④]。二是面向工业领域数字产品和服务能力不断提升。工业软件在能源、采

---

① 《中国工业互联网标识解析体系发展迅速——为制造业升级提供基础支撑》，http://www.xinhuanet.com/tech/20231219/cd18aeee1ba846babcca718491402a9a/c.html。

② 《丰富"智造"内涵 发展新质生产力 中国工业发展活力澎湃》，https://baijiahao.baidu.com/s?id=1792013768777276212&wfr=spider&for=pc。

③ 《"万亿体量""双位增长" 工业互联网何以奔腾不息?》，https://www.cnii.com.cn/rmydb/202306/t20230630_483128.html。

④ 《中国开源参与者数量全球排名第二》，https://new.qq.com/rain/a/20230612A01ONY00。

矿、原材料、制造业等行业广泛应用，2023 年，工业软件产品实现收入2824亿元，增速远超国际平均水平[①]。建设高质量的工业微服务和工业 APP 资源池，软件云化步伐加快。面向航空、船舶等行业领域解决方案加速向产业链级深入拓展。三是数字产业支撑能力显著增强。云计算产业规模迅速扩大，工业云重点面向工业现场数据采集、传输以及云端数据存储、处理及分析等各环节提供技术支持。大数据产业步入集成创新、快速发展、深度应用、结构优化新阶段，工业数据分析产品和服务研发产业化加速推进。人工智能产业已形成完整体系，智能客服、行业知识库、工业软件代码自动生成等应用日趋完善，基于大模型的人机交互、生产智能调度、质量实时监测等能力不断提升。

## （四）企业、园区、行业融合应用能力持续提升

一是企业数字化转型稳步推进。国有企业以智能制造为主攻方向，成功打造一批工业互联网平台和智能工厂（数字化车间），全面提升企业研发、设计和生产智能化水平。中小企业数字化转型试点稳步推进，"链式"数字化转型形成技术赋能、供应链赋能、平台赋能、生态赋能等四大模式。支持38 个细分行业98 家数字化服务商打造典型样板[②]，加快工业互联网应用普及，引导中小企业"看样学样"

---

① 《2023 年工业软件产品实现收入 2824 亿元，同比增长 12.3%》，https://gysj.gk-zhan.com/news/167623.html。

② 《新时代　新征程　新伟业｜精准施策　推动中小企业数字化转型》，https://bai-jiahao.baidu.com/s?id=1769216255328092485&wfr=spider&for=pc。

推转型。二是产业集群批量带动产业转型。工业互联网一体化进园区"百城千园行"持续开展，通过打造标杆应用，提升园区数字化水平。23个项目入选工信部国家新型工业化产业示范基地工业互联网赋能数字化转型提升试点，探索工业互联网平台赋能园区数字化转型新模式[①]。三是重点行业数字化转型全面推进。截至2023年12月底，已培育421家国家级示范工厂、万余家省级数字化车间和智能工厂。大飞机、新能源汽车、高速动车组等领域示范工厂研制周期平均缩短近30%，生产效率提升约30%。钢铁、建材、民爆等领域示范工厂本质安全水平大幅提升，碳排放减少约12%。国家两化融合公共服务平台服务工业企业32万余家，数字化研发设计工具普及率达79.6%，关键工序数控化率达62.2%[②]，培育形成新型智能产品、数字化管理、平台化设计、智能化生产、网络化协同、个性化定制、服务化延伸等新产品新模式新业态。

### （五）跨界融通产业发展生态不断完善

一是转型载体建设多点开花。创新体验中心、数字化转型促进中心等载体规模持续扩大，提供沉浸式体验、战略咨询、技术集成等数字化转型解决方案和服务。江苏、浙江、山东、广东等地建成19个面向区域和行业的工业互联网平台应用创新体验中心，在

---

① 《最新！23个国家新型工业化产业示范基地工业互联网平台赋能数字化转型提升试点项目名单公示》，https://www.sohu.com/a/582957340_121124377。

② 《工信部：我国建成万余家省级数字化车间和智能工厂》，https://baijiahao.baidu.com/s?id=1788497632446191875&wfr=spider&for=pc。

供需对接、人才培养、项目孵化等方面发挥重要作用。全国中小企业数字化转型服务平台、全国消费品行业数字化转型公共服务平台等上线运营，为企业提供全方位数字化转型服务和支持。北京、武汉等地推进"5G+工业互联网"公共服务平台建设，提供试验认证、测试评价、供需对接、人才培训等公共服务。二是转型标准体系研制和宣贯[①]成效显著。依托全国两化融合管理标准化技术委员会（TC573）等标准机构，围绕数字化转型、两化融合、工业互联网等重点领域发布一系列国家标准，推进《产业数字化转型评估框架》（ITU-T Y.4906）等成为 ITU 国际标准，数字化转型标准体系不断健全。贯标[②]工作深入推进，区域覆盖、行业联动、大中小企业参与的数字化转型贯标工作格局加快构建。三是转型宣传推广不断活跃。组织举办两化融合大会、产融对接会、"工业互联网平台＋园区"赋能深度行、金砖国家工业互联网论坛、中国—东盟数字经济研讨会等系列活动，打造产学研用多方联动的良好生态。成功举办中国工业互联网大赛等活动，聚焦数字化转型核心需求和关键场景，遴选一批典型场景与解决方案，推动制造业企业与转型集成商、服务商跨界融合。

---

① 宣贯，意为宣传并透彻理解。通常是指对政府、上级机构、母公司等的法律条令、政策、方针、活动等的宣传，以达到思想意识的一致，从而采取协调一致的措施、行动，最终达到或完成目标。

② 贯标，指贯彻标准。通常所说的贯标是指贯彻 ISO 9000 质量管理体系标准、ISO 14000 环境管理体系标准和 OHSAS 18000 职业健康安全管理体系规范、知识产权管理规范等。

# 三、以制造业数字化转型赋能新型工业化仍面临四大突出问题

随着制造业数字化转型走进深水区，多重挑战叠加碰头，关键技术短板、供需对接失衡、转型群体分化、新型风险涌现等问题成为阻碍数字化转型的主要因素。

## （一）关键技术短板突出，短时期难以有效解决

从硬件看，部分工业设备依赖进口。我国高端工业母机、高端传感器等关键装备与国际先进水平差距较大，国内市场长期依赖进口。如我国中高端智能传感器大部分依赖进口，工业智能传感器市场也存在核心技术缺乏、低端产品过剩、产品同质化等问题。从软件看，工业软件"卡脖子"困局破解难。我国工业软件起步较晚，尚未形成完备的应用生态，与西门子、达索等国际巨头相比，市场竞争力亟待提升。用友、金蝶、中望等国内软件厂商主要聚焦于企业管理场景，对工业操作现场复杂场景延伸不深，难以满足国内工业企业需求。此外，美国也逐渐加强工业软件领域的技术封锁，安世亚太于 2023 年 6 月 14 日被列入美国实体清单。

## （二）供需未能精准对接，企业转型受渠道限制

一是供给侧存在错位现象。我国工业互联网平台面向企业人员、财务管理的解决方案竞争激烈，但面向特定场景、特殊对象的特色

化、标准化、轻量化解决方案供给不足，且缺乏有能力承担集战略咨询、架构设计、核心技术开发、数据运营等于一体的解决方案服务总集成商。二是需求侧积极性尚未激发。企业担心数字化转型见效慢、周期长，投入产出比不理想，不愿承担试错风险。艾瑞咨询发布的《2021 年中国企业数字化转型路径实践研究报告》[①]显示，有 2/3 的被调查企业认为高额技术投入后的转型效果未能达到预期。此外，企业担心日益增多的新型安全因素会增加敏感数据和机密信息暴露的可能性，转型积极性不高。三是供需对接渠道有待拓宽。我国数字化转型公共服务平台或供需对接平台发挥效能有限，细分领域既缺乏可复制的经验和模式，又缺乏针对不同行业、处在产业链不同位置企业的专业化指导，难以匹配个性化、契合度高的解决方案。

### （三）转型群体分化加剧，发展不平衡现象明显

一是区域发展不平衡。东部地区网络设施、数据中心、云基础设施等相对完善，数字化知识、人才、资金等要素充分，数字技术服务企业聚集，而西部地区基础设施、政策环境、人才供给、本地解决方案服务商等配套支持不足。二是行业发展不平衡。智能装备、电子信息、汽车及零部件、家电等行业生产车间自动化水平高，供应链体系较完备，产品智能化水平高，而石化、纺织等产业转型难度大，数字化水平较低。三是大中小企业发展不平衡。大型企业在资源投入和研

---

①　艾瑞咨询：《2021 年中国企业数字化转型路径实践研究报告》，https://www.ire-search.com.cn/Detail/report?id=3720&isfree=0。

发人才方面具有优势，管理体系和流程完善，能较快厘清痛点问题，开展数字化转型攻关，而中小企业缺乏足够经济实力和人才支持，管理流程不规范，数字化转型困难重重。

## （四）新型安全风险涌现，引社会各界多重担忧

一是网络安全风险加剧。复杂网络环境中，病毒、恶意软件、黑客攻击等挑战加剧，工业主机、数据库等存在的端口开放、漏洞未修复、接口未认证等问题将带来严重后果。数据显示，2023 上半年，我国工业云被攻击次数占所有行业总次数的8.17%，位列第二[①]。二是数据安全风险增加。数据采集面临信息偏差、可靠性不高、格式不统一等问题，数据传输面临泄露、监听等风险，数据存储面临易被非法访问、窃取、篡改等问题，数据应用存在违规、泄露隐私等风险，各环节均存在安全挑战。数据显示，2022 年，全球制造业发生的数据泄露事件共 338 起，较上年增长 25.2%[②]。三是技术伦理风险日益凸显。机器学习、人工智能等技术辅助企业决策的同时，也容易造成技术过分依赖和技术滥用等问题。如，部分制造企业利用科技手段采集用户多维数据信息进行用户画像分析，洞察用户喜好，引发人们对于信息边界的思考。

---

① 《2023 上半年云安全态势报告》，http://caijing.chinadaily.com.cn/a/202309/05/WS-64f6bd07a310936092f2055c.html。

② 《2022 数据泄露调查报告》，https://www.fulcrum.pro/wp-content/uploads/2022/06/VerizonDBIR2022ExecSummary.pdf。

# 四、以制造业数字化转型赋能新型
# 工业化的路径探索

以制造业数字化转型赋能新型工业化是一项复杂的系统工程，需要统筹各方资源，凝聚工作合力，才能引领产业全方位变革，真正为新型工业化插上数字翅膀。

## （一）夯实以软硬耦合为关键的新技术引擎

一是加快新型基础设施建设，夯实高速泛在新型基础设施。加快5G、千兆光网、移动物联网、IPv6 等规模部署，推进千兆城市建设。开展"信号升格"专项行动，全面提升重点行业和重点场景 5G 网络覆盖和服务质量。统筹推动新型基础设施建设和传统基础设施升级，加快建设高速泛在、天地一体、云网融合、智能敏捷、绿色低碳、安全可控的智能化综合性新型基础设施体系。推进"云边端"一体化部署。鼓励电信运营商、数据服务商等创新技术架构和商业模式，推进新型基础设施向"云＋边＋端"分布式架构演变。鼓励各级政府、各类企业灵活调配新型基础设施，提高设施利用率。建设可信可靠基础设施。促进网络安全、数据安全等产业发展，培育一批在操作系统安全、新一代身份认证、终端安全接入、智能病毒防护、密码、态势感知等方面具有核心技术的优质企业。建立完善可信可靠技术产品清单，深化在用户终端、网络、云、应用等层级的深度应用。加快网络安全感知预警平台和重点领域子平台建设，提升网络安全态势感知、智能防御、监测预警能力。

二是推动"数据＋算力＋算法"协同发展，建设新型数据中心。支持解决方案服务商加快数据中心向存算一体转变，满足政府治理、企业生产、公共服务等各类场景需求。大力发展集约高效的集中数据中心，切实提升数据中心性能水平和利用效率。优化算力中心布局。完善"东数西算"发展格局，鼓励各地差异化建设算力中心，优化算力设施建设布局。加快边缘算力建设，支撑工业大模型、工业元宇宙等低时延业务应用，推动算力资源泛在分布、集聚协同。深化虚拟化、弹性计算、海量数据存储等关键技术应用，打造形成云网融合、绿色节能、安全可信的算力中心体系。加强算法平台建设，支持高等院校、研究机构等主体聚焦工况识别、风险监测、代码编程等场景，建设通用算法平台，实现通用算法模型的软件化沉淀和动态化调用。鼓励政府部门、企业组织等面向具体业务场景持续开发特定领域算法平台，打造从理论算法研究到行业转化应用的活跃生态，形成一批国际领先的算法库。

三是构建数字化服务体系，持续培育"综合型＋特色型＋专业型"工业互联网平台体系。鼓励信息技术服务商、大型央国企等建设跨行业跨领域综合型工业互联网平台，提高平台国际竞争力。鼓励行业龙头企业聚焦数字基础好、带动效应强的重点行业，面向制造资源集聚程度高、产业转型需求迫切的区域，建设一批特色型工业互联网平台。支持信息技术服务商围绕特定工业场景，聚焦云仿真、设备、大数据建模等特定技术领域建设专业型工业互联网平台，不断提升平台前沿技术含量。分场景培育一批专业解决方案。聚焦数字化转型特定场景需求，培育一批专业型、辅助型等系统解决方案提供商。构建重点行业解决方案资源池，打造一批面向细分行业的先进适用、稳定可靠、性价比高的系统解决方案。支持有条件的龙头企业将系统解决方案业务剥离重组，推动系统解决方案服务专业化、市场化、规模化。

### （二）培育以数据为核心的新要素体系

一是强化高质量数据要素供给，提升企业数据治理能力。通过奖励认证、政策倾斜等方式，引导企业参与 DCMM（数据管理能力成熟度评估模型）贯标，持续完善数据管理组织、程序和制度。鼓励企业设置 CDO（首席数据官）岗位，增强数据治理能力。推动数据治理工具深度应用。鼓励信息技术服务商面向多源异构、高频高噪、低质海量的工业数据，开发一批易部署、易使用的数据治理工具，深度挖掘数据资源价值。引导企业广泛应用数据治理工具，支撑业务系统间数据共享，建立企业级数据血缘图谱，提高企业数据联动性和共享性。加快数据要素关键标准研制。鼓励智库机构、高等院校、龙头企业等主体聚焦数据交易流通、安全防护等领域，加快研制数据字典、数据资源目录、数据分类编码等标准，为数据跨企业流动提供有效参考；围绕数据开放过程中的数据需求及来源、数据开放标准和数据质量、数据权利与保障等方面，开展深入研究，提高数据利用的规范化水平。

二是加快培育数据要素市场，开展数据要素市场试点培育。遴选一批基础好、潜力大、意愿强的城市，开展数据要素市场试点培育，围绕数据要素市场规范化、标准化等方面形成可复制可推广的经验模式。依托数据要素市场试点城市，探索开展大数据衍生产品交易，鼓励产业链各环节市场主体依法有序进行数据交换和交易。打造数据要素两级交易市场。以政府行政机制为主构建数据要素一级市场，通过管运适度分离，建设公共数据运营机构，推动公共数据分类分级管理和深度开发利用。以市场竞争机制为主构建数据要素二级市场，规范数据进场交易。支持北京、上海等地高质量建设数据交易机构，鼓励各类主体参与数据要素市场建设，探索多种形式数据交易模式，推动数据要素价值转化。建立企业数据确权授权机制。推动全国统一数据登记平台高水平建设，指导开展数据资产价值评估试点，打通数据要素流通堵点。鼓励部属单位开展数据确权授权标准制定、技术研发、平台应用、授权认证等方面工作，探索数据确权授权落地方案和创新模式。

三是深化数据要素开发利用，探索工业数据创新应用。实施工业数据赋能赋值赋智行动，支持产学研用联合攻关工业数据获取、存储、管理、分析等关键技术，开展工业数据空间、工业产品主数据等应用试点，培育数据标注、测试评估、咨询服务等专业化数据服务商，探索基于工业数据的新产品新模式新业态。支持企业数据开发利用。建立和推广企业 CDO 制度，开展 DCMM 等重点标准贯标，支持地方建设工业大数据示范区，强化多双边合作，提升数字经济治理国际话语权。强化工业数据开发利用相关制度规范制定。加强产品主数据标准服务平台建设，持续开展大数据产业发展示范，支持各类经营主体探索数据利用模式，研究制定数据交易流通、开放共享、安全认证、工业数据资产登记等方面制度规范。

### （三）打造以网络化、智能化为特征的新生产方式

一是加快生产设备智能升级，积极推进工业设备上云上平台。推动高耗能设备上云，基于平台开展设备状态监测、工况改善、故障诊断和远程运维等服务。推动高通用设备上云，精准采集设备运行参数和环境参数，保障设备安全、可靠、稳定、高效运行。推动高价值设备上云，实现设备与设备、设备与环境、设备与服务之间的互联互通，加速培育网络化协同制造、供应链金融、设备融资租赁等新模式。推动新能源设备上云，开展设备建模、功率预测、调度优化等服务，降低发电成本。加快重大技术装备推广应用。推动工艺机理、数字技术与制造装备深度融合，探索工业元宇宙、大模型、数字孪生等新兴技术应用，突破一批新型智能制造装备。落实首台（套）重大技术装备支持政策，引导国有企业、龙头企业率先应用新型智能制造装备，促进制造装备的成熟迭代和应用推广。

二是推广网络化生产方式，深化产品全周期协同。引导企业深化 PLM、ERP、MES 等业务系统集成应用，建立跨部门沟通交流和协作机制，实现研发与制造协同、采购与销售协同。支持企业提高客户运营能力，精准采集用户各类需求信息，实现企业供给能力和客户需求高度适配。强化生产全过程协同。鼓励有条件的企业全面梳理核心参数和管理经验，并进行代码化、模块化和软件化封装，提高隐性知识显性化水平，提高生产全过程质量一致性和工艺一体化水平。支持企业面向内外所有部门应用计划排程系统，深度集成模拟算法、运筹模型等技术，实现人员、机器、物料、运输等制造资源全局动态平衡。

加强供应链全环节协同。引导企业应用 5G、人工智能等技术与上下游企业建立供应链重点信息共享机制，确保物料配送、资金流通、工序衔接等关键环节无缝运转。引导链主企业建立风险预警平台，加强对关键原料、零部件价格、产量等关键信息的动态监测，及时预警断供等风险。

三是推广智能化生产方式，建设智能场景、智能车间和智能工厂。引导龙头企业加快数字孪生、大数据等新技术深度应用，探索形成一批成熟的智能场景，并面向同行业开放共享。支持企业围绕加工、测试、包装等环节，加快智能装备联网和集中管控，打造一批较具潜在价值的智能车间。鼓励有条件的企业结合原材料、装备制造、消费品、电子信息等重点行业运行特征和发展趋势，开展全部门、全环节智能化改造，形成一批具有示范引领作用的智能工厂。深化工业人工智能应用。引导解决方案服务商加强大模型等技术创新应用，强化在垂直化、多模态、轻量化等专业领域的研究布局，打造一批工业人工智能解决方案。鼓励工业企业探索人工智能在工艺设计、多物理场仿真等细分场景的创新应用，形成基于工业人工智能的新模式新业态。

### （四）变革以平台化、链群化为方向的新组织形态

一是打造扁平化组织架构，引导企业精简管理层级。引导企业建立覆盖全域的数字化管理系统，实时采集企业现场数据，进行可视化展示和联动性分析，实现管理与业务的同频共振。鼓励企业深度集成各项业务系统，构建数据跨部门自由流动机制，带动人力、资金等要

素平台化汇聚，通过全业务范围数据协同应用，驱动各部门齐头并进。加强数字平台普及应用。支持企业依托工业互联网平台等工具重构以开放共享为特征的组织协作网络，面向全社会高效整合、开放、共享各类生产要素和制造资源，打造形成在线化、共享化、市场化的要素资源池。鼓励企业打造合作性强、流动性强、主动性强的协作网络，构建跨地域、多专业、多学科高度融合"并行协同"的组织协作模式，形成创新活跃、开放共享的新型价值网络。

二是以链主带动全产业链转型升级，引导链主企业率先转型升级。聚焦原材料、装备制造、消费品、电子信息等领域细分行业供应链数字化转型，遴选出一批转型成效显著、市场话语权强大、引领作用强劲的链主企业。鼓励链主企业结合自身转型需求和供应链共性痛点，打造可复制、可拓展的行业数字化转型解决方案。形成"链主领航、成员跟随"的雁阵式转型格局。引导链主企业探索技术附加、利益共享等商业模式创新，深化工业互联网平台在供应链各环节的广泛应用，形成"百链上平台、万企用平台"的良好局面。引导链上企业融入链主平台，推动产品库存、物流等数据流动共享，畅通供应网络协作机制。

三是推动重点产业集群数字化转型，加快先进制造业集群数字化转型。引导先进制造业集群加快数字化改造升级，建设全面感知、实时反馈、便捷高效的数字化运营服务体系平台，面向集群内企业提供技术工具、金融支持、数据分析、供需对接、招商导引等精准服务，提升产业集群发展能级。加快京津冀、长三角、粤港澳大湾区、成渝地区双城经济圈等重点城市群数字化转型，以工业互联网平台、区域制造业数字化转型促进中心等为载体，推动制造资源在线化、能力共享化、服务一体化。缩小区域数字化转型鸿沟。鼓励东部地区依托数字化平台、虚拟产业园、科创飞地等方式，推动产业资源向满足其发展条件的中西部和东北地区转移，推动区域产业体系和资源要素合理配置、适度均衡。组织开展产业转移对接活动，鼓励东、西部地区建立数字化转型结对帮扶机制，实现数字化应用场景和技术方案跨区域共拓、共享。

### （五）打造以高端化、融合化为目标的新产业体系

一是数字化赋能质量品牌建设，推动质量管理数字化变革。引导企业深化质量管理环节数字技术应用，增强全生命周期、全价值链、全产业链质量管理能力。鼓励企业强化"人机料法环测"等各环节质量管理数字化能力，推进数据驱动质量策划、质量控制和质量改进，推动制造业整体向中高端跃迁。加强产品与服务协同联动。支持企业基于工业互联网平台构建用户交流渠道，精准采集用户需求，以用户需求精准驱动产品设计和生产过程。鼓励汽车、工程机械、装备制造等重点行业，加装产品数据采集模块，动态监控产品运行情况和健康状态，探索为用户提供预测性维护、精准化保养等延伸服务。

二是推动传统产业转型升级，差异化推进行业数字化转型。聚焦原材料、装备制造、消费品、电子信息等重点行业转型需求，分行业梳理数字化转型"牛鼻子"场景清单，明确不同行业数字化转型切入点。鼓励信息技术服务商围绕不同行业数字化转型"牛鼻子"场景，聚合资金、技术、人才等资源，开发一批成熟的可复制、可推广、能

落地的解决方案，拓展不同行业数字化转型广度和深度。加快培育制造业数字化转型新模式。鼓励企业以新一代信息技术驱动生产方式、组织模式和商业范式深刻变革，探索数字化管理、平台化设计、智能化生产、网络化协同、个性化定制、服务化延伸等新模式，推动传统制造各个环节和各类要素的解耦与重构。探索发展制造业数字化转型新业态。支持海量企业基于工业互联网平台实现研发设计、生产制造、产品流通与售后服务等业务系统云化改造，持续探索零工经济、共享制造、现代供应链、工业电子商务、产业链金融等新业态，进一步强化工业发展动能。

三是壮大新兴产业、未来产业应用市场，加快新兴技术实验验证和产业推广。加大对新材料、新能源、通信等领域基础研究的支持力度，加快推进新兴技术实验验证进程。完善科技成果转化机制，推动新兴技术在数字化转型关键领域产业推广，打通科技研发到落地转化的创新闭环。引导数字化转型服务商加强新兴技术融合。鼓励转型服务商积极融入新兴技术创新浪潮，充分发挥项目经验和人才优势，助力新兴技术加速创新和迭代。引导转型服务商强化新兴技术融合应用，创新产品和服务，提升解决方案的先进性、成熟性和易用性，助力用户数字化转型。因地制宜培育一批产业发展示范区。结合各地先进制造业产业集群发展实际，统筹布局一批新兴产业和未来产业发展示范区，打造现代产业体系多元增长极。制定分类评价机制，定期对产业发展示范区进行水平评估，并发布榜单，引导各地形成"比学赶超"的良好氛围。

四是深化数字领域国际交流合作，加强跨国企业间交流合作。鼓励大型跨国企业与发达国家开展技术交流，学习先进技术和实施经验，实现"以项目换技术"向"以技术换项目"转变。支持大型跨国企业通过项目合作等方式，引进国际创新资源，促进国内科技创新交流。引导大型跨国企业基于工业互联网平台推进生产、经营等业务集中管理，高效配置国内国际两个市场两种资源。探索建立数据跨境流动可控机制。针对跨境电商、跨境支付、供应链管理、服务外包等典型应用场景，探索安全规范的数据跨境流动方式。探索建立跨境数据分类分级管理机制，统筹数据开发利用和安全保护。按照对等原则，对与维护国家安全和利益、履行国际义务相关、属于管制物项的数据依法依规实施出口管制，保障数据合法使用，防范数据出境安全风险。

### （六）守牢以安全稳定、绿色低碳为底线的新发展要求

一是推动产业链供应链数字化升级，推动产业链供应链关键数据共享。鼓励链主企业基于工业互联网平台，与链上企业实时共享产品订单中的数量、规格、时间等信息，驱动各环节智能决策。支持链主企业打通链上企业的采购、库存、结算等业务系统，以比特数据代替传统库存，基于"精准数据＋智能算法"确定最优供应策略，强化订单执行能力。激发龙头企业生态整合作用。鼓励龙头企业基于工业互联网平台打造"需求采集—产品设计—供应方案"的快速响应体系，缩短产品迭代周期，合理设置安全库存。引导龙头企业垂直整合原料供应、研发设计、生产制造、销售经营等环节，建立重大风险点全局预警机制，提高各环节协同配合、风险处置、应急响应能力。强化链

上企业风险协同处置能力。引导链上企业基于工业互联网平台建立涵盖产供销各方的物流、信息流和资金流协同一体的运作体系，实时洞察产业链供应链风险点，确保产业链供应链稳定畅通运行。鼓励链上企业建立涵盖原料采购、物流运输、产品销售等关键环节的风险预警机制，共享应急处置能力和经验，全方位筑牢产业链供应链安全底座。

二是推动安全生产数字化转型，提高产业安全实时监测能力。分行业制定产业安全信息监测清单，推广无人矿车、智能传感器等智能生产装备普及应用，加快企业业务数据上云上平台，开发和部署产业安全信息实时监测软件、工具集和语义模型，实现产业安全信息的云端汇聚和在线监测。支持企业整合现有安全生产数据、平台和系统，增强安全感知、监测、预警、处置、评估等功能，提升跨部门、跨层级安全生产联动联控能力。增强产业安全风险超前预警能力。基于工业互联网平台的泛在分布、网络连接和海量数据，建立产业安全风险特征库和失效数据库，分行业配置产业安全风险模型，在国际贸易、安全生产、供应链稳定等方面实现安全风险精准预测、智能分析和超前预警。强化产业安全事故应急处置能力。围绕各类产业安全事故，建设案例库、应急演练情景库、应急处置预案库、应急处置专家库、应急救援队伍库和应急救援物资库，基于工业互联网平台开展产业安全风险仿真、应急演练和隐患排查，推动应急处置向事前预防转变、单点行动向全局协同升级。

三是强化数字化绿色化协同发展，打造多能互补的低碳能源供给方案。支持企业建立能源管理平台，综合运用智能传感、设备接入等多种技术，高效采集主要用能设备、环节、车间、厂房的能耗数据，并基于平台能效优化模型动态完善用能策略。鼓励企业基于能源管理平台打通电、热、气等多种能源子系统，整合水电、风电、光伏、储能等多种分布式能源，针对各类能源运行特点及负荷变化情况实现多能互补。构建精细化碳资产管理机制。引导企业实时监测化石燃料和煤炭燃烧、生产制造过程、供电供暖、生产运输等全量碳数据，精准绘制重点产业产品"碳足迹"。鼓励不同企业间共享碳排放精准核算、碳资产分配和管理数据，为实现碳排放、碳交易等方面智能决策提供辅助。探索发展碳现货、碳期货、碳期权、碳保险等一批优质碳金融产品。提升重点资源循环利用率。引导企业推动各类重点资源上云上平台，实现资源全生命周期管理，提高资源利用效率。支持企业基于平台开展物资标准化设计、生产、运输等活动，实现循环物资供需精准匹配。

## （七）实施以常态化监管、整体智治为原则的新治理模式

一是创新数字化治理方式。以常态化监管为导向，在法治框架下以持续性常态化监管为主，保留专项监管使用空间，完善平台经济常态化监管规则，构建多元共治体系，以高水平常态化监管促进平台经济高质量发展。以底线监管为导向，重点研究解决好数字税收征管、数据有序自由流动、公民隐私保护、知识产权保护、反垄断与公平竞争等数字治理重大课题，制定包括供应链安全、信息安全、总体经济安全等在内的安全制度体系，为新型工业化发展保驾护航[1]。以互利

---

[1] 《加快推进"十四五"数字经济高质量发展》，http://theory.people.com.cn/GB/n1/2020/0724/c40531-31795967.html。

共赢为导向，加强技术、标准、规则对接，明确各类数据治理主体责任和行为边界，维护各国在数字领域的主权、安全、发展利益，特别是要维护好发展中国家的权利，加快消除数字鸿沟。

二是丰富数字化治理工具，强化大数据工具应用。利用大数据技术做好数据智能化处理，挖掘多维多源数据，深度学习和挖掘数据内在特征，增强数据可视化、可理解和可操作性[①]。通过构建数据联通、系统联动的数字化监管系统，建设统一的各类信息服务数据库，鼓励企业依托大数据技术优化内部管理流程、提升精细化管理水平、应对市场风险、预测市场走向等。深化区块链工具应用。运用区块链跨链互信机制，加强司法存证权威性，实现电子案卷数据全流程流转留痕。利用区块链技术赋能银行业风险控制和穿透式监管，提升中小企业授信融资效率。通过其去中心化特点和全球范围内的应用，实现国际市场贸易经营的全过程监管。拓展人工智能工具应用。深化人工智能技术在互联网平台监管执法中的应用，能够增强网络交易监管平台的监测预警和风险防控能力，提升监管的精准性、及时性和有效性。

三是以数据驱动决策协同，加强政务数据治理。建立科学的治理机制和体系，强化数据治理能力建设。通过技术创新、流程优化、标准制定等方式，统一数据标准，提供标准数据接口，提高数据结构化、关联性、一致性水平。加快制定个人大数据立法、大数据交易立法等法律法规，建立保护国家安全、市场安全和个人隐私安全的法律法规和制度体系。加强对政务大数据开放与利用的有效审查和监管，

---

[①] 《利用大数据技术提高数字经济治理能力》，http://www.qstheory.cn/llwx/2020-02/21/c_1125604184.htm。

制定合理的风险防范策略。建立重点行业和区域运行指数。基于企业级工业互联网平台等载体,分行业统计企业经营数据,加工形成重点行业运行指数,实时反映重点行业运行情况,对行业发展薄弱环节进行精准补强。以地方政府统计数据和企业实时上报数据为基础,加工形成重点区域运行指数,建立"数据采集—形势研判—精准施策"的智慧治理闭环,有效疏通发展堵点和难点问题。构建系统完备、科学规范、运行有效的整体智治体系。梳理产业治理业务流程,明确各部门痛点、难点和堵点问题,加快业务流程线上迁移和集成优化。鼓励各部门开放业务平台数据接口,共享关键业务数据,打造共治共享的产业治理格局。面向各部门治理场景,深度整合业务条线,打通创新链、产业链、人才链、资金链,实现产业运行监测和政策效果评估的联动共享。

# 向新而行，以新促质，
# 以新质生产力推动高质量发展

刘春燕 *

* 刘春燕，研究员，黑龙江省科学院党组书记

高质量发展是新时代新征程中国经济社会发展的鲜明主题，是全面建设社会主义现代化国家的首要任务。习近平总书记在准确把握当前国际背景和国内形势的基础上，着眼国内外经济发展形势和产业升级现实挑战，以全球视野来积极谋划新时代东北全面振兴和我国的长远发展，为打造我国经济高质量发展新引擎、增强经济发展新动能、塑造经济发展新优势指明了方向，发展新质生产力已成为推动高质量发展的内在要求和重要着力点。

## 一、培育发展新质生产力的重要意义

2023年9月7日，习近平总书记在新时代推动东北全面振兴座谈会上强调，要积极培育新能源、新材料、先进制造、电子信息等战略性新兴产业，积极培育未来产业，加快形成新质生产力，增强发展新动能。新质生产力是指以创新为引导，以适应科技革命和产业变革的发展要求为特征，以突破传统经济增长方式、生产力发展路径为主要方式，以劳动者、劳动资料、劳动对象等优化组合为基本内涵，以全要素生产率提升为核心标志的先进生产力，具有高科技、高效能、高质量特征。

从国际发展层面上看，培育发展新质生产力是加速技术革命性突破、构筑经济社会发展新优势的战略选择。当前，世界百年未有之大变局加速演进，新一轮科技革命和产业变革深入发展，世界各国之间围绕技术、数字化和产业的发展日新月异。新质生产力的提出，特别强调通过技术创新来发展面向未来的先进生产力体系，将是重构未来国际分工，促进前瞻性、颠覆性技术突破，实现新质态生产力跃迁的重要引领思想。

从国家发展层面上看，培育发展新质生产力是推动生产要素创新性配置、加快中国式现代化建设的必由之路。发展前沿科学技术，对传统生产力进行改造和升级，将实现物质生产的现代化；通过数字治理、生物赋能等系列新技术改造提升产业体系，将实现国家条件基础现代化；通过发展新能源、新材料创新技术，将极大地促进社会发展现代化；通过推进政务、城市建设，将有力保障社会安全和提升社会治理水平，促进社会文明的现代化。

从产业发展层面上看，培育发展新质生产力是推进产业深度转型升级、走新型工业化道路的根本途径。以关键性原创性颠覆性技术作为"燃爆点"，加速产业变革、推动生产力升级，助力经济发展。一方面，通过智能制造、数字孪生、万物互联等促进工业化、数字化、智能化深度融合，推动传统产业不断开创新业态、新模式；另一方面，多领域高新技术的发展，将不断开辟高质量发展的新领域和新赛道，重塑产业发展。

今天，新一轮科技革命呈现多点爆发态势，未来国与国之间的竞争，实质就是新质生产力的竞争，需要我们在战略性新兴产业和未来产业上不断精耕细作，需要我们不断加快转变发展方式、优化经济结构、转换增长动力步伐，需要我们推动质量变革、动力变革、效率变革，不断提高全要素生产率，实现经济新旧动能转换，构建以人民为中心的高质量发展。

# 二、制约培育发展新质生产力的关键因素

新质生产力关键在于提升创新能力，突破"卡脖子"技术瓶颈，增强先进制造业的核心竞争力。当前我国在培育新质生产力过程中依然存在机制、创新、产业、人才等各方面束缚，急需进一步全面深化改革，构建完善支持全面创新的体制机制，推动科技体制、教育体制、人才体制等系列改革，使新技术、新产业、新模式、新赛道、新领域、新优势等丰富的"新"，牵引带动战略性新兴产业、未来产业发展深刻的"质"。

## （一）适应新质生产力发展的新体制机制有待创新

创新体制方面，存在知识产权保护机制不完善，侵权成本低、维权难度大等问题，导致创新主体研发意愿不高。存在科技成果转化机制不顺畅，在技术研发、成果评估、中试放大、产业化生产及收益分配等多方面存在堵点卡点；市场机制方面，存在要素市场不完善，在数据、人才等新型生产要素的市场定价、流通机制、交易平台等方面还不够完善，影响了资源的优化配置；金融支持机制方面，存在风险

投资机制不健全，在项目筛选、资金规模、退出机制等方面存在问题，难以满足新质生产力发展的资金需求，传统金融机构服务不足，存在对风险评估不准确、信贷产品不适应等问题。

### （二）适应新质生产力发展的源头技术供给有待加强

原始创新方面，在实际生产中凝练和提出科学问题的能力有待提高，解决产业问题的实践能力不强。创新思路往往跟踪和模仿国际热点前沿，较少提出自主的科学思想，对应的源头创新不足，有一定的依赖性；关键核心技术方面，中高端科技供给能力仍旧与国外发达国家存在明显差距，关键技术上被国外"卡脖子"，产业发展和技术发展存在路径依赖；产学研合作方面，企业对技术源头创新的参与度不高，缺乏与高校、科研机构的有效沟通和合作机制，难以将市场需求及时反馈到技术研发中等。

### （三）适应新质生产力发展的产业发展模式有待突破

产业自主创新能力方面，产业数字化、智能化、绿色化发展程度不高，不同地域的科技创新资源没有充分地结合，战略性新兴产业的技术创新主要呈点状式发展，缺乏对产业链整体技术水平的带动。高端芯片、基础软硬件和工业软件方面的短板问题没有得到有效地解决，形势日益严峻；产业空间布局方面，没有因地制宜开展产业布局，各地在战略性新兴产业布局和规划方面"跟风"现象普遍存在，未能形成带动区域经济发展的主导产业；产业链发展方面，龙头企业带动性不强，各企业之间缺乏有效协作和资源整合，缺乏上下游纵向延伸，产业链短链、缺链、断链和弱链现象突出。

### （四）适应新质生产力发展的人才支撑体系有待完善

人才"引育培留"方面，引进与选拔尖端人才的制度有待完善。科研人员的流动受限制大，很难进行跨部门跨区域流动，不利于发挥他们的资源价值，同时创新能力也受到制约；激励机制与评价体系方面，对科研人员缺乏鼓励长期基础研究积累和包容失败的机制与政策，致使科研投入与产出不成比例；科技创新人才引导方面，表现为科技创新人才供需的结构性矛盾问题，对应的人才培养模式与产业需求没有合理的匹配，部分竞争激烈的新兴前沿领域交叉型科技创新人才严重不足。

生产力决定生产关系，生产关系需与生产力发展相适应，存在问题不可怕，要正视发展中的问题，通过改革来打通束缚新质生产力发展的堵点卡点，不断培育形成与新质生产力相适应的新型生产关系，这样才能让各类先进优质创新要素向发展新质生产力集聚。

## 三、加速培育发展新质生产力的现实路径

习近平总书记强调，各地要坚持从实际出发，先立后破、因地制宜、分类指导，根据本地的资源禀赋、产业基础、科研条件等，有选择地推动新产业、新模式、新动能发展，用新技术改造优化传统产业，积极促进产业高端化、智能化、绿色化。培育发展新质生产力是

一项系统性、全局性、长期性工程，要以顶层设计为牵引，以原创性、颠覆性技术攻关为重点，以产业升级为方向，以体制机制创新为动力，以人才培养使用为保障，加快培育发展新质生产力。

### （一）加强顶层设计，坚持统筹兼顾，为培育发展新质生产力提供"新指引"

发展新质生产力涉及面广，任务繁重。要以更广阔的视野、更全局的思考、更务实的担当，开展谋划布局。一是从全局角度开展战略谋划，从基础研究到转化应用、从人才培养到政策激励、从研发选题到产业布局、从当前急需到长远发展，全链条部署培育发展新质生产力的战略任务。二是从系统角度实施产业布局，推动有为政府与有效市场有机结合，强化市场的自主性、资源的系统性、链条的完整性、政府的组织性，真正将科技与产业、金融、教育等各方面工作协同起来。三是从创新角度促进科技供给，牢牢把握抓战略、抓改革、抓规划、抓服务的定位要求，加强战略规划、政策措施、重大项目、科研力量、资源平台、区域创新等统筹，建立健全新型举国体制，凝聚发展新质生产力的强大合力。

### （二）加强自主创新，突破核心技术，为培育发展新质生产力提供"新源头"

聚焦重点领域加快研发攻关，引领新质生产力发展，重塑产业和市场竞争格局，为生产力质态带来根本性改变。一是要推动原创性、颠覆性技术突破，从国家紧迫需求出发，举全国之力打好关键核心技术攻坚战，全面提升包括基础零部件（元器件）、基础材料、基础软件、高端芯片、工业软件等在内的产业能力，大力提升底层技术、关键核心技术自主供给能力和原始创新能力。二是要推进一体化集成创新，整合全社会科技力量开展跨学科、大协作、高强度的协同创新，推动核心技术、关键技术和原创性技术一体化集成，增加新质生产力的核心竞争力。三是要优化全国科技资源配置，围绕人工智能、量子科技、生物科技、新能源、绿色低碳等关键领域，推动建立适应新质生产力发展的新型科研组织模式和资源配置方式，在基础研究、技术研发、产业应用、政策保障等方面系统部署，不断增强发展新质生产力的内生动力。

### （三）加强成果转化，促进产业升级，为培育发展新质生产力提供"新优势"

新质生产力是支撑战略性新兴产业和未来产业创新发展的动力来源，也是推动构建现代化产业体系的关键力量。一是促进产业链条"融通化"，强化企业创新主体地位，构建上下游紧密合作的创新联合体，促进产学研融通创新；以科技创新优势攻克产业发展的薄弱环节，加强较强产业前景技术研发。建立并培育壮大科技领军企业和促进专精特新中小企业发展壮大机制，支持企业根据产业发展提炼科技创新重大需求并与科研机构共同开展重大科技攻关。二是促进科技成果"精准化"，加强支持不同类型企业成为终端或中间产品科技创新主力军，聚集细分领域加强科技含量高、产品迭代快的关键技术创新。围绕产业链布局培育产业技术创新联盟、概念验证中心、中试熟化平台等，支持科研机构配合龙头企业建立产业联盟，聚合上下游企业推动科技成果精准转化。三是促进新旧产业"数字化"，推动制造业数字化转型，利用数字技术对传统产业进行全方位、全链条改造；开展智能制造示范推广，加快突破算力、算法、底层技术，打造自主开发框架，全链条、全方位推进产业赋能应用。大力发展数字经济，培育壮大人工智能、大数据、区块链等新兴数字产业，加快数字产业化步伐。四是促进产业生态"绿色化"，稳妥推进工业领域碳减排，加强能源需求侧管理，推动源头控碳、过程控制和末端降碳等节能降碳技术研发和应用推广。积极构建绿色制造和服务体系，大力推进重点行业绿色化改造，培育建设一批国家级绿色工厂、绿色供应链管理企业、绿色工业园区。推动绿色能源体系建设，加强节能减碳、碳捕集、高效储能等清洁能源技术开发和产业化应用。

**（四）加强人才培养，夯实创新基础，为培育发展新质生产力提供"新动能"**

坚持教育发展、科技创新、人才培养一体推进，强化创新型、复合型、数字化人才培养，为培育发展新质生产力夯实人才基础。一是重点培养战略领军人才。根据科技发展趋势和重大任务需求，依托科技重大项目、科研基地平台等加强急需人才培养，着力造就拔尖创新人才，培养更多战略科学家、一流科技领军人才和创新团队、卓越工程师以及具有国际竞争力的青年科技人才。二是全面培养高技能人才。加快形成与新质生产力发展需求相适应的人才结构。重视职业教育在培养专业技能人才方面的优势，使职业教育尽快适应数字化、智能化发展趋势，不断提高新质生产力所需的职业技术人才培养质量。三是持续优化人才政策。建立更加积极、开放、有效的招引政策，吸引更多全球优秀科技人才来华创新创业。深化人才评价改革，健全要素参与收入分配机制，更好体现知识、技术、人才的市场价值，营造鼓励创新、宽容失败的良好氛围，为各类人才搭建干事创业的广阔舞台。

### （五）加强机制创新，提升要素效能，为培育发展新质生产力提供"新保障"

进一步深化改革，加强管理和制度层面的创新，形成与之相适应的新型生产关系。一是完善优化科技创新体系，健全新型举国体制，强化国家战略科技力量，优化国家科研机构、高水平研究型大学、科技领军企业定位和布局，形成国家实验室体系，统筹推进国际科技创新中心、区域科技创新中心建设，加强科技基础能力建设，强化科技战略咨询，提升国家创新体系整体效能。二是完善优化科技金融供给，充分发挥金融"供血"功能，为前沿领域技术研发、科技成果落地转化、新质生产要素合理配置等提供灵活且充足的资金供给。健全和完善多层次资本市场，提供覆盖企业全生命周期的金融服务，鼓励银行机构积极开发创新信贷产品。进一步完善担保体系建设，提升政策性融资担保基金对企业科创贷款的担保力度，为科技创新贷款担保营造良好市场环境。三是完善优化国际科技合作，扩大高水平对外开放，积极参与国际科技合作计划，加强在科技创新领域的合作与交流。同时，要鼓励企业拓展国际市场，参与国际竞争与合作，营造具有国际竞争力的开放创新生态，与全球共享中国的发展红利。

在全面建设中国式现代化的时代背景下，新质生产力具有新的内涵和特征。大力发展新质生产力是我国在新发展阶段构筑国家竞争新优势的战略选择，针对当前我国生产力发展中的重点和难点问题综合施策，才能找到适合中国特色的发展路径。

# 四、找准找实科技创新培育和
# 发展新质生产力的着力点

新质生产力与中国特色现代化的发展目标紧密相连，培育发展新质生产力的关键就要以科技创新和成果转化为重点，以产业应用为载体，以改革为动力，以人才培养为保障，不断提高科技硬实力，将培育发展新质生产力的重大决策部署落到实处。

## （一）加强梯次协同，优化推进新质生产力发展的区域布局

强化国家的引领和推动作用，坚持全国一盘棋。系统谋划，整体推进，处理好"取与舍""破与立"的关系。优化机制，集中力量攻克技术难关。一是坚持上下结合统筹发展，推动有为政府与有效市场有机结合，围绕新兴产业发展不同特征，以各项专项规划为牵引，强化市场的自主性、资源的系统性、链条的完整性、政府的组织性，将重大项目、科研力量、资源平台、财税优惠、政策红利、金融贷款等方面统一部署，将科技与产业、金融、教育等各方面工作协同推进。

二是坚持因地制宜协调发展，根据各地实际情况，有选择地布局产业发展，做到有所为有所不为。如北京、上海、广东等科研基础雄厚、人才资源丰富的地区瞄准世界科技前沿，聚焦数字经济、生物制造等高精尖产业领域突破核心技术。东三省等传统产业占主导的地区，注重产业结构升级优化，加强区域产业转移，实现优势互补。沿海地区逐步将加工等产业体系向西部转移，培育壮大新产业集群，推动结构转型优化。三是坚持破立并举有序发展，在不同行业、不同部门、不同领域实行不同的指导策略，避免盲目跟风和套用单一发展模式。分类精准施策，把握好发展新质生产力的方向、路径，有选择、有先后、有重点地发展，以传统产业为基础，用新技术改造提升传统产业，培育壮大新兴产业，超前布局建设未来产业。

### （二）坚持创新引领，突破引领新质生产力发展的核心技术

通过科技创新大力培育和发展新质生产力，加强对关系全局的科学问题研究部署，加强原始创新、协同创新和集成创新。一是开展"组织化"基础研究，推动基础研究多元化，有组织推进战略导向的体系化基础研究、前沿导向的探索性基础研究、市场导向的应用性基础研究协同发展。前瞻部署一批战略性、储备性科技项目，推进项目协同和一体化部署，形成一批原创性引领性科技创新成果。二是促进"协同化"重大攻关，国家战略科技力量冲击"制高点"，区域性战略力量明确应用为主攻方向，构建跨学科、大协作、高强度的协同创新平台，围绕重大需求跨部门、跨区域、跨领域调动战略科技力量。推动建制化攻关，以中国科学院等一流科研机构为牵引，聚合地方实体

科研机构，成建制地开展重大科技攻关。三是实现"体系化"科技支撑，面向国家战略需求和重点产业，研判可能形成新质生产力的重点技术和技术群，组织科技创新"国家队"联合地方科研机构，加大对空间、海洋、材料、能源、信息、生命等领域的攻关力度，实现关键核心技术安全、自主、可控。强化央地协同，支持央企在地方加大核心主业布局，央地合理引上游、接下游、带配套、促集群，推动先进技术产业链配套贯通，融合发展。

### （三）促进融通转换，加快推动新质生产力发展的产业建设

加快科技创新和产业创新融合发展，推进各领域新兴技术跨界创新，以技术的群体性突破支撑引领产业集群发展，推进产业质量升级。一是促进垂直整合产业链条，以市场导向链接终端型"链主"为主体，通过多点的底层技术推动产业协同。围绕产业终端消费需求，跳出制造业传统思维定式，针对各产业链在核心基础零部件、关键基础材料方面的薄弱环节攻关突破。聚焦关键链条打造专精特新等科技企业协同发展。以龙头企业技术需求为牵引，引领产业加速变革、融入高端供应链，实现消费、产业双升级。二是开展数字化和绿色转型，支持用数智技术改造提升传统产业，鼓励面向传统制造业重点领域开展共性技术研究。加快绿色科技创新和先进绿色技术推广应用，持续优化支持绿色低碳发展的经济政策工具箱，全方位、全过程发展绿色生产力。完善战略性产业发展政策和治理体系，构建产业集群梯次发展体系，在新能源、生物医药等重点领域培育一批各具特色、优势互补、结构合理的战略性新兴产业集群，优化产业区域布局。三是

探索发展未来产业技术，围绕信息、生物、制造和能源四大重点领域，进行统筹超前部署。面向元宇宙、人形机器人、人工智能、脑机接口四个重点方向，打造核心基础、聚焦重点产品、强化公共支撑、深化示范应用。在不确定性较大的基因技术、商业航天、未来信息通信网络等方面，充分发挥我国社会主义制度优势集中支持。

### （四）优化资源配置，加速促进发展新质生产力的要素集聚

推动各类生产要素质量提升和配置效率改进，促进劳动、资本、土地、知识、技术、管理、数据等生产要素向发展新质生产力集聚。一是构建现代化创新体系，促进产业发展与科技创新、现代金融、人力资源高效协同，打造"基础研究＋技术攻关＋成果转化＋科技金融＋人才支撑"全过程创新链，建立培育壮大科技领军企业和促进专精特新中小企业发展壮大机制。二是壮大科技创新人才队伍，探索多元化的人才培养模式，引进、培养造就一批能够创造新质生产力的战略人才和能够熟练掌握新质生产资料的应用型人才，建立以创新价值、能力、贡献为导向的人才评价体系，实行更加开放的人才政策，让更多高水平人才在创新实践中脱颖而出。三是打造区域高水平创新中心，注重深层次改革和高水平开放协同，构建以北京、上海、粤港澳大湾区等国际科技创新中心为牵引、部分创新型城市为主力、自主创新示范区为基点的网络化创新格局，促进不同区域之间创新体系的资源共享和相互支持。积极融入国际科技创新网络，聚焦量子科技、生物技术等前沿领域扩大科技计划和项目对外开放，与国外创新主体共同开展研发活动。四是完善科技金融支持，完善与培育发展新质生

产力、产业发展全生命周期各阶段特点相适应的多元化"接力式"金融服务，鼓励银行业金融机构创新金融产品，拓展多层次资本市场支持创新的功能，积极发展天使投资，壮大创业投资规模，运用互联网金融支持创新。

### （五）坚持目标导向，夯实完善新质生产力发展的体制机制

围绕"四个面向"的工作方针，营造有利于突出创新价值、能力、贡献的创新生态，不断推动科学技术的广度和深度，确保科技活动和民众需求密切结合起来。一是塑造公平市场环境，进一步改革完善市场基础制度规则，制定统一大市场建设标准指引，构建标准化体系，完善社会信用基础制度，加强反垄断和反不正当竞争管理。实施营商环境改进提升行动，健全与企业常态化沟通交流机制，营造市场化、法治化、国际化营商环境。二是激发创新主体活力，推进高校和科研院所分类评价，完善激励基础研究、关键核心技术、交叉前沿领域研究的体制机制。完善科技成果转化机制，深化科技成果赋权和评价改革，建立职务科技成果资产单列管理制度。建立科研经费统筹与绩效分配机制，实行科研项目经费"包干制"，完善人才评价制度，进一步改革完善职称评审制度，增加用人单位评价自主权。三是提高服务成果惠民，构建绿色创新发展数字经济，实施数字政务提质增效惠民工程，健全社会保障、完善医疗卫生体系。加强生物医药、功能食品等民生科技研发，构建营养多元化体系，提高人民生活质量。推进降碳、减污等绿色化发展，强化生态环境和安全保障。

# 巩固创新跨越新优势，
# 努力实现高水平科技自立自强

关成华 *

* 关成华，教授、博士生导师，北京师范大学校务委员会副主任，兼任首都科技发展战略研究院院长

　　科技创新有其内在规律，我国自改革开放以来，科技创新发展历程及经验符合后发国家科技创新演进的基本逻辑和特征。本讲首先依据后发国家科技创新演进的规律，分析不同阶段采取的"模仿型""赶超型""领先型"创新策略；其次，对我国改革开放以来科技创新实践的历程及成效进行总结，以便鉴往知来；最后，提出在改革开放进程中实现高水平科技自立自强的几点思考。

　　改革开放以来，我国高度重视科技创新，在综合研判国际形势、准确把握科技创新内在规律的基础上，先后提出"科学技术是第一生产力""中国式现代化关键在科技现代化"等重要论述。

　　尤其是党的十八大以来，以习近平同志为核心的党中央高瞻远瞩、举旗定向，把创新摆在国家发展全局的核心位置，制定了向世界科技强国迈进的顶层设计和系统谋划。党的十九大报告进一步确立了到2035年跻身创新型国家前列的奋斗目标，党的二十大报告则提出到2035年，实现高水平科技自立自强，进入创新型国家前列。

　　站在新的历史节点上，总结科技创新的演进内在规律，回顾改革开放以来科技创新发展历程，立足当前国内外形势与现有格局，进一步提出中国式现代化建设背景下科技创新事业发展的建议，对于创新型国家建设具有重要价值和意义。

# 一、后发国家科技创新演进的主要阶段及内在规律

与一般战略不同，科技创新战略具有多层性和组合性，从单一维度来看，后发国家科技创新演进往往会采取三种创新策略的不同组合以实现创新目标，即"模仿型""赶超型"和"领先型"创新策略；从阶段划分来看，可以分别简称为"跟跑阶段""并跑阶段"和"领跑阶段"。三个阶段和三种创新策略并非绝对对应关系，而是不同阶段各有侧重，呈现不同特征和规律。

## （一）跟跑阶段：以"模仿型"创新策略为主，积极补短板，重在"人有我有"

跟跑阶段，后发国家因自身技术、资源、知识等匮乏，以模仿型创新为主，对市场上现有产品、技术进行引进、模仿和学习，以期实现"人有我有""人有我用"的目的。

一般而言，一项新技术、新产品从诞生到市场饱和需要一定时间，所以创新型技术或产品投放市场后还存在一定的市场空间，使技术模仿成为可能。跟跑阶段，后发国家自主创新能力偏弱，主要是引进先发国家的先进技术进行消化、吸收和应用，并探索和孕育"二次创新"。此种方式容易使本国对他国的产品和技术形成习惯性依赖。

为了避免陷入长期的产品和技术依赖，后发国家会根据自身技术、资源、知识等储备情况逐步往"赶超创新"策略转移，强化"二次创新"能力，以期通过"二次创新"逐步实现产品的国产化、技术

的自主化和产业链分工的升级。一方面，沿着产品价值链的"微笑曲线"攀爬，将附加值低的环节放弃或外包，逐步转向附加值高的环节；另一方面，沿着产业链往上游延伸，愈发重视研发阶段的创新成果产出。

### （二）并跑阶段：以"赶超型"创新策略为主，开拓新蓝海，重在"人有我优"

并跑阶段，后发国家已然具备了一定的技术、资源、知识储备，虽然与先发国家相比尚有较大差距，但经过前期积累，在特定领域或赛道已经拥有了一定的创新能力和竞争优势，以期实现从"人有我有"到"人有我优"的过渡。

该阶段的发展策略逐步由"模仿型创新"过渡到"赶超型创新"，侧重于"二次创新"能力的强化和提升，即在引入他国技术后，经过汲取其成功的经验和失败的教训，进一步开发创造出更富有竞争力的产品或技术。并跑阶段，后发国家的创新意识和创新能力愈发增强，与追赶目标国的创新差距越来越小，技术引进的空间越来越小。此时，后发国家对外可能面临先发国家的竞争甚至技术上的局部压制，很容易陷入价值链上的"低端锁定"。

从历史实践经验来看，只有部分国家完成了创新赶超。一方面，后发国家在原有的技术赛道上依靠强大的"二次创新"能力获得新的技术突破，实现"后来居上"，侧重于"渐变型创新"范式；另一方面，后发国家基于前沿技术和市场需求，直接识别、采纳该时点最新、最成熟的技术，站在较高的技术起点进行快速创新，获取尚未被先发国家占领的市场，最终实现创新赶超。这种模式一般被称为后发国家的"蛙跳模式"，侧重于"突变型创新"范式。

### （三）领跑阶段：以"领先型"创新策略为主，勇闯无人区，重在"人无我有"

领跑阶段，后发国家已经有了体系化的技术优势、丰富的知识储备以及人才队伍优势，在特定领域相比于先发国家已经拥有比较优势，以期通过进一步努力实现从"人有我优"到"人无我有"的过渡。该阶段的发展策略逐步由"赶超型创新"过渡到"领先型创新"，侧重于"原始创新"能力的培育和强化，即逐步进入无人区，无技术可模仿、无经验可参照，完全在人类现有认知的基础上进行自主创新，一旦实现突破，就拥有了强大的比较优势和领先优势。

领跑阶段，后发国家的后发优势充分彰显，因为在部分领域或赛道的突出表现和创新成就对先发国家造成了较大程度的影响，先发国家为保持自己的比较优势和核心竞争力，通常会对后发国家的科技创新进行不同形式的围追堵截。此种情况下，后发国家面临着严峻的外部挑战，需要时刻应对各种发难。从历史实践经验来看，突破"中等技术陷阱"约束是跻身世界头部科技强国之列的必经之路。

## 二、中国改革开放以来的科技创新跨越发展历程

改革开放以来，我国科技创新实践与演变历程呈现了"模仿型创

新""赶超型创新"和"自主型创新"等创新策略特征，不同时期侧
重点不同，更多时候兼顾了多种策略，且在不同发展阶段、不同产业
领域呈现不同特征。

## （一）逐步嵌入全球科技创新网络，体制机制创新不断迈上新台阶

自 1978 年以来，我国逐步嵌入世界科技创新网络，发展策略以
模仿型、赶超型为主，体制机制创新不断迈上新台阶。

一是开放合作大门打开，科技创新事业迎来历史发展契机。1978
年召开的党的十一届三中全会，揭开了我国改革开放的序幕。同年召
开的全国科学大会通过了《1978—1985 年全国科学技术发展规划纲
要》，为改革开放新时期发展科学技术的基本方针政策奠定了理论基
础。此后，我国开放合作的大门逐步打开，不断从发达国家引进先进
技术和工业。1985 年，《关于科学技术体制改革的决定》发布，科技
创新重点逐步由原来的国防科技向经济社会发展转变。

二是外资进入，为中国科技创新事业注入新鲜血液。1986 年，《国
务院关于鼓励外商投资的规定》正式发布，明确规定了"吸收外商投
资，引进先进技术"，鼓励外资入境。1993 年，全国人大常委会通过
并颁布了《科学技术进步法》，为我国科技法治建设奠定了重要基础。
1994 年，国务院发布的《90 年代国家产业政策纲要》提出"为了换
取关键技术和设备，允许有条件地开放部分国内市场"。1995 年，党
中央、国务院发布了《关于加速科学技术进步的决定》，在全国科学
技术大会上首次正式提出实施科教兴国发展战略。1996 年，《技术创

新工程纲要》《促进科技成果转化法》《关于"九五"期间深化科技体制改革的决定》相继出台。

三是明确了创新型国家的建设目标，科技创新事业迈上新台阶。2006 年发布的《国家中长期科学和技术发展规划纲要（2006—2020年)》首次提出"自主创新"一词，并确定了"自主创新，重点跨越，支撑发展，引领未来"的 16 字指导方针，鼓励创新主体开展二次创新，并提出我国建设创新型国家的定量目标。同时，完善了相关领域的法律政策体系，为技术创新和产业的良性发展夯实环境基础。

## （二）改革进入攻坚期和深水区，部分科研成果逐步展现领先优势

党的十八大以来，我国建设创新型国家进入一个新的历史阶段，"赶超型"及"领先型"创新策略在局部得以彰显成效，一些前沿技术进入到并跑、领跑阶段，部分科研成果初步具有全球领先优势，且取得重大历史成效。

一是中国科技创新发展进入全面深化改革阶段。2012 年，中共中央、国务院印发《关于深化科技体制改革加快国家创新体系建设的意见》，总结了我国在参与全球科技竞争中面临的主要问题，明确了发展原则和主要目标。2016 年，国务院印发《国家创新驱动发展战略纲要》，明确提出世界科技强国建设"三步走"战略，确立了"到2050 年建成世界科技创新强国"的建设目标。

二是科技创新进入快速发展阶段，创新成果不断涌现。"天眼FAST"落成、C919 大型客机首飞成功、"墨子号"成功发射、光量

子计算机诞生、"复兴号"动车组列车顺利运行、"天舟一号"货运飞船顺利交会对接、001A 型国产航空母舰顺利下水、可燃冰试采成功、我国首台泵后摆火箭发动机首次试车成功等，每一项关键核心技术的突破，每一项重大装备的成功运行，无不彰显着我国科技创新的辉煌成就，系列重大科技创新成果的涌现标志着我国科技创新已然进入快速发展阶段。

三是 5G 等先进技术引领全球，中国在细分赛道自主创新初步具备领先优势地位。从 2013 年，工信部、国家发展改革委、科技部共同支持成立 IMT-2020（5G）推进组，到 2018 年，3GPP5GNR 标准 SA 方案在 3GPP 第 80 次 TSGRAN 全会正式完成并发布，标志着首个真正完整意义的国际 5G 标准正式出炉，我国在 5G 等细分赛道初步具备自主创新领先优势地位。

### （三）创新驱动发展战略深入实施，科技创新发展不断实现新跨越

党的十九大以来，党中央、国务院准确把握世界新一轮科技革命和产业变革大势，深入实施创新驱动发展战略，科技创新发展不断实现新跨越。

一是研发投入强度持续增长，为科技创新再攀高峰提供了强有力的保障。2022 年，我国研究与试验发展（R&D）经费支出 30870 亿元，研发经费投入强度为 2.55%，基础研究经费支出 1951 亿元，国家自然科学基金资助项目 5.19 万个，与 2018 年相比，增幅分别为 57.0%、17.0%、74.5%、16.6%，持续增加的研发投入为科技创新事业发展提

供了重要的资本要素保障。

二是科技创新基础设施持续完善，为科技创新事业提供了重要载体和平台。截至 2022 年末，我国拥有国家重点实验室 533 个，国家工程研究中心 191 个，国家科技企业孵化器 1425 家，备案众创空间 2441 家，与 2018 年相比，增幅分别为 6.4%、44.7%、45.4%、25.3%，系列创新载体为科技创新成果的顺利转化落地提供了重要支撑。

三是科技创新交流与合作更加活跃，创新成效不断实现新跨越。2022 年，我国专利授权量为 432.3 万件，PCT 专利申请受理量 7.4 万件，签订技术合同 77 万项，技术合同成交额 47791 亿元，与 2018 年相比，增幅分别为 76.7%、34.5%、86.9%、170.1%，科技创新成果涌现，区域科技创新交流合作更加密切，创新成效不断实现新跨越。

## 三、将改革开放进行到底，保持创新跨越良好势头

改革开放以来，我国科技创新取得了巨大成就，面向新时代的科技创新事业，需以深化改革开放为抓手，保持创新跨越良好势头，助力实现高水平科技自立自强。

### （一）始终坚持改革开放不动摇，进一步构筑国际科技创新合作新范式

我国在科研人才队伍锻造及创新生态系统塑造方面与发达国家依然有较大位势差，要始终坚持改革开放不动摇，直面问题和挑战，进

一步构筑国际科技创新合作新范式。

一是营造具有国际竞争力的开放创新生态。打破各种壁垒，促使人才、资金、技术、知识等各类创新资源要素在不同创新主体之间实现无障碍、低成本的自由流动与配置，以期发挥最大效能。

二是在国际治理合作中寻找细分赛道，贡献中国智慧。我国在部分新兴技术领域已经具备一定领先优势，应以此为抓手，加强国际合作，积极参与到相关规则和标准的制定中去，贡献中国方案，提升国际话语权，助力新兴技术在国际范围内的裂变。

三是探寻国际科技人文合作新路径。不断创新体制机制，在新形势下开展多元化、多层次、多领域、多维度的国际科技人文交流合作。既要做好与全球科技强国的友好互动交流，又要与关键国家及其他后发国家做好合作交流，搭建长期稳定的科技创新合作交流平台，不断扩大共识范围，在共同应对挑战方面把合作推深走实。

## （二）充分发挥新型举国体制优势，以深化改革为引擎破局"中等技术陷阱"

充分发挥新型举国体制优势，持续锻造科技创新内核能力，以深化改革为引擎破局"中等技术陷阱"，在实现中国式现代化道路上行稳致远。

一是要充分激发企业、高校、科研院所等创新主体的活力。深化科技创新评价体系改革，明晰产权制度，为科技成果转化扫清制度阻碍；注重平衡不同主体间的收益，充分照顾科研人员利益，激发科研人员的创造性与主动性。同时，通过政策鼓励企业自主创新，为企业提供自主创新的原动力，助力企业摆脱对模仿型创新模式的路径依赖。

二是加大科技创新人才队伍建设投入力度。加快创新人力资本积累，在开放合作中不断完善创新人才引进和培育体系，提升创新人力资本配置效率。完善相应的技术移民政策，引进优秀国际科技人才，为人才体系建设开辟新源泉。以区域创新高地为依托，汇聚和吸引全球科技人才。

三是充分发挥市场在资源配置中的决定性作用。加快推进金融市场改革，降低科技型企业的融资成本，引导民间资本向科技创新领域汇聚，为科技创新提供资金支持。加快完善产权保护制度，与科技创新体制机制改革协同配合，提高技术创新的市场价值。

## （三）抓住全球科技革命新机遇，闯出一条具有中国特色的科技自立自强之路

中国要紧紧抓住新一轮全球科技革命和产业变革带来的新机遇，保持战略自信和定力，以市场需求为导向，联动科技与经济双向融合发展，闯出一条具有中国特色的科技自立自强之路。

一是把"四个面向"作为科技创新的行动指南。以"四个面向"为行动指南，持续提升科技创新能力，强化基础研究的同时坚持需求导向，努力实现技术推动与需求拉动的双轮驱动创新发展格局。

二是开放创新过程中要妥善把握政府与市场关系。政府做好科技创新引导与服务工作，为市场构建公平的创新制度环境，明确产业发展的优先级，把科技创新摆在首要位置，久久为功，能够依靠市场机

制解决的问题尽可能地交由市场解决，充分发挥市场在资源配置中的决定性作用。

三是联动科技与经济融合发展。按照现代化产业体系建设要求，依托完整的工业体系、总量丰富的科技人才队伍、相对成熟的金融生态等基础优势，持续完善一体化创新体制机制，促进创新链、产业链、人才链、资金链的协同互动与高效配置，联动实现科技创新与实体经济的融合发展。

科技兴则民族兴，科技强则国家强。当今世界，科技创新正在深刻重塑全球秩序和发展格局。改革开放以来，我国深刻把握创新与改革的内在逻辑，走出了具有中国特色的创新之路。历史的接力棒已至，更需要我们齐心协力，锚定2035年建成科技强国的战略目标，以推进高水平科技自立自强核心，不断增强国际竞争力、抢占未来发展制高点。

# 第四部分

## 开放科学视角下的中国实践与中国经验

# 国家区域战略的功效与
# 淮海经济区高质量发展

范恒山 *

* 范恒山，高级经济师、教授，曾任国家发展改革委副秘书长

本讲将重点就国家区域战略的功效与淮海经济区的高质量发展谈一些认识。

## 一、国家区域战略具有重大功效

"十二五"末期，人民日报、新华社等重要媒体在盘点经济社会发展成就时，曾用过这样的评价，"过去一个时期中国经济社会发展的重大亮点是区域经济发展，中国区域发展从来没有像今天这样精彩纷呈"。这个评价也非常适用于今天，在区域经济发展方面可以说一个精彩连接着一个精彩。如果说区域经济发展是这些年令人瞩目的一个亮点，那么亮点中的亮点就是区域战略及政策的制定和实施。或者说，是区域战略与政策制定实施推动了区域经济的精彩和辉煌。我们看到，谋划实施区域发展战略，成为各级党委和政府的核心工作，是名副其实的"一把手工程"。实施区域战略、促进区域协调发展，成为党中央国务院重大文件不可或缺的重要内容。在社会上，我们则听到了这样的说法，即"四流的政府跑资金""三流的政府跑项目""二流的政府跑政策""一流的政府跑战略"，区域战略对于地方来讲是最为重要的，战略把资金、项目、政策等都囊括在其中了。为什么从中央到地方都高度重视区域发展战略的研究制定与贯彻实施？为什么说一流的政府跑战略？这是因为区域战略具有特殊的功效。运用区域战略促进区域协调发展是中国特色社会主义的一个创造，而国家区域战略对于促进区域经济发展，乃至整个国家经济社会发展发挥了显著的作用。这主要体现在如下几个方面。

首先，区域战略带给地方看得见、摸得着的大实惠。区域战略往往是为一个区域量身打造的，一方面含金量高，集项目、政策、功能平台、先行先试权利等为一体，是国家给予这一区域的独特发展红利；另一方面，针对性很强，旨在发挥和提升区域的比较优势，有助于最大限度地激发地方的潜力，快速形成区域竞争力和发展的高位势。

其次，国家区域战略具有"一朝结缘，长期受益"的衍生红利。一方面，国家在科学评估的基础上，以不同形式一轮又一轮地延伸相关战略的实施。比如广西北部湾。2008 年北部湾地区发展上升为国家战略，着手实施《广西北部湾经济区发展规划》。得益于此，北部湾地区发展不断加大，成为广西发展的高地。规划实施期满后，在认真评估的基础上，适应新的形势进一步对规划做了修订，出台了新的政策举措。再如浙江的嘉善，经党中央国务院 2013 年批准其成为县域科学发展示范点后，国家发展改革委为其制定了县域经济试点的方案。十多年来嘉善发展可谓突飞猛进，虽然是一个县，但现在已经呈现出中等城市的面貌了。过去十多年来，国家就一系列重点地区的发展制定了多轮接续性指导规划文件。战略政策与时俱进地一轮一轮更新延伸，为所在区域发展持续提供了强大动能。另一方面，战略覆盖的区域也能够借水行舟、举一反三，一步一步地拓展延伸政策红利。

不仅如此，有了国家战略指导，也就有了"跑部前进"的依据，很自然地就获得了更好的待遇。

最后，国家区域战略破解了地方发展中一些棘手的难题。有很多难题我们靠常规的办法是破解不了的，但是有了国家战略这个问题就比较好解决了，特别需要强调的有如下两点。

第一，解决了地方换一个主官就换一套思路，导致发展政策不连续、不稳定的问题，有利于做到将一张蓝图贯彻到底。安徽属于中部地区，现在又是长三角区域的一员，早些年的发展是比较缓慢的，在中部六个省份中，常常排列第五或第六名。但这并非安徽人不行。安徽物华天宝、人杰地灵，从合肥的安徽名人馆中，可以看到中国有相当一部分名人或是安徽本地人，或曾在安徽工作过，且这些人都是中国的大名人。安徽人很聪明，安徽有一段时间发展比较缓慢，一个重要原因是发展思路不稳定。换一个领导就换一套思路，有的提出东向发展战略，又有的提出唱好"黄梅戏"（发挥旅游、煤炭、文化优势），不一而足。自从国务院出台了皖江城市带承接产业转移示范区战略以后，发展思路就稳定了，相应的发展速度也明显加快了，不少指标在中部地区已跃居前列了。自战略落地起迄今已经换了五任班子，但五任班子都持之以恒将这个战略思路一以贯之。不折腾，不相互否定，才赢得了今天这个发展局面。安徽现在同时享受中部和长三角两个区域战略政策之惠，发展机会前所未有。安徽的发展证明了一张蓝图贯彻到底的重要性。当前存在的一个主要问题是地区主官变换频繁，很容易导致发展思路上前后否定、南辕北辙。

　　第二，解决了一些战略规划高高在上、不接地气，也就是国家意志与地方需求不对接的"两张皮"问题。"上有政策、下有对策"，是很长一个时期政策实施中存在的问题，导致这个问题的原因是多方面的，一个重要的因素是一些文件、政策跟地方发展需求不对接，闭门造车的色彩很浓厚。我担任地区司司长时承担了大量的区域战略与政策文件的研究制定工作，努力做了两个方面的改进：一是所有文件起草之前都要做深入的调查。那个时候的调研往往是几十个部委联合进行，视角多元、领域广阔、触点具体，是比较深入细致的。例如江苏，先后出台了一系列区域性的重大战略，如沿海发展战略、苏南现代化发展战略规划等，都是在深入调研的基础上形成的。二是开门写文件。几乎所有的区域战略文件的起草都是请地方同志参与，有些时候甚至是请他们直接进入起草组工作。这样既可以及时准确地把握地方情况，又可以合理吸收地方建议。要使文件具有指导性，文件内容就必须接地气；一个好的文件要落地实施，必须靠地方同志，国家区域战略既涉及国家意志，又涉及区域需求，要把这两者有机结合起来。果若如此，就能有效解决"上有政策、下有对策"的问题。不仅有利于把国家要求落到实处，也有利于充分调动地方积极性和创造性。

　　正因为如此，国家区域战略给相关的区域带来了实实在在的发展，这些年的实践表明，凡有国家战略覆盖的区域，经济增长明显高于一般地区，经济发展的效益显著优于一般地区，合作开放的步伐大大快于一般地区，民生改善的力度普遍强于一般地区。从整体上看，国家区域战略所产生的作用主要体现为：

第一，扭转了东部增长速度一马当先、地区差距不断扩大的格局。一系列鼓励沿海率先发展的措施大大提升了东部地区增长速度，也拉大了东部与中西部地区的发展差距，"八五"末期形成一个高点。1999 年后出台的推进西部大开发、振兴东北等老工业基地，促进中部地区崛起等战略及 2006 年后围绕这些战略形成的强有力的深化细化实化举措，带来了区域增长格局的革命性变化，西部、中部乃至一个时期东北地区的增长速度都超过了东部。带来了区域增长格局的革命性高地。与此同时，东部地区保持稳定增长的势头，经济结构不断改善，发展质量持续提升。

第二，促进了一大批落后地区的加快崛起。区域战略尤其是针对老少边穷出台的一系列政策举措，有力地促进了落后地区跨越式发展。如江西赣南原中央苏区，尽管新中国成立后许多方面发生了翻天覆地的变化，但总体上仍处于贫困状态。按照时任国家副主席习近平同志的批示，国家发展改革委牵头进行调研，用不到 100 天的时间制定了支持赣南等原中央苏区振兴发展的意见，赋予了一系列支持政策。通过上下各方面的共同努力，这些地区发展步伐大大加快，形成了新的发展格局。

第三，培养了一批新的增长极。在国家区域战略与政策的推动下，长三角、京津冀、珠三角等传统经济引擎进一步增能。与此同时，一批新的增长极在中西部涌现，如武汉城市圈、长株潭城市群、成渝双城经济圈、北部湾经济区等通过国家区域战略赋能，这些年获得了长足的发展，都成为地区发展的龙头。

第四，促进了国民经济的持续发展。分类指导及时化解了难点与矛盾，也加快提升了比较优势，因而带来了地区的加快发展，进而带来了国民经济的持续发展。这些年，我国经济有效抵御了亚洲金融危机、世界金融危机等的冲击，始终保持旺盛的发展势头，区域战略发挥了举足轻重的作用。

总之，对地区来说，有没有国家区域战略指导带来的结果是绝对不一样的。在实践中，国家区域战略是通过文件和规划体现的，因此，文件和规划的质量决定着区域战略的效能。除了具有含金量之外，很重要的品质是要接地气，有针对性，不是放之四海而皆准的抽象的教条，也不是晦涩难懂、不知所云的学术作品。区域文件和规划要具体实在、可操作、有能效。

## 二、淮海经济区需要国家区域战略赋能

我们认为，在国家区域战略整体构成中，淮海经济区理所当然应该有一席之地，反过来说，淮海经济区发展也需要国家区域战略赋能。其主要理由是：

第一，这片区域文化底蕴厚重。不少城市具有超过 2000 年的建城史。如徐州 2600 多年，连云港 2200 多年，宿迁 2700 多年。这里是楚汉文化、淮河文化等的重要发源地，集两汉文化、儒家文化、运河文化、红色文化等于一体。徐州、济宁、商丘等，都是国家的历史文化名城，连云港也是江苏的文化名城。这一区域在中华文明中占有十分重要的地位，对中华优秀传统文化和革命文化的传承创新起着举

足轻重的作用。

第二，这片区域地理方位特殊。这里四省交汇、三河贯通，东濒黄海、西邻中原、北接齐鲁、南连江淮，靠近南北分界线，地跨东中部，是统筹东中西协调南北方的重要支点，我以为，还是"中国之腰"的重要组成部分，这个地方如果挺起来了，中国的腰更加硬朗和有力了。

第三，这片区域战略地位重要。这里处于京津冀协同发展、长三角一体化、黄河流域生态保护和高质量发展等多个国家区域重大战略实施的交会地带，还是新亚洲大陆桥东部走廊，兼具"一带一路"向东向西双向开放的重要功能，能够在促进国家区域协调发展，推动形成双循环新格局中间发挥支点撬动和短板托举作用。

第四，这片区域协同基础良好。区域内貌特征相近，风土人情同脉，资源禀赋优良，生态系统完整，人员交流密切，经济联系广泛，拥有共同的历史文化记忆与纽带，认同感、归属感都比较强。过去一些年各类合作也逐渐走向深入，在政府层面和社会层面都建立了不同形式的区域合作机制。

第五，这片区域的发展水平亟待提升。这个地区是名副其实的欠发达或发展中地区。整体上看，区域内十市的经济总量多数处于本省中下游水平，总量最低的城市只有1000多亿元，人均地区生产总值只有本省平均水平的70%。有八个城市的一些重要经济指标的人均水平低于全国。具体地看，这一地区经济结构老化，资源支撑型色彩比较重；创新能力不强，城市发展的能级不高，城镇化水平偏低，中心城市的带动能力较为薄弱；城市城乡差距比较大，公共服务一体化发展不足，实现共同富裕任重道远；等等。

这些因素充分显示了对这一区域实行国家区域战略赋能的必要性和重要性。无论是从基础条件看还是从发展需要看，淮海经济区都应当获得国家区域战略的特殊对待和专门指引。而在国家战略推动下加快淮海经济区高质量协同发展，对促进区域协调发展，优化区域生产力布局，加快推进中国式现代化具有重要的意义。《淮海经济区高质量协同发展规划》稿从几个方面谈到了加快淮海经济区高质量协同发展的重大意义。大体上说，是有利于服务国家区域重大战略融合发展，汇聚发展合力，推动形成区域协调发展新局面；有利于探索多省交界地区一体化发展新机制，建立行政区和经济区适度分离的管理体制，打破行政区划藩篱；有利于推动特殊类型地区振兴发展，共同激发经济区内生发展动力，打造资源型城市和老工业城市转型升级新标杆；有利于推动苏鲁豫皖接合部崛起，加快东中部相对欠发达地区社会主义现代化进程，形成全国有影响力的高质量发展合作区。

淮海经济区的概念提出可谓历史悠久，算一算已经有 30 多个年头了，令人遗憾的是，时至今日，这片区域仍然缺乏国家量身打造的战略规划赋能。由于各种原因，淮海经济区错过了区域战略密集出台的第一轮大好时机。我们起了一个早，现在能不能赶上晚集还不好说。但我以为还是要坚定信心，所谓好事多磨，好饭不怕晚，是金子总会发光。2024 年，"制定淮海经济区高质量发展纲要"被正式写入《国民经济和社会发展计划报告》中，作为推进长三角一体化发展的重要组成部分。

## 三、立足合作联动推动淮海经济区高质量协同发展

全面建成社会主义现代化强国的征程已经开启，综合考量，淮海经济区契合国家现代化征程的必然选择是推动和实现高质量的协同发展。对这一区域来说，高质量协同发展的关键词有二：一是"跨越"，二是"引领"。淮海经济区的发展过程应当是对这两者辩证把握、有机结合并实现相互促进的过程。这一过程依靠扎实的行动，也需要高水平战略规划的引领，因此，我以为，淮海经济区四省十市共同推动《淮海经济区高质量协同发展规划》的编制是极具智慧和富有远见的。

从地位上看，《淮海经济区高质量协同发展规划》是一个指导和推动淮海经济区高质量发展的规划，但从内容上看，这实际上是一个引导和推动十市深化合作的规划。深入分析，要实现"跨越"与"引领"手段是合作，出路也是合作。

其实，一个地区发展的动能来自两个方面：一是内部资源要素的积极性、创造性地充分调动，即激发内生动能；一个是区域间的合作积极展开与深入推进，即有效集聚外部动能。区域合作的益处是多方面的，有利于突破行政区域的限制，拓展经济运行空间，在更大范围内利用和配置资源要素；有利于促进合理分工，发挥各自比较优势，避免恶性竞争；也有利于整合资源要素，在最高水平上形成创新能力和抗冲击力的能力。

区域合作还能让域内老百姓获得最高水平的基本公共服务。就两种动能关系而言，推进区域合作不仅不会妨碍内部动能作用的发挥，

反而能使之达到更高的水平，换句话说，如果忽视区域合作，就不利
于甚至销蚀地区内部动能的发挥。但这个问题在全国很多地区并没有
处理好。在推动经济社会发展的实际过程中，各地更多重视的是发挥
内部动能。这些年，对区域合作的认识不断加深，主动性也有所增强，
但仍然没有放到应有的位置上。区域合作对发展快的地区和发展相对
较慢的地区都有着积极的重要作用。对相对落后的地区来说，通过合
作可以趁力借势，如承接层次较高的产业的转移，对接先进的体制标
准和做法，引入高水平的技术和人才。我们平时常说"与好人混，越
混越好；与坏人混，越混越差"，实际上地区间的关系也是这样，与好
的地方紧密合作就会越来越好。对于相对先进的地区来说，依靠合作
能够锦上添花，如实现供应链、产业链的有机协同，解决经济回旋空
间不足、资源配置条件不充分问题，拓展增长潜力、培育潜在市场等。
淮海经济区是多省交界地区，而合作对于多省交界的地区来说有着特
殊的重要性。普观全国省域交界地区，多数都处于欠发达的状况。造
成这种状况的原因主要有两个：从内部看，资金、交通、精力等原因
导致鞭长莫及或无力顾及，边沿地区就成为边缘化地区；从外部看，
分属于不同省份的各行政区间往往为一己利益恶性争抢，相互拆台。
在淮海经济区就曾经出现过这样的事件，交界地区的某些行政区的村
庄间出现械斗，双方打得头破血流。由于封闭，资源要素难以实现优
化配置，经济循环只能在低层次上进行；由于争斗，经济活动无法有
效拓展，比较优势不能做强做大，最后使经济发展缓慢，与内地的差
距不断扩大。深入分析这个问题，就会充分认识到多省交界的边沿地
区推进合作的极端重要性，这比其他地区开展合作显得更为必要和迫

切。从理论上说，解决边沿地区或交界地区边缘化问题有两个途径：一个是运用行政手段进行区划调整，但这样做成本较高，也不可持续；另一个是经济办法，通过双方或多方合作建立经济区，实行一体化运作。这是一种尊重现有行政区域划分和各自合理利益需求的科学做法，有利于各方通过这一途径，将边缘变成中心、冷区变成热地；竞争变成互助，封闭走向开放。这不是理论逻辑上的推演，而是多年实践探索的经验。可以断言，淮海经济区加速发展的出路在于合作。合作越紧密，发展得就越快，质量也会越好；反之，如果明争暗斗、同床异梦，发展就会比较缓慢，高质量发展也难以顺利推进。

那么，淮海经济区要着力于哪些方面开展？推进这些合作又要把握哪些关键方面呢？

从方向上看，要紧紧扣住全面实行区域现代化这个总目标进行，着力实现四个定位。也就是要依靠十市的紧密合作，把淮海经济区打造成为多省交界地区现代化建设示范区、资源连片地区转型发展的样板区、中华文化传承创新引领区、国家重大区域战略融合发展的试验区。这四个定位充分考虑了这一地区的发展基础、比较优势，是需要着力破解的难题，也是可以深入拓展的空间；是现代化建设的重点任务，也是区域现代化建设的突出特色。我们讲淮海经济区在未来的发展进程中要实现跨越与引领并举，正是出于对这一地区发展基础与战略使命的统筹把握。表面上看这两个要求似乎是矛盾的，但其实不然，他们是能够有机统一的，我们需要辩证把握。不实行跨越发展，我们跟不上现代化建设前行队伍的步伐，不发挥引领作用，我们没有承载国家战略的理由。"跨越"的含义清晰明了，但我们"引领"作用体现在哪里？就是要在多省交界地区协同发展上做出示范，在资源连片地区转型发展上打造样板，在国家重大战略的融合发展中形成经验等。引领与跨越是相辅相成的，通过"引领"推动这一地区后来居上，即实现"跨越"，最终进入现代化建设的第一方阵，或者至少与全国一些发展较快地区同步进入现代化行列。

从内容上看，十市要通力合作，遵循客观规律要求，推动一些重点领域的协同发展。以下就五个方面做些论述。

## （一）合力打造一流的营商环境

一般来说，营商环境是企业等市场主体从事生产经营活动所涉及的体制机制性条件和因素。实际上，营商环境可以说是政府管理经济社会活动中的全部手段与方式的总和或综合体现，涉及体制机制、政策法规、程序路径、方式方法、手段技巧等，营商环境对经济发展状况的影响是直接和显著的，其效果可以用吹糠见米、立竿见影两个词来形容，决定着投资愿不愿意来、企业愿不愿意矢力创新、能动性生产经营活动能否持续等状况，最终影响着地区发展的潜力与竞争等，可以说，营商环境建设十分重要。

但营商环境建设并不是一件高不可攀的事情，有些事项的处置依赖于客观条件，发达地区容易办，欠发达地区不一定做得到。但营商环境建设并不嫌贫爱富，它与主观行为密切相关，主要是与政府部门的努力相关，所以相对落后地区、欠发达地区的营商环境建设是可以走在全国前面的。前几天我受邀参加中央电视台《对话》节目，与沈阳、呼和浩特和无锡三个城市的市长一起讨论优化营商环境问题。这三个城市的发展水平、行政层级都有差别，但在营商环境建设上都有创新举措和新鲜经验，一些方面可为别的地方学习借鉴。淮海经济区要努力在这方面走在前面，各市不仅要把自己域内或者行政区内的营商环境建设做好，还要一体打造营商环境，使整个淮海经济区成为全国营商环境建设的标杆。这样做不仅有利于整体提升外部资源的集聚能力，而且有利于实现创新要素在区域内部均衡利用，不会因为各自为政、各行其是而导致恶性竞争或相互残杀。

淮海经济区应在学习借鉴国内外先进做法的基础上，紧扣两个方面推进营商环境建设。一是要以具体问题的解决为牵引，不断朝建立良好的体制机制方向深化。总体上说，近些年的营商环境建设是以解决一些具体事项为抓手的，但不能止于这个层面，每一个具体问题的后面都有体制机制根源，要一挖到底，理顺体制机制，从根本上化解产生问题的症结，否则，很容易出现回潮或反弹。要刨根问底、追根溯源。二是要以"给方便"为起点，不断朝"壮信心"方向拓展。这些年各地营商环境建设的集中于通过"放管服"改革提高行政效率、改善公共服务，重点是压缩审批清单、简化审批程序、优化审批方式。"给方便"的色彩非常浓厚。这方面的努力是必要的。过去政府控管面过宽，随意性很强，且程序繁杂、方式单一，虽然通过过去数十年的改革有所改善，深化空间依然较大。但光"给方便"是不够的，关键是要"壮信心"。企业或投资经营者最为看重的是稳定与规范的制度，有了公正的制度、稳定的政策、透明的决策和规范的操作，就有了对政府的信任和市场的信心，也就会给他们带来发展的动力和创新创造的积极性。营商环境建设既要立足于"给方便"，更要着力于"给信心"。事实上，有了公正、稳定和透明，方便和信心也就都有了。进一步说，如果没有制度保障，"给方便"也不会稳定与持续。今天领导重视，方便就多一点；明天换个领导不那么重视，方便就少一点，很容易形成反弹或回潮。

## （二）协同推进产业优化布局与不断提升

产业发展的重要性可以用两句话来概括：其一，产业的发展状况直接决定经济发展状况，地区增长的潜力和竞争能力都取决于产业发展的水平。其二，地区发展的潜在威胁在于产业老化，而地区间最大的伤害来自产业的同质同构竞争。淮海经济区高质量协同发展应当把协同推进产业的合理布局和不断提升放到特别重要的位置，在产业发展上不可以我行我素、各自为政，否则会自毁前程。在这个方面，应把握住以下四个方面。

第一，依据比较优势进一步优化产业分工。充分考虑到资源禀赋、现实基础和发展潜力，推动形成十市间各具特色又相互支撑的产业链供应链衔接配套格局。顺便说，现在建立的十市间的协调机制是一个好平台，定期不定期对一些重大问题开展协商十分必要。据了解，迄今所举办的关于重大问题的协调会议已有5次，由此可以看到淮海经济区区域合作的力度。这里我要特别建议协调机制能够召开专门的会议研究地区间的产业协同，深入研究一下内部的同质性有多高，外部的竞争力有多强，各地区的比较优势是否得到了有效发挥等问题，在这个基础上尽快推动制定十市间产业协同发展专项规划。

第二，从实际出发着力培育具有竞争力的产业体系。辩证看待传统产业，不要把传统产业一律视为低端产业加以排斥淘汰，始终坚持运用现代技术改造赋能传统产业。要知道，一经现代技术改造赋能，传统产业也就升级成为现代产业。我们要积极发展高新技术产业，但也不要脱离实际一味追求高新技术产业，缺乏资源要素支撑的高新技术产业是空中楼阁，很难持续发展壮大，还容易导致前功尽弃、劳民伤财。推动产业发展不宜画地为牢，一地难以发展的新兴产业和未来产业可以通过共建产业集群或者合办产业园区联合培育。

第三，一、二、三产业结构调整优化要以发展先进制造业为支撑。只有坚持发展先进制造业，区域经济才会稳定增长和可持续发展，也才能经得起各种风险的冲击。脱离制造业发展一味追求倒一二三产业结构是形高实低的产业转换。认为第三产业比重越高则产业结构越好是一种谬误，三产业从一产业尤其是二产业来，脱离一产业或二产业单纯追求发展三产业，就如在沙滩上建高楼。没有一二产业特别是二产业做支持的第三产业，稳定度低而风险高，一有风吹草动就会逃之夭夭。只有把先进制造业做强做大，产业基础才会牢固，产业活力才能持久，囿于特殊基础与战略定位，部分城市把发展第三产业作为主体是科学的。但就一个区域而言，就整个国家而言，必须坚持发展实体经济为主体，把先进制造业发展放到突出重要位置上。

第四，未来产业的布局要量力而行。未来产业决定着地区发展的前途，应及早谋划，争取主动。但也要量力而行，不能仅凭一腔热情见高就上，见新就攀。应综合考虑自身基础和资源要素的集聚能力谋划和培育未来产业，力争在较短时间内抢占若干引领性产业发展的制高点。

### （三）共同促进基本公共服务的建设分享

基本公共服务均等化是协同发展的标志体现，也是根本性成果所在，发展动力所在，与治理能力、发展实力、协调程度和人民日益增长的美好生活需要紧密相关，与区域的全体人民共同富裕直接联系，如果基本公共服务共建共享做得好，区域的凝聚力创造力就会大大增强。推进基本公共服务的共建共享难度较大，涉及一系列的体制机制创新。淮海经济区各城市应通过深化合作，推动基本公共服务均等惠及全域人民，特别是推动发达地区高品质的公共服务、一般地区具有特色的公共服务惠及全域人民。实现各地区基本公共服务合理对接、优势互补。这项工作的本质是保障区域内所有人员平等发展的机会享受公共服务的平等权利。在这个方面需强化三个方面的工作：一是打破地区行政壁垒，以资源要素的自由流动促进区域产品、服务的充分供给与共同分享，以体制贯通促进机会均等、权利平等。二是协同建立基本公共服务的标准体系，以标准化促进基本公共服务的均等化、普惠化。三是创新跨地区公共服务的机制，通过清单管理不断扩大基本公共服务共享的领域和范围。

### （四）一体构建高水平的数字基础设施

数字技术是正在蓬勃兴起的第四次科技革命和产业变革的标志性成果，是新兴经济和未来经济的坚实基础，在很大程度上，一个国家和地区未来发展的核心竞争力主要体现在对数字技术的掌控能力上。以数字技术渗透融合为特征的新型基础设施对经济社会发展产生的推动作用更为显著。因此，必须加快推进数字技术应用和整个新型基础设施的建设，不断提升质量与规模。数字技术、数字经济对欠发达地区有着特殊的益处。数字技术能够有效颠覆传统时空模式，化解既有地理环境的约束，超越现实发展基础，克服行政治理存在的随意性、粗放性等缺陷，更加广泛、自如、精准、高效地配置资源，从而为欠发达地区创新发展、跨越发展、后来居上提供条件。不需要翻山越岭、跨洋渡海，一个电脑终端可以配置全国乃至全世界的资源，开展各种类型的生产交易活动，这就是数字技术革命的威力所在。

淮海经济区应当紧扣"一体"和"先进"两个关键词，扎实推进数字技术基础设施或新型基础设施建设。要切实解决相互分割、互为壁垒的问题，做到一体化建设、全面贯通，共同分享、高效利用。要利用一切有利条件，动员一切有生力量，适当压缩一些不太重要与紧迫的需求，集中财力建设高水平的、处于领先位置的数字技术体系和数字经济结构。在这方面，要奋勇争先，大干快上。

## （五）同心建设精神文明发展高地

推动经济高质量发展，绝不可忽视精神文明的力量。中国特色社会主义独具两个促进经济社会发展的重要功能：一是政府和市场。一方面，发挥市场在资源配置中的基础性作用，实现"市场有效"；另一方面，更好发挥政府的作用，实现"政府有为"。政府和市场缺一不可。需要特别指出的是，在推动市场经济发展的过程中，政府的作用不可或缺，弥补市场经济的缺陷要发挥政府作用，使市场在资源配置中起基础性作用也要靠政府推动。政府的作用不可低估，也不能把政府调控与治理一律视为乱作为。美国为什么忌惮中国而实行围堵打压？因为中国追赶的步伐加快，与美国的发展差距不断缩小；而中国之所以能做到如此，就是因为有市场和政府两个轮子同时推动。可以肯定，光有市场这个轮子，我们是不会取得数十年来高速发展的成就的，也是很难超越美国等西方发达国家的。二是物质和精神。物质是动力，精神更是动力。物质的力量是有限的，给一分钱，出一份力。而精神的力量是无穷和巨大的。典型的如抗美援朝。朝鲜战场上中美之战是物质之战，更是精神之战。中国人民志愿军靠精气神弥补了物质上的短缺，以"钢少气多"压倒"钢多气少"，取得了伟大胜利。在我国，这样的例子很多，包括人工天河红旗渠的建设、塞罕坝人工林场的打造等，没有精神力量支撑，这些成就都是难以想象的。推动淮海经济区高质量协同发展，不仅要全面有效地调动和运用好物质资源能量，更要强化精神文明力量，形成与高质量发展相适应的思想境界、价值观念、道德素养和工作作风。淮海经济区优秀传统文化深厚，现代文明元素汇集，社会道德基础良好，要发挥比较优势，结合打造"中华文化传统创新引领区"的要求，进一步提高全域人民道德水平和文明素养，培育向上向善、求真求实、敢拼敢闯的精神风尚，打造精神文明建设高地，使良好的精神文明成为推动淮海经济区高质量协同发展的有力支撑，也成为这一地区崛起的一个重要特征。

在国家区域战略的引领下，淮海经济区充分发挥自身优势，不断深化区域合作，推动高质量发展。通过优化资源配置、强化创新驱动、促进产业升级，淮海经济区已成为我国区域发展的重要增长极。展望未来，淮海经济区将继续以国家区域战略为指导，坚定不移地走高质量发展之路，为全国经济社会发展贡献更多力量，书写新时代区域协调发展的崭新篇章。

# 从开放科学的视角看
# 中关村的创新生态

伍建民　黄琳　赵菡　沈怡翯　吕鑫[*]

\*　伍建民，研究员，北京市科学技术研究院院长

黄琳，正高级经济师，北京市科学技术研究院创新发展战略研究所党总支书记、副所长

赵菡，北京市科学技术研究院创新发展战略研究所助理研究员

沈怡翯，助理研究员，北京市科学技术研究院创新发展战略研究所决策咨询部主任

吕鑫，高级统计师，北京市科学技术研究院创新发展战略研究所决策咨询部副主任

开放科学已成为全球共识，并日益成为推动科技创新发展的重要力量。中关村是我国科技创新的一面旗帜，是全球具有活力的科技创新高地之一。以开放科学的视角看中关村的创新生态，探讨开放科学在推动科技创新中发挥的作用，可以为构建更加开放、包容、高效的科技创新生态提供有益的借鉴与启示。

## 一、开放科学的内涵，向着创新端延伸拓展

从历史维度看，开放科学的内涵在科学技术的发展实践中不断丰富和深化，不仅仅在于科研数据、方法和成果的公开，更在于不断拓宽科研视野，激发创新活力，其内涵正逐步向着创新端延伸拓展。

### （一）开放科学内涵的演变与发展

开放科学的理念，萌发于 1665 年英国皇家学会创刊的第一本学术期刊《哲学汇刊》，学术团体和期刊的出现推动了早期科学研究的进步和科学知识的开放交流。

现代开放科学的开端，可以追溯到 1945 年 7 月范内瓦·布什提交给美国总统的报告《科学：无尽的前沿》，以及 1942 年罗伯特·K.

默顿发表的文章《科学的规范结构》。二者从不同角度对科学共同体的社会规范进行了描述，科学共同体通过建立可重复性检验、同行评议等内部自治机制，可以促使科研活动符合诚信要求。

开放科学概念的正式提出，是在迈克尔·尼尔森发表的著作《重塑发现：网络化科学的新时代》中，他认为开放科学是各种形式的科学知识在科学发现过程初期实现开放共享的一种理念。依据"共享行为"这一准则，一个在线社群只要超过一定临界规模，就可以形成集体智慧并显著提高解决问题的能力。

2021 年 11 月，联合国教科文组织发布了《开放科学建议书》，提出开放科学是一种包容性架构，标志着全球开放科学时代的到来。

随着世界经济的快速发展和现代科学技术的进步，开放科学的内涵正在逐步向着创新端延伸拓展，在其开放、共享、自由、协作和透明的核心价值观念影响下，逐渐成为新科研范式、新创新理念、新组织形式、新思维方式、新文化环境和新国际合作路径。从知识产生的不同阶段的开放实践，向着创新活动的开放实践延伸，推动创新由封闭式创新向着开放式创新发展。

## （二）开放科学的概念和特征

2021 年 11 月，联合国教科文组织的《开放科学建议书》所提出的开放科学定义已成为全球共识，即"开放科学是一个集各种运动和实践于一体的包容性架构；实现人人皆可公开使用、获取和重复使用多种语言的科学知识；为了科学和社会的利益，增进科学合作和信息共享；并向传统科学界以外的社会行为者，开放科学知识的创造、评估和传播进程"。该文件还指出，开放科学具有开放、共享、透明、自由和协作五大特征。

### （三）开放科学实践涉及多元主体，在三个层面齐头并进

开放科学实践主体包括政府部门、科研管理机构、科研资助机构、数据中心、高校院所、新型研发机构、企业、出版机构和社会公众等。政府是实施开放科学的主要推动者，通过财政政策、知识产权保护、完善相关行业制度及其他政策手段，推动开放科学融入科技创新活动。

科研管理机构和科研资助机构是重要支撑，促进各类创新资源要素在主体间的流动和高效配置。数据中心、高校院所、新型研发机构、企业、出版机构是开放科学直接参与者和实践者，建立开放的知识体系及创新体系，将科学出版物、研究数据、元数据、开放式教育资源、软件以及源代码和硬件进行开放获取，开放研究方法和评估进程；将开放科学中不具备直接经济价值的知识技术，通过具有一定知

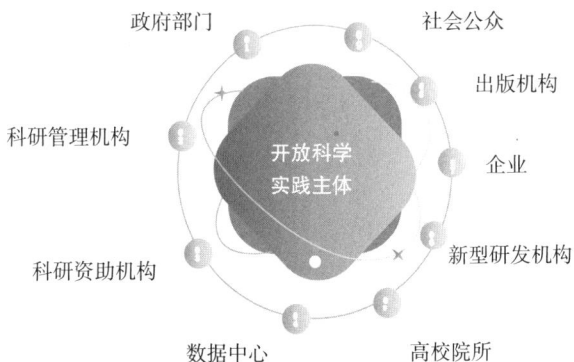

图1 开放科学实践多元主体

识储备和科研素养的人才,转化加工成具有经济价值的创新成果,将具有潜在经济价值的科研成果进行产业化,为市场提供产品或服务。

社会公众是开放科学实践的广泛参与者,社会公众通过众筹、众包和科学志愿服务等新的合作形式参与科技创新过程,可以加强科学家、政策制定者、从业者、企业家和社会成员之间的开放式对话,推动多元主体开展更广泛的合作。

开放科学实践从三个层面展开,分别是科技资源开放、科研活动开放和开放环境营造。科技资源的开放,主要是指科技期刊、科研数据、软件代码等科研过程数据和科研成果的开放共享;科研活动的开放,主要是指科技活动主体之间的交流协作与合作,如通过成立联合研究中心、联合承担科研项目、开放实验室等多种形式开展合作,优势互补,互利互赢;开放环境的营造,主要是指营造推进开放科学运动的软硬件环境,包括信息化基础设施和平台、开放科学宣传与公民参与、开放科学文化、相关政策法规与制度保障等。科技资源的开放共享是关键,科研活动的开放协作是核心,开放环境的营造是保障。

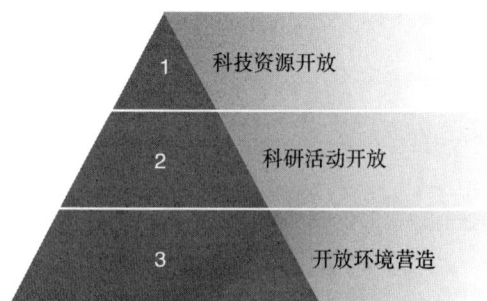

| | |
|---|---|
| 1 | 科技资源开放 |
| 2 | 科研活动开放 |
| 3 | 开放环境营造 |

图2 开放科学实践三个层面

# 二、开放科学对创新生态的影响

开放科学通过深刻影响创新生态系统要素，构建起开放、包容、协同、共享的创新网络，改变和优化创新生态，让科技的进步成果惠及更多人，共同推动人类社会的繁荣发展。

## （一）创新生态的含义

创新生态是一个具备完善合作创新支持体系的群落，其内部各个创新主体通过发挥各自的异质性，与其他主体进行协同创新，实现价值创造，形成相互依赖和共生演进的网络关系。

创新生态的概念，突出强调了创新过程的复杂关联性，彰显了创新活动中创新主体之间的动态非线性作用。因此，创新生态也是一种协同机制。通过组织间的网络协作，创新生态可以深入整合人才、技术、资本、信息、管理、数据等创新要素，为网络中各个主体带来价值创造，实现各个主体的可持续发展。

## （二）创新生态的构成

创新生态由四类要素构成，包括创新环境、创新政策、创新主体和创新资源。创新环境主要由文化环境、工作生活环境和国际合作环境等构成；创新政策则包括财政政策、知识产权保护政策以及人才政策等；创新主体主要有高校、科研机构、创业企业、政府、投资机构和中介机构等；创新资源是创新活动需要的知识技术、人才、资金和平台等资源。

创新生态是不断发展演化的，不同时期、不同要素会产生不同的组合，对创新活动产生不同程度的影响。其中，创新资源要素是创新生态中最核心的要素，是创新主体的核心竞争优势。高效的创新资源配置可以提升创新生态系统效能。

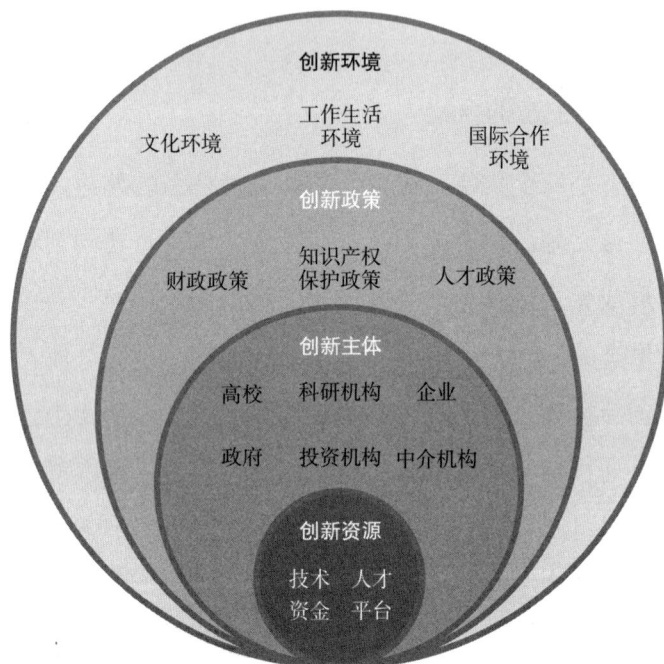

图 3　创新生态要素

**（三）开放科学影响创新环境、创新政策、创新主体和创新资源**

开放科学能够有效凝聚创新生态中的创新要素，推动各创新要素共创共赢。对于创新环境，开放科学可以改变供应链上下游之间、产学研之间、竞争对手的合作或竞争关系，形成包容合作的国际创新环境。对于创新政策，开放科学有助于形成更加开放的政策环境，加快创新的速度。对于创新主体，开放科学通过促进信息共享，可以降低创新参与门槛，扩大创新主体范围，产生众包、平台创新、协同创新、参与式创新等新模式，使各个创新主体形成高效协作关系。对于创新资源，开放科学促进创新要素流动，打破信息壁垒，降低交易成本。

### （四）开放科学对创新资源的影响机制

开放科学对创新资源这一核心要素的影响最为直接，有助于创新资源要素的高效率配置、自由流动和共享。因此从资源要素角度探索开放科学对创新生态系统的影响机制，可以找到激发创新主体活力，繁荣创新生态的关键。

推动知识技术转化应用。开放科学理念加速了知识的传播和技术的扩散，促进有经济价值的科技成果的转化，形成良性的科研与产业互动，推动创新生态系统持续演进。

促进创新人才流动发展。源源不断的人才供给和充足的人才资源储备是创新生态系统运转的基石，开放科学理念鼓励人才在不同的科技创新主体与科技创新活动中适度流动，能够迅速有效配置各类人才资源，也为创新人才提供了广阔的发展空间。

引导资金投入合理配置。资金是创新生态系统发展的动力，开放科学吸引充裕的资金在系统中流动，通过合作网络及信息的透明公开，可以吸引投资向着系统性、长期性、战略性投资的耐心资本发展，推动资金优化配置。

激发创新平台合力创新。开放科学推动各类重大科技基础设施，科教基础设施形成体系化、建制化的协同创新网络。产学研合作机构、创新联盟、科技创新论坛等创新平台通过组织各方资源的共享和交流，促进创新者之间的合作与互动，促进不同领域之间的交叉创新，推动多方深度合作与合力创新。

# 三、北京开放科学的实践历程

北京一直在政策支持、平台搭建、活动举办等方面积极推进开放科学实践发展，自 2009 年起陆续出台《关于加强首都科技条件平台建设进一步促进重大科研基础设施和大型科研仪器向社会开放的实施意见》《北京市科技计划科技报告管理办法（试行）》等政策，加强首都科技条件平台、北京科技成果信息系统等平台建设，在中关村论坛等平台举办多场开放科学相关活动。

## （一）成立国内首个开放科学国际创新联盟

2021 年 9 月，在北京市科委、中关村管委会的指导和支持下，北京市科学技术研究院会同 12 家国内外知名科学单位，发起成立"开放科学国际创新联盟"，共有 20 家成员单位参与。联盟在 2021 年中关村论坛率先发布"开放科学实践北京倡议"，倡议立足新发展阶段，贯彻新发展理念，深入开展开放科学实践；共同营造良好的开放科学生态，提升开放科学的文化氛围；共同以全球视野推动创新合作，促进"科学与社会"深度融合；共同搭建开放科学国际共享平台，推动实现科学资源开放可获取；共同搭建开放科学国际交流平台，促进学术研究和交流，鼓励公民科学和开放教育。

### （二）开展丰富的开放科学实践活动

以平台、论坛为依托，通过开放、协作、共享等方式开展了内容丰富的开放科学实践活动。例如，中国开放获取推介周（China OA Week）作为开放获取研讨平台，自 2012 年起每年举办一次。2021 年起，北京市每年在中关村论坛举办开放科学主题的平行论坛，并在 2024 年中关村论坛"科研基础设施与开放科学可持续发展"平行论坛上，发布启动"北京国际科技创新中心开放科学平台"，该平台由北京市科学技术研究院、中国科学院文献情报中心共同开发，由学术空间、特色资源、智能服务、产业导入四大板块构成，通过提供数字化、智能化、精准化的文献情报信息服务，营造开放共享、协同创新、可持续发展的科研生态环境，以实现面向顶尖科学家的个性化学术网络空间、集成国内外特色信息资源的重要载体、服务技术研发和产业创新的知识引擎、基于科研新范式变革的 AI 赋能助推器的目标。

### （三）推动科技成果和科研仪器设备面向社会开放共享

出台政策，明确财政资金支持形成的成果向社会开放共享。《北京市科技计划科技报告管理办法（试行）》（京科发〔2017〕235号）提出，科技报告按照"分类管理、受控使用"的原则，通过北京市科技报告服务系统面向社会开放共享。《北京市促进科技成果转化条例》要求利用北京市财政资金设立的科技项目形成的科技成果，均须在科技成果信息系统中进行汇交。

汇聚中央在京高校院所、大型企业、市属单位，共同组建首都科技条件平台，完善科研设施与仪器开放服务体系，形成了以科技资源促进产学研用协同创新的"北京模式"。截至2022年，首都科技条件平台的90家开放单位，促进1.59万台套、原价值151亿元的科研设施与仪器向社会开放共享，为6388家企业提供测试分析、联合研发等服务，服务合同达到38.9亿元，为企业开展研发创新提供了支撑服务。

### （四）开放获取论文占比上升速度较快

在开放科学的背景下，我国开放获取论文占比同发达国家相比数量虽然仍有差距，但攀升速度较快。根据web of science数据库统计，从2012年到2021年，我国开放获取论文占全国论文总数的比重从23.8%上升至41.6%；北京开放获取论文数量从2012年的1.28万篇，增长到2021年的6.13万篇，增长了近4倍，开放获取论文占北京论文总数的比重从26.6%上升至43.2%。

图 4　2012—2021 年我国和北京论文数量与 OA 论文占比图

资料来源：北京市科学技术研究院科技情报研究所，检索时间：2022 年 11 月基于 web of science 数据库统计。

## （五）国际合作论文数量显著增长

2022 年，爱思唯尔发布的《国际科学、技术和创新的数据和见

图 5　北京 SCI 论文发文量及国际合作概况

资料来源：北京市科学技术研究院科技情报研究所，检索时间：2022 年 11 月基于 web of science 数据库统计。

解——全球 20 个城市的比较研究报告》显示，北京的论文发表数量遥遥领先，五年间累计发表72万多篇，在全球20个城市中排名第一。其中，北京国际合作论文数量显著增长。据 web of science 数据库统计，10 年来，北京国际合作论文数量从 2012 年的 13338 篇发展到 2021 年的 38715 篇，增长了近 2 倍；与"一带一路"共建国家的合作论文数量也呈上升趋势。

图 6　北京与"一带一路"共建国家的合作论文情况

资料来源：北京市科学技术研究院科技情报研究所，检索时间：2022 年 11 月基于 web of science 数据库统计。

## 四、开放科学视角下的中关村创新生态分析

近年来，中关村坚持创新引领，进一步加快世界领先科技园区建设，发挥示范带动作用，创新生态持续优化，总体呈现创新强、结构优、运行稳、活力足的高质量发展特征，为北京国际科技创新中心建

设贡献重要力量。

## （一）知识产出和技术收益逐年增长

中关村示范区知识技术的产出、传播、供给能力领先全国。2018—2022 年，中关村专利授权数量逐年上升，专利授权数量占北京市专利授权数量的 45% 以上。显示了中关村在北京的技术主导地位。

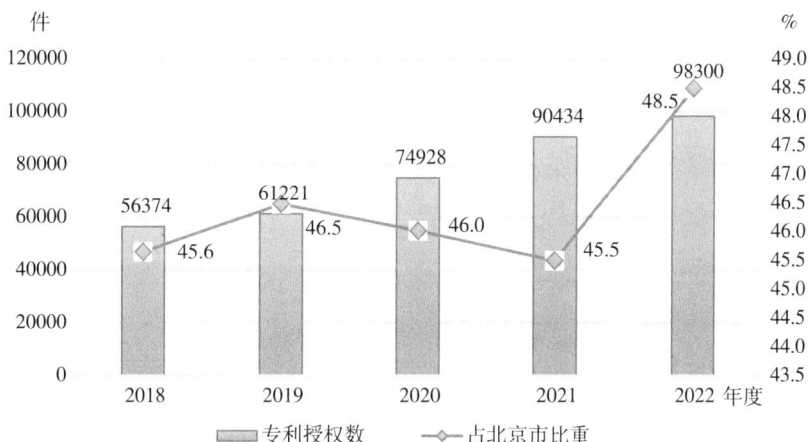

图 7　中关村专利授权情况

数据来源：《北京统计年鉴》，北京市科学技术研究院创新发展战略研究所整理。

PCT 专利申请（专利合作条约）被认为是专利领域国际合作最具有意义的标志。2018 年至 2022 年，中关村的 PCT 专利申请量从 4596 件增长到 9078 件，增长了近 1 倍；占全市 PCT 专利申请量的比重，从约 65% 提高到近 80%，表明中关村企业更加重视国际市场，积极开展国际专利布局，也显示了中关村技术积累的稳定性。

2018—2022 年，中关村技术收入实现较大幅度的增长，2018 年首次突破万亿元，为 11174 亿元。2021 年跨入 2 万亿元门槛，达到 20419 亿元。2022 年技术收入金额是 2018 年的 2 倍，占中关村总收入的比例由 19% 提高到 25.7%。

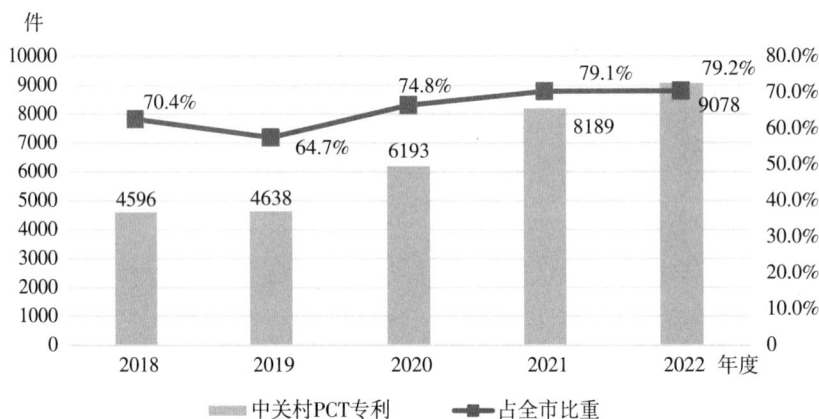

图 8　中关村 PCT 专利情况

数据来源：《北京统计年鉴》《中关村指数报告》，北京市科学技术研究院创新发展战略研究所整理。

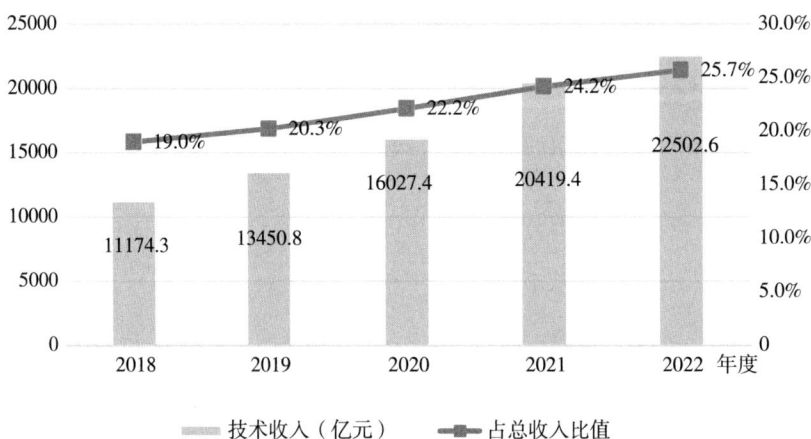

图 9　中关村技术收入情况

数据来源：《北京统计年鉴》，北京市科学技术研究院创新发展战略研究所整理。

## （二）高端人才队伍日益壮大

中关村通过各类平台与合作集聚国际一流的创新创业高端人才和团队，2018—2022年高学历和留学归国人员比重显著增加，人才团队结构持续优化。其中硕士从业人员增加了7.9万人，博士从业人员数量从2.9万人增加到3.2万人，留学归国人才数量增长显著，占从业人员比重从1.5%提高到2.3%。

图10　中关村硕士以上和留学归国的从业人员情况（万人）

数据来源：《北京统计年鉴》，北京市科学技术研究院创新发展战略研究所整理。

中关村示范区在科学研究领域的主导地位稳健，入选科睿唯安"全球高被引科学家"由2018年的136人次上升至2022年的318人次，占全国比例近30%，也进一步说明中关村作为科技创新中心的主阵地，对高学历、高素质人才的持续培养。

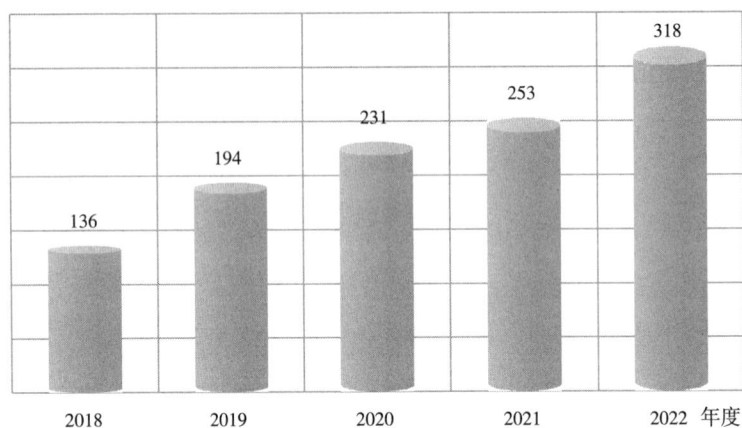

图 11　中关村入选全球高被引科学家数量

数据来源：《中关村指数报告》，北京市科学技术研究院创新发展战略研究所整理。

## （三）研发投入呈现增长趋势，股权投资水平大致保持平稳

中关村企业的研究开发费用，从 2012 年的 983.3 亿元，增长到 2021 年的 4600.2 亿元，增长了 3616.9 亿元。研究开发费用占总收入的比重稳定增长，2021 年达到 5.5%。随着研发投入金额不断攀升，围绕新一代信息技术、生物医药等关键领域的企业创新动力将明显提升。

中关村股权投资水平保持大致平稳，尤其是在 2018 年、2019 年、2021 年，中关村的股权投资金额保持在每年 2500 亿元左右。2020 年股权投资金额 1803 亿元，2022 年为 1613 亿元。中关村的股权投资水平保持了较强的韧性和相对稳定的区间。

图 12　中关村企业研究开发费用及占总收入比重

数据来源：北京技术市场统计年报，北京市科委、中关村管委会网站。

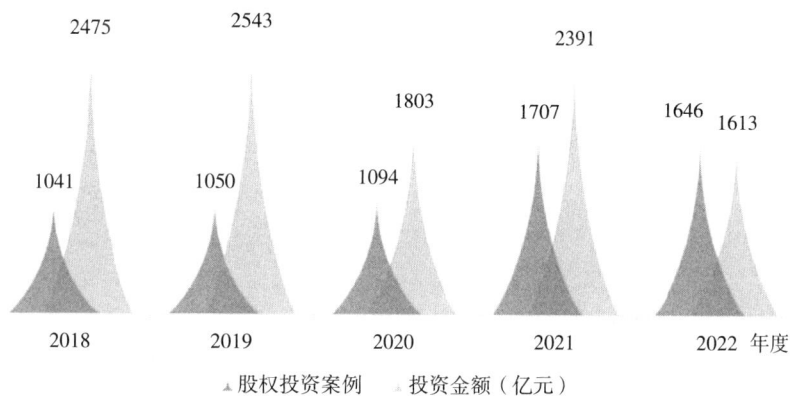

图 13　中关村股权投资与案例金额

数据来源：中关村指数报告，北京市科委、中关村管委会网站。

## （四）技术辐射带动作用明显

2017—2021 年，中关村输出技术合同成交数量均在 52000 项以上，2021 年接近 60000 项。2021 年中关村输出技术合同成交额 4540.3 亿元，比 2017 年增加 991.3 亿元，2017—2021 年，中关村输出技术合同成交金额占全市技术输出合同成交额的比重处于 65%—70%。中关村输出技术合同数量和金额，体现了其较强的技术辐射带动能力。

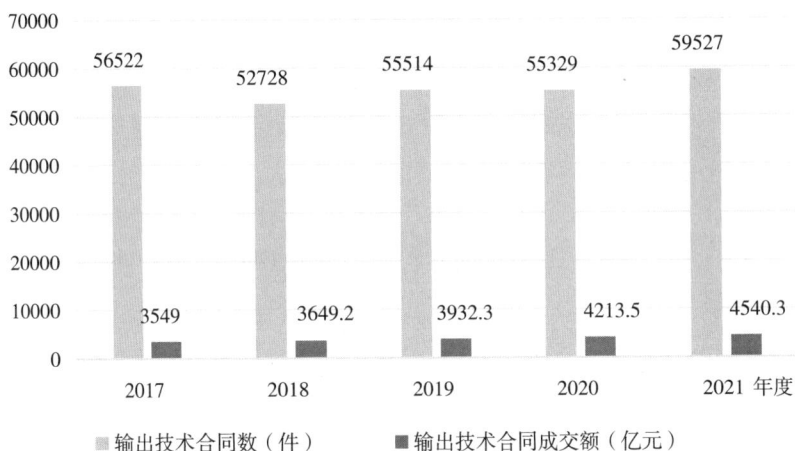

图 14　中关村输出技术合同情况

数据来源：北京技术市场统计年报。

中关村示范区 2017—2020 年的技术出口都保持在 1000 项以上，收入金额在 720 亿元以上。流向"一带一路"共建国家技术合同的成交额 2017 年占比为 31.2%，2020 年升至 59%，反映了中关村对海外市场尤其是"一带一路"共建国家的技术辐射作用。

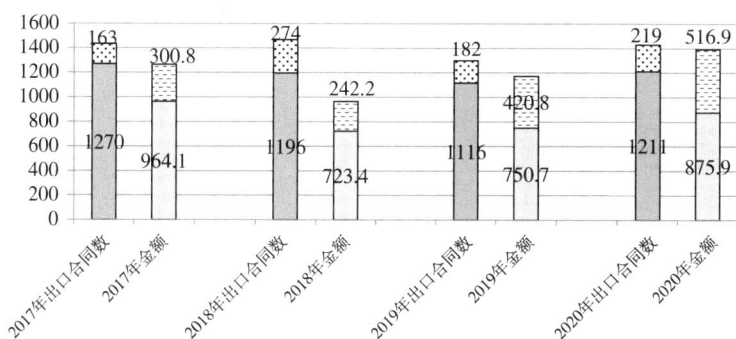

图 15　中关村技术合同出口情况

数据来源：北京技术市场统计年报。

## （五）国际科技交流合作持续深化

近年来，中关村持续推动全球资源配置与科技开放创新，国际科技交流合作持续深化。一是加强科技人文交流，举办北京国际学术交流季、中关村论坛等活动，营造国际创新交流合作的浓厚氛围。二是开展科技园区合作，设立中关村德国创新中心、以色列创新中心等。三是加强技术转移，首都创新大联盟成员单位已与俄罗斯、马来西亚、巴基斯坦等 16 个国家开展国际交流与合作 60 余项。四是与国外科研机构共建联合实验室，由北京大学和莫斯科国立大学牵头推动建设中俄数学中心，中国中医科学院与荷兰莱顿大学共建中国—荷兰中医药防治重大感染性疾病"一带一路"联合实验室，推进中药材及相关产品在欧洲落地。五是建立国际科技组织，成立中关村全球高端智库联盟，建设全国首个国际科技组织总部集聚区。

中关村全球高端智库联盟成立于 2020 年 9 月，北京市科学技术研究院作为发起单位和联盟秘书长单位。截至 2024 年 9 月底，联盟理事单位 72 家，来自中国、美国、日本、英国、法国、德国、塞尔维亚、以色列、新加坡、韩国、马来西亚、印度等 12 个国家。联盟以"汇聚全球智识、服务创新发展"为宗旨，为国内外高端智库搭建交流平台、开展合作研究、推动人文交流、服务社会发展。

# 五、开放科学视角下中关村创新生态优化提升的方向

经过多年的发展，中关村创新生态已经趋于成熟，整体运行情况良好。为加快建设世界领先科技园区，营造一流创新生态，在开放科学视角下，中关村还应在以下方向进一步优化提升。

## （一）加速知识和数据的共享流动

科研活动每天产生大量的知识和数据，知识和数据已经成为科研活动的基础。海量的科学数据推动"大数据＋大计算＝大发现"成为科学研究新范式。在知识和数据管理及开放共享方面，欧美发达国家早已启动部署并支持形成了一批国家级的科学数据中心或高水平数据库。2023 年 12 月，北京市经信局印发了《北京市公共数据专区授权运营管理办法（试行）》，但政策的落地和科研数据的共享流通还需要进一步加强。如单位内部各个部门之间往往存在认识不统一、标准不统一等现象，很难推动科研数据的开放共享。因此，中关村

应进一步推动企业成为创新主体，加快布局隐性知识和科研数据的开放共享。

## （二）激发开放包容的创新理念

从科技创新的氛围来看，中关村创新主体在风险与治理意识、宽容失败的科研环境营造上，与欧美高科技园区的创新主体相比还有差距。因此，如何以更加开放包容的创新理念，在做好保障、把控风险的前提下，突破不适宜人才发展、企业成长、科技创新的体制机制障碍，通过改革进一步优化创新环境，有组织推进战略导向的体系化基础研究、前沿导向的探索性基础研究、市场导向的应用性基础研究，培植创新创业沃土，在全社会积极营造鼓励大胆创新、勇于创新、包容创新的良好氛围，是中关村继续努力的方向。

## （三）优化创新平台的效能

截至 2023 年，中关村支持建设技术创新中心、工程研究中心等各类共性技术平台超过 1000 个，高精尖产业协同创新平台体系累计服务企业约 18000 家次。但在数字经济背景下，中关村各类创新平台在产学研用深度融合、解决重点产业发展共性问题、促进产业链上下游衔接联动，以及大中小企业融通发展方面整体服务效能还不够高。因此，中关村应着力强化重大科技创新平台建设，进一步促进创新平台组织模式变革，加快创新资源的流动，提升创新平台整体效能，加速知识向技术的快速转化，推动关键核心技术难题突破，在重点领域、关键环节实现自主可控。

### （四）加大国内外高层次人才的吸引力度

人才是科技创新发展的第一资源，高层次创新型人才是驱动创新发展的关键因素，是建设提升核心竞争力的主导力量。从北京人才发展战略研究院和北京大学联合发布的《全球城市人才黏性指数报告（2022）》来看，在全球 102 个城市人才黏性总体排名前十的城市中，北京得分为 76.79，位列全球第六位，连续三年在中国城市中排名第一，但与旧金山、纽约、伦敦等城市还有差距。要吸引国内外高层次人才，必须在科研环境、人才引进政策、人才培养使用、留住人才等各环节共同发力。中关村作为我国科技创新的一面旗帜，人才梯队体系建设还不够完善，要进一步以人才政策为牵引，破除人才在企业、高校、院所之间的流动障碍，使中关村成为汇聚国内外英才的理想之地。

### （五）加强区域创新资源的协同

创新要素在全球加速流动，加剧了区域间创新资源的竞争。近年来，长三角、珠三角、粤港澳大湾区等城市群快速发展，新一轮人才、资本等要素的虹吸效应更加显现。但是，京津冀区域的产业协同度还不够高，面向未来产业的产业链部署还不够强，本地科研成果在产业配套较齐全的其他区域"开花结果"的现象屡见不鲜。同时，中关村自身也在面临产业高端提升与经济下行减缓的双重压力。因此，应加快提升京津冀创新资源的协同度，打通科学与产业协同创新的全链条，推动中关村成为京津冀协同发展的突破口。

# "双碳"目标下的能源变革与转型

王雪莲 *

* 王雪莲,国家能源集团技术经济研究院一级业务总监

在全球气候变暖趋势日益加剧、环境问题日益突出的背景下，各国政府纷纷提出在本世纪中叶左右实现碳中和的政策目标，承诺逐步减少煤炭消费，并出台了一系列鼓励可再生能源发展的政策。2020年9月22日，国家主席习近平在第七十五届联合国大会上宣布，我国力争2030年前二氧化碳排放达到峰值，努力争取2060年前实现碳中和目标。

实现"双碳"目标，能源的变革转型尤为重要。传统的能源消费模式高度依赖化石燃料，不仅导致碳排放量剧增，加剧了全球气候变暖，还会带来严重的环境污染和资源枯竭问题。因此，推动能源转型，发展清洁、低碳、高效的能源体系，成为实现"双碳"目标的必由之路。

但能源变革与转型面临着多方面的挑战，其中，能源"不可能三角"理论便指出能源变革与转型在解决能源与环境问题中的重要性，即能源的清洁、稳定和经济性三者不可能同时兼得。例如，清洁能源的开发和使用往往需要更高的成本，难以满足能源价格低廉的要求。同时，为了确保能源供给的稳定安全，可能需要维持一定的传统能源供应，这与清洁能源的转型存在一定的冲突。因此，我们需要从能源的全球观、系统观、动态观三个维度，深入剖析能源与发展的内在关系，动态认识不同发展阶段的主要矛盾，统筹把握能源经济环境的变化，找到解决问题的路径，以期通过科技创新、数字赋能、政策引导等多种手段，在能源"不可能三角"这三个目标之间寻找合适的平衡点，逐步推动"双碳"目标下能源系统的变革和转型。

事实上，早在 2014 年习近平总书记就首次提出了"四个革命、一个合作"能源安全新战略。2022 年，在党的二十大报告中，习近平总书记又明确提出了"加快规划建设新型能源体系""以中国式现代化全面推进中华民族伟大复兴"的重大部署。引领能源变革与转型，保障中国式现代化，"四个革命、一个合作"是目标、是路径，是体系支撑；构建新型能源体系是基石、是底座，是能力支撑。两者是互为表里依托、互为因果转化的关系。我们追求构建的新型能源体系，之所以被称为"新型"，就体现在是从供需两侧协同发力、统筹推进的能源体系；是以科技创新、数字赋能为两翼助力的能源体系；更是以安全稳定为底线、以清洁低碳为方向、以经济高效为前提的能源体系。通过推进"四个革命、一个合作"的能源战略以及破解能源"不可能三角"等问题，逐步构建"双碳"目标下的新型能源体系，我们可以更好地应对全球能源和环境挑战，推动中国能源产业高质量发展，为实现中国式现代化提供强有力支撑。同时，这些举措也有助于引领全球新一轮能源变革与转型，推动全球能源治理体系朝着更加开放、包容、普惠、均衡的方向发展。

## 一、能源变革的时代背景

随着传统能源消耗增加引发能源危机及环境问题，全球对环保意识提升。为应对这些挑战，寻求新能源解决方案成为推进能源变革的关键。

## （一）全球能源消费现状与趋势分析

随着全球经济的发展，能源需求不断增长，传统能源如煤炭、石油和天然气因其稳定的能量输出成为主要动力来源。然而，这种依赖不可再生能源的能源结构暴露出其不可持续性。《2050 年世界与中国能源展望》报告预测，到 2050 年全球传统能源需求将达到 260 亿吨标准煤，环境压力随之增大。政府间气候变化专门委员会（IPCC）指出，人类活动中的温室气体排放是导致全球气候变化的核心原因。

经济全球化背景下，能源安全成为各国共同问题。近年来，国内外能源电力危机事件频发，如美国加州、德州的停电事件，中国多省区的大范围拉闸限电，澳大利亚电价高涨导致市场交易暂停结算，以及欧洲天然气危机等。这些事件表明，我们必须寻求新的能源解决方案来应对环境恶化和能源安全挑战。

在全球能源格局深刻变化的今天，如何平衡能源供需、保障能源安全、减少环境压力已成为重大课题。随着全球能源结构转型加速，水电、风电和光电（太阳能）等可再生能源迅速崛起。国际能源署（IEA）发布的《2023 年可再生能源》报告显示，全球可再生能源新增装机容量达到 5.1 亿千瓦，其中太阳能光伏占四分之三。

中国在可再生能源方面取得了显著成就。截至 2023 年底，中国可再生能源总装机量已突破 14 亿千瓦，占全国发电总装机比重超过 50%，首次超越火电装机。来自可再生能源的发电量约占全社会用电量的三分之一。这一跃进意味着中国在推进电力生产结构清洁化、低碳化方面迈出了坚实步伐。

风能和太阳能作为最具代表性的可再生能源形式，其潜力不可小觑。这两种能源形式具备广泛分布、可近乎免费获取的特点，与其他传统能源相比具有明显的优势和巨大的开发价值。未来，随着技术的不断进步和成本的进一步降低，风能、光能等可再生能源将更具竞争力。智能电网、分布式发电、电动汽车以及各种能效提升技术的结合预示着一个以可再生能源为主导的新时代即将到来。

### （二）碳中和目标与能源系统的挑战

能源发展是一个动态且全面的过程，能源品种、结构、特性、市场等不断向前发展并且相互影响。因此，在"双碳"目标下，需要根据不同阶段的能源安全需求和减碳目标来灵活建设能源系统，要系统地看待能源的生产、转换、分配和使用等各个环节。

能源清洁转型是实现碳中和的核心。目前，我国能源结构以化石能源为主，占比约85%。为了实现碳中和目标，需要在推动传统能源更加低碳化、清洁化的基础上，发展低碳能源来逐步实现传统化石能源的平稳替代。在今天碳捕获、利用与封存技术（CCUS）技术成本快速降低的情况下，它可以帮助燃煤电厂减少碳排放，从而实现传统能源的低碳化转型。目前，国家能源集团的锦界、泰州电厂已经实现了工业化应用，取得了很好的效果。其次，通过采用更高效的技术和设备，提高能源使用效率是减少排放的关键。例如，通过智能电网管理，可再生能源的渗透率可以提高到80%以上。分布式能源系统，如家庭太阳能光伏系统，可以进一步促进能源的本地化生产和消费。此外，由于可再生能源的间歇性，储能技术的突破也更加值得期待。

碳中和目标对能源系统提出了改革转型的新要求，但是目前还存在显著差距，具体表现为：一是化石能源占比仍然较大，根据国际能源署（IEA）发布的最新数据，截至2024年，全球能源消费中化石能源占比仍高达75%，其中煤炭、石油和天然气分别占据了相当大的比重。这一数据与碳中和目标所要求的清洁能源占比目标存在显著差距。二是能源利用效率偏低，能源利用效率是衡量一个国家能源利用水平的重要指标。根据国家统计局的数据，我国能源利用效率仅为35%左右，远低于发达国家60%以上的水平。三是能源系统灵活性亟待提升，随着可再生能源的大规模并网发电，系统的灵活性问题日益凸显。四是碳中和涉及社会经济结构的深层次变革，公众意识的欠缺和经济激励措施的不足，会阻碍低碳生活方式和产业的转型。不同地区在政策法规和执行力度上的差异性会影响能源系统向低碳转型的进程。

### （三）科技创新在能源变革与转型中的驱动作用

在历史的长河中，每一次工业革命的浪潮都与能源科技的创新和技术变革紧密相连。从烧柴到烧煤的过渡，人类迈入了蒸汽动力驱动的第一次工业革命；从煤炭时代向石油和电力时代的转变，宣告了电气化和大规模生产的第二次工业革命；而从单纯依赖化石能源转向化石能源与可再生能源并行，我们见证了信息技术引领的第三次工业革命。如今，我们正处在一个新的历史节点上，多种能源耦合加上核能聚变的可能性，预示着智能时代的第四次工业革命的到来。

2023年9月，习近平总书记在黑龙江考察时提出"新质生产力"这一概念，随后指出："积极培育新能源、新材料、先进制造、电子信息等战略性新兴产业，积极培育未来产业，加快形成新质生产力，增强发展新动能。"以科技创新为主的新质生产力，将在能源变革与转型中起到至关重要的驱动作用。

面对日益严峻的环境问题和能源危机，我们必须抓住科技创新的契机，加快结构调整和技术升级，推动能源产业的可持续发展。

在能源供给侧，无人电厂依靠自动化控制和传感器网络实现远程管理，提高了生产的可靠性。矿井工作面采用机器人技术和物联网减少了人员风险并提升了开采效率。设备巡检机器人通过自动检测预防故障，保障了设施稳定运行。

能源消费侧见证了数字技术的融合，数字电网依据实时数据优化电力分配，增强互动性和响应速度。智能家电和电动汽车等产品的多样化和智能化，提供选择的同时促进能源消费的高效与节约。

应急管理方面，系统抗灾自愈能力得以强化，大数据分析、AI预测及先进监测技术有效应对极端天气和突发事件，确保能源供应的连续性和稳定性。

## 二、科技创新引领能源转型

从历次工业革命发展来看，能源领域的科技创新与技术变革，引领了人类经济社会发展与生产生活方式的巨大变化。当前我们正经历着向多种能源耦合＋核能聚变能为标志的未来能源利用方式转变，新质生产力也必将引领人类文明进入智能时代的第四次工业革命。

### （一）煤炭清洁高效利用技术与碳捕集利用

煤炭的洁净利用技术是全球能源领域的关注重点，在我国，煤炭是长期以来最重要的一次能源。煤炭在我国能源生产总量中占比长期保持在 70% 以上，在油气高度依赖进口的情况下，煤炭在能源结构中会继续占据重要地位。因此，在能源转型过程中，需要保证煤炭的清洁高效利用，加大研发投入，推广先进技术，促进煤炭行业的绿色转型和可持续发展，高效支撑"双碳"目标的实现。

从技术层面看，煤炭的清洁高效利用涵盖了一系列先进工程技术和管理策略。煤炭燃烧技术的进步，如超临界燃煤发电技术和循环流化床燃烧技术，大幅提高了燃煤效率并降低了污染物排放。煤炭转化技术，包括煤气化和煤液化等，实现了煤炭向更清洁燃料和化工原料的转变。此外，污染物控制技术有效减少了燃煤过程中产生的有害气体和颗粒物排放。系统优化与集成技术，则通过提升煤电机组的运行灵活性，确保了能源供给稳定性的同时提高了能效。

碳捕集、利用与封存技术（CCUS 技术）在应对全球气候变化中扮演关键角色，有助于减少化石能源使用产生的碳排放，对实现煤电及整个能源产业的可持续发展具有战略意义。国际能源署（IEA）预测，到 2050 年全球碳捕集量将达到 76 亿吨每年，CCUS 技术被视为实现净零排放的第四大贡献因素，预计减排贡献达到 15%。中国作为最大的煤炭消费和二氧化碳排放国，特别重视 CCUS 技术的探索和实践。尽管面临技术成熟度不足、成本较高等挑战，但中国已构建了完整的 CCUS 技术体系，具备规模化发展基础。随着"双碳"目标的推进，CCUS 技术在中国的发展将进入新阶段。

## （二）可再生能源技术的创新与突破

风能和太阳能作为可再生能源，在全球能源发展中扮演着关键角色，并为中国实现碳中和目标提供了强大动力。科技进步推动了这些能源的高效利用，尤其在风电领域，中国在装机容量、机组大型化、并网消纳技术等方面取得了显著成就，形成了完整的产业链，并探索了风能热利用和制氢技术。这些进步使中国成为全球最大的风电市场。太阳能利用技术同样取得巨大进展，包括光伏、光热及综合利用等领域。中国的光伏发电技术效率世界领先，组件成本大幅下降。根据国家能源局的数据，截至 2023 年底，太阳能发电装机容量达到 6.1 亿千瓦，同比增长 55.2%。太阳能在能源结构中的作用将日益重要。

国家发展改革委、国家能源局发布的指导意见强调了加强电网调峰、储能和智能化调度能力建设的重要性。这些举措对新能源大规模发展至关重要。智能调度与管理系统通过实时监控、数据分析和智能控制优化能源产生、分配和消费过程，有效应对可再生能源的间歇性和波动性，确保电力供应稳定可靠。云计算、大数据、物联网、移动互联网、区块链、边缘计算和 5G 等技术的应用，极大提升了数据处理速度和精度，增强了远程监控和控制能力，提高了电力系统运行效率。市场需求的增长也推动了智能调度与管理系统的不断优化和升级，提升了跨省跨区电力供需平衡和清洁能源消纳的协调调度能力。

随着技术进步和成本降低，风能与太阳能将在未来的能源体系中发挥更加重要的作用，为实现"双碳"目标提供坚实基础。智能调度与管理系统的发展，特别是结合先进的数字信息技术，将进一步提升电力系统的运行效率和稳定性，为实现清洁能源的大规模发展和应用提供关键支撑。

### （三）新型储能技术与智能电网技术的研发与应用

在追求可持续发展和实现"双碳"目标的过程中，电池储能技术显得尤为重要。如锂离子电池，因其高能量密度、长循环寿命和高转换效率，已成为电力调峰、系统调频及电动汽车等领域的关键技术。技术创新永无止境，液流电池和动态可重构电池技术的兴起，预示着更高效、低成本储能系统的可能。根据《"十四五"新型储能发展实施方案》，中国将加大关键技术装备的研发力度，储备新一代高能量密度储能技术，确保电池储能在能源变革转型中的核心地位。

为了清洁能源大规模并网并且保持电网稳定性、提高电力供应质量、降低运营成本，近年来，智能电网技术和分布式能源系统应运而生，并得到了大力发展。

智能电网涵盖了高级计量设备、信息通信技术、自动化设备及清洁能源并网技术等多个领域。这些技术的结合，不仅优化了供电侧的性能，更为电力系统带来了清洁、安全和灵活性的新发展方向。据统计，到 2023 年，中国智能电网市场规模将达到 1077.2 亿元，显示出该领域的强劲增长势头。

分布式能源系统则代表了一种创新的能源布局理念。它通过小规模、小容量、模块化和分散式的布置方式，实现了用户侧冷热电联产的新能源集成。这种多能互补的策略，有效满足了用户侧多层次的用能需求。国际能源署（IEA）预测，到2030年，全球分布式能源装机容量将达到1.4亿千瓦，相比2020年增长超过300%。

## （四）数字技术在能源领域的应用

智能电网和分布式能源系统普及导致能源环节数据激增，大数据与云计算技术成关键。大数据提炼信息，揭示消耗模式及趋势，优化电力需求预测和资源分配。云计算提供强大分析平台，实现高效算法部署和实时数据处理，降低成本，使小型企业也能优化运营。云平台的开放性能够整合各类数据源，增强监控管理，提供全景视角，助力能源网络优化调整。这些技术显著提升能源系统效率，推动新商业模式和服务的发展，为能源行业创新提供动力。

在构建新型能源系统中，新能源功率预测和负荷预测是保证系统高效稳定的关键。人工智能技术的进步，尤其是机器学习和深度学习的应用，使我们能更准确地捕捉和分析气象变化、功率波动和用户用电行为。这些技术的融合显著提高了源荷预测模型的准确性，支撑了新型能源系统的可靠运行。例如，国家电网新疆电力公司开发了新一代新能源功率预测系统，该系统利用人工智能等10余种算法深度挖掘电气运行数据与风光资源数据，能够预测未来一段时间的新能源电量情况，从而促进新能源消纳。该系统的功率预测精度超过93%，显著提高了新能源的利用率。

人工智能还可以通过实时监控能源系统状态和负载情况自动调整发电设备的运行策略，以实现最佳的能源分配，促进调度自动化系统的建设。例如，国家能源集团国电电力应用国产开源大模型技术进行了电厂智能化系统升级融合，在实际操作中实现了人工智能的问答、信息检索和知识创造等功能，充分利用了维修记录、故障分析、检修历史等多维度数据，辅助能源系统分配决策。

## 三、能源变革与转型的实践与探索

能源变革与转型并非一蹴而就，各国的转型战略和政策都需要立足国情、从长计议。当下，能源安全的全球性特征尤为明显，要求把能源发展与全球政治、经济、社会、环境统筹考虑、协调推进，认识和把握能源问题。

### （一）国际能源转型的分析

在经济全球化的能源转型浪潮中，西方发达国家一直走在前列，以美国和德国为例，美国通过秉持"能源独立"的核心理念，调节能源供需、适度开发新能源和支持先进能源技术研究等手段，于2008年之前实现了碳达峰，并于2019年实现了"能源独立"。德国自20世纪70年代末便实现了碳达峰，能源转型受到政策的强烈驱动，2011年以来，德国先后发布《国家能效行动计划》和《2050年气候行动计划》等政策文件，并多次修订《可再生能源法案》。政府明确将"大力发展可再生能源"作为能源转型的方向。

通过分析两国的低碳转型发展路径，可以看到一些共同点。一是顶层设计作为指引，两国政府通过立法为能源转型提供了明确的目标。二是技术创新作为支撑，技术进步在美国页岩气革命和德国可再生能源发展中起到了关键作用。三是能源安全与转型并重。比如在2022年欧洲能源危机过程中，德国迅速重启了本已准备退役的褐煤机组，以保障其能源供应安全。美国大部分电力市场中，通过容量市场，引导和激励各类型电源的投资，来保障电力系统中有足够的有效容量，在安全可靠的基础上逐步发展清洁能源。四是经济发展水平对碳达峰的实现有显著影响，在大型经济体内部，各地碳达峰存在一定时间跨度，因此碳达峰规划不可"一刀切"。

作为发展中国家中的能源大国，中国在实现从化石能源向低碳能源体系的重大转型过程中面临着诸多挑战。一是长期以煤为主的能源结构造成的路径锁定效应，煤炭在短期内仍然是中国能源系统中不可缺少的压舱石，也是解决能源供给不足最"短平快"的选择。二是短期内能源增长的刚性需求不可避免。我国化石能源以煤炭为主导，油气资源相对缺乏，而可再生能源资源丰富，需要深入探索可再生能源在能源转型中的作用。三是碳达峰至碳中和的时间紧迫，需要在较短时间内完成产业转型和经济增长方式的转变。

面对这些挑战，中国正积极探索多元化的能源转型路径，包括提高能源利用效率、促进可再生能源替代、推动化石能源的清洁利用，以及发展碳捕捉、利用与封存技术等。在确保能源供应安全的基础上，科学评估各种转型路径的可行性，力求实现低成本、低环境影响和高系统可靠性的能源系统。

国际能源转型的经验表明，发展中国家在能源转型方面的探索需要综合考虑国内的资源禀赋、经济发展水平和国际合作机会，通过节能提效、政策引导、技术创新和国际合作深化等多方面的努力，实现能源系统绿色、低碳和可持续发展。

## （二）中国能源转型的战略布局

党的二十大明确提出，推动高质量发展，结合扩大内需和供给侧结构性改革，增强国内大循环内生动力和可靠性，加快建设现代化经济体系。能源领域需供需协同，政策、市场、技术三轮驱动。2023 年11 月10 日，国家发展改革委、国家能源局联合印发《关于建立煤电容量电价机制的通知》，旨在保障能源安全，推动燃煤发电转型，支持"双碳"目标。国家能源局发布《2024 年能源工作指导意见》，强调增强供应保障能力、优化能源结构、提高质量效率，同时坚持新发展理念，构建新发展格局。国家发展改革委和国家能源局联合发布的关于完善能源绿色低碳转型体制机制和政策措施的意见，进一步明确了"十四五"时期及 2030 年前的能源发展目标，提出了保障安全、有序转型、创新驱动、集约高效以及市场主导、政府引导的行动方针。

具体而言，致力于通过以下几个方面推进能源转型：一是优化能源结构，提高非化石能源发电装机占比，推动清洁能源高质量发展。二是提升能源利用效率，实施煤电"三改联动"，推动清洁取暖，加强科技创新成果应用。三是推动非化石能源发展，巩固扩大风电光伏发展态势，稳步推进水电核电建设，完善绿色低碳转型政策体系。四是深化能源体制机制改革，推进电力市场化改革，加强法治建设，提升治理效能。五是积极参与全球能源治理，推动国际能源合作，共同应对全球气候变化挑战。

在推进能源转型和实现碳中和目标的宏伟蓝图中，地方政府同样扮演着至关重要的角色。北京市在其"十四五"规划中强调发展新能源和可再生能源，支持绿色技术创新，计划建立生态产品价值实现机制和绿色金融改革创新试验区；海南省推动绿色低碳转型，致力于建设清洁能源岛；黑龙江省着重优化电力生产和输送通道，提升新能源消纳能力，计划实现高电压电网的全覆盖；云南省推动绿色智能电网和能源互联网建设，促进能源就地消纳。地方政府的积极探索和创新行动，将为中国的能源转型和绿色发展开辟新的道路，为构建清洁、低碳、安全、高效的能源体系贡献力量。

### （三）企业层面的能源转型行动

2021 年 9 月 13 日，习近平总书记在考察国家能源集团榆林化工公司时强调，能源产业要继续发展，否则不足以支撑国家现代化。煤炭能源发展要转化升级，走绿色低碳发展的道路。这样既不会超出资源、能源、环境的极限，又有利于实现碳达峰、碳中和目标，适应建设人类命运共同体的要求，把我们的地球家园呵护好。[①] 能源企业是国家的经济命脉，特别是以煤炭为主的传统能源企业既要持续发挥煤炭"压舱石"作用，又要在推进碳达峰碳中和进程中发挥能源转型"主

---

① 《习近平谈能源产业：走绿色低碳发展道路》，https:www.gov.cn/xinwen/2021-09/14/content-5637197.htm。

力军"作用。

近年来，我国能源企业发展深入践行"四个革命、一个合作"能源安全新战略，推动能源技术和发展模式向绿色低碳目标转型，力争规模能源清洁化、清洁能源规划化、能源系统智能化。以国家能源集团为例，拥有煤电装机容量 1.93 亿千瓦，占全国总装机容量 17.4%，一直以来，全力推进能源产业多元化、快速化、规模化、效益化、科学化发展。首先，针对传统能源消耗，企业致力于推动煤炭的清洁开发和科技创新，与科研院所合作建立国家煤炭清洁开发创新中心，推动安全高效绿色矿山建设。其次，企业制定并实施碳达峰碳中和行动方案，加快新能源项目的开发和建设，统筹可再生能源"基地式、场站式、耦合式"开发，加快推进西北"风光火储"、西南"风光水储"、东中部"风光气氢储"等综合能源项目，坚定不移地扩大可再生能源装机规模和提高利用率。

对于非能源企业而言，绿色低碳转型不仅是企业履行社会责任的体现，也是实现可持续发展的必由之路。2024 年 2 月 28 日，国家能源局发布了《关于公布能源绿色低碳转型典型案例名单的通知》，其中包括 8 个重点用能领域的非能源企业案例，它们在推动绿色能源使用和转型方面做出了显著成效。江苏苏州耐克物流中心作为耐克集团在亚洲最大的物流中心，2023 年 3 月下旬，该中心宣布成为中国首个"风光一体化"零碳智慧物流园，实现了园区 100% 零碳能源供给，仓储系统实现高度智能化。钱塘区的"杭州钱塘区医药港多能综合利用系统"项目打造以分布式能源站为特色的集中供能体系，为区域内的生物医药企业提供了稳定的工艺环境空调用能。

通过政策引导、技术创新和市场驱动，非能源企业完全有能力在绿色发展的道路上实现质的飞跃，为建设清洁、低碳、安全、高效的能源体系贡献力量。

## 四、能源变革与转型的社会经济影响

能源是推动和实现中国式现代化的动力之源，是保障和满足经济发展、民生福祉的"工业粮食"，能源的变革转型将对社会经济产生深远的影响。

### （一）能源变革推动经济发展

中国新能源产业蓬勃发展已成为国家经济增长的重要引擎。2023年，中国新能源领域投资同比增长超过34%，彰显了国家绿色低碳转型决心，并推动经济进步。储能技术和智能电网广泛应用，2023年新增储能装机推动超过1000亿元经济投资。新能源使用能够减少温室气体排放、改善空气质量，降低环境污染的经济和社会成本，减少健康成本。中国新能源产业推动可再生能源设备国际贸易，光伏产品出口快速增长，促进国内外产业发展和合作。新能源汽车产业减少石油依赖，带动汽车产业转型升级，增强经济活力。未来，新能源产业尤其是新能源汽车产业有望为全球经济可持续发展做出更大贡献。能源变革成为多国能源政策核心目标，清洁能源转型能够带来工业和就业机会、不断强化能源安全、改善空气质量、提供普惠能源供给以及实现更安全的气候条件。新能源产业扩大将增加相关行业就业岗位，预计 2035 年净增约 400 万个岗位，2050 年净增约 800 万个岗位，对就业结构产生深远影响。

## （二）能源变革改善社会生活

据国际能源署报告，中国在 2023 年全球可再生能源新增装机容量中的贡献超过一半。中国的风电和光伏产品已经遍布全球 200 多个国家和地区，为发展中国家提供了清洁、可靠、经济的能源解决方案，助力全球减排二氧化碳约 5.73 亿吨。

中国的能源变革和转型正促进绿色产业的发展和低碳生活方式的普及，不仅增强了经济的韧性和活力，也为实现高质量发展提供了支撑。中国坚持生态优先原则，通过生态保护和修复工程，有效扩大了绿化面积，减少了荒漠化和沙化土地面积，促进了自然财富向经济财富的转化。

中国还积极探索绿色金融和数字技术在绿色发展中的应用，推动了绿色建筑、绿色交通、生态农业等新产业的发展，开辟了数字生态文明的新赛道。中国的绿色发展成就，展现了其在推动经济社会发展与生态环境保护双赢方面的坚定决心和有效行动，为全球提供了宝贵的经验和启示。

## （三）能源变革促进体制机制改革

全球范围内，能源转型是一场技术和经济的变革，也是一项复杂的社会治理任务。

在新型能源体系中，大量主动负荷、虚拟电厂等新型主体的参与增加了市场主体的类型和数量，对现有的治理模式提出了新的挑战。因此，如何设计适合海量、异质资源参与的新型交易机制成为亟须解决的问题。同时，能源转型还涉及激励相容和预算平衡等机制设计问题。激励相容要求个体的最优行为与机制设计者的目标一致，而预算平衡则要求市场运营或结算机构总体收支平衡。

能源转型需要从机制设计的角度出发，综合考虑政策目标、市场特性和主体行为，创新治理模式，以实现能源转型的平稳过渡和社会经济的可持续发展。

在新型能源体系的构建中，市场供需关系对能源价格的决定性作用愈发凸显。为形成更加完善的能源市场价格机制，需要打破现有的区域交易壁垒，促进能源在更大范围内的自由流动和优化配置。对于电力市场而言，建立发电容量成本回收机制和深化完善电力辅助服务市场机制是重要措施。

能源变革与转型需要政策制定与公众参与的机制建设来支撑。政策文件的提出为能源转型提供了方向和激励，而公众参与则增强了政策的社会接受度和执行效率。两者相辅相成，共同推动着能源的变革与转型。

## 五、未来展望

百年未有之大变局下，全球能源发展进入大变革、大调整、安全风险积聚期，传统能源安全风险仍在加剧，新型安全风险又显现苗头。习近平总书记多次强调，"双碳"目标绝不是轻轻松松就能实现的，中国需要付出极其艰巨的努力。未来，统筹发展与安全、减排与保供，加快规划建设新型能源体系，需要持续深入贯彻落实"四个革命、一个合作"能源安全新战略，统筹考虑自然生态各要素，呈现人与自然和谐共生的惠益关系，根据不同阶段能源安全需求和减碳目标灵活统筹能源变革规划。

在党的二十大报告中提出的全面节约战略指导下，能源变革与转型已成为实现绿色低碳生产方式和生活方式的关键。这一战略的实施，旨在通过经济实惠的能源供给和节约高效的能源利用，支撑经济社会的高质量发展，进而实现全体人民共同富裕的中国式现代化。

技术进步与成本下降是推动可再生能源发展的核心动力。在新能源汽车领域，电池技术的创新，如液态锂离子电池到半固态锂电池的进化，以及高压快充技术的应用，不仅提升了产品性能，也降低了生产成本，使得新能源汽车更加经济实惠。光伏技术的发展同样遵循了这一趋势，效率的显著提升和成本的大幅降低，使得光伏电力成为一种具有竞争力的能源选择。

能源变革的核心在于推动形成绿色低碳的生产方式和生活方式。促进资源的节约集约利用，降低全社会的用能成本，这不仅有助于提升出口产品的国际竞争力，还能确保在"双碳"规则下，经济社会发展不受制约。这样的能源发展模式，将使能源发展成果惠及广大人民群众，为实现共同富裕的中国式现代化提供坚实的能源保障。

在这一过程中，政府的引导和企业的作用都至关重要。政府需要制定相应的政策和标准，推动能源结构的优化和升级。企业则需要加大研发投入，通过技术创新来降低成本，提高能源利用效率。总体而言，能源转型不仅是技术层面的创新，更是经济、社会、环境等多方面因素综合作用的结果。技术进步与成本下降的共同推动下，可再生能源的发展将为经济社会的高质量发展提供更多的能源支撑。

新一轮的工业革命将是新能源和数字技术的深度融合、双效驱动，培育新质生产力，将推动能源系统向清洁化、智能化和高效化转型升级。利用物联网、云计算、大数据、信息通信和人工智能等数字技术，能源生产、传输、分配和消费将发生全面颠覆式转型。

# 六、结　语

习近平总书记在二十届中央政治局就新能源技术与我国的能源安全进行第十二次集体学习时指出，党的十八大以来，我国新型能源体系加快构建，能源保障基础不断夯实，为经济社会发展提供了有力支撑。同时也要看到，我国能源发展仍面临需求压力巨大、供给制约较多、绿色低碳转型任务艰巨等一系列挑战。一方面，我国风电、光伏等资源丰富，发展新能源潜力巨大。经过持续攻关和积累，我国多项新能源技术和装备制造水平已全球领先，建成了世界上最大的清洁电力供应体系，新能源汽车、锂电池和光伏产品还在国际市场上形成了强大的竞争力，新能源发展已经具备了良好基础，我国已成为世界能源发展转型和应对气候变化的重要推动者。另一方面，我们也需要立足我国现有社会经济技术基础，坚持先立后破，有计划分步骤实施碳达峰行动，深入推进能源革命，加强煤炭清洁高效利用，加快规划建设新型能源体系，确保能源供应安全。

展望未来，我们仍然要坚定建设绿色地球和美丽中国是锲而不舍追求的终极目标，构建"人类命运共同体"，就必须实现"世界能源共同体"。我们仍然要牢牢把握科技创新这一有力引擎，坚守"四个革命、一个合作"的能源安全新战略，加快构建"双碳"目标下的新型能源体系，有效破解能源安全稳定、清洁低碳和经济高效的"不可能三角"。希望全社会携起手来，共同参与，为实现"双碳"目标贡献力量！

## 第十七讲

# 推进新一轮土地管理制度改革，
# 释放中国经济增长潜力

王辉耀 *

\* 王辉耀，教授，博士生导师，国务院原参事，全球化智库（CCG）
创始人兼理事长

2024 年 7 月 15 日到 18 日，中国共产党第二十届中央委员会第三次全体会议在北京召开，深化改革是这次会议的重要主题。回顾历史，改革开放以来，中国经济实现了跨越式的腾飞发展，从农村到城市、从沿海到内陆、从经济体制改革到全面深化改革，一系列重大改革举措为我国经济社会发展注入了强劲动力。特别是加入世贸组织后，受益于全球化分工，中国人口红利、市场潜力、资源优势等得到充分彰显，逐步融入国际经贸体系，并在世界经济舞台上扮演着越发重要的角色。改革是解放和发展社会生产力的关键，是推动国家发展的根本动力。对于发展中不断出现的新问题新挑战，也要用改革的方法在不断发展中予以解决。

当前，我国经济面临总需求不足的突出问题，面对更趋复杂严峻的国内外环境，推动我国经济转型升级和高质量发展需要推出新的重大利好政策，以新的发力点极大解放和发展生产力，为我国经济发展注入新的内生动力。2024 年 2 月 19 日，中央全面深化改革委员会第四次会议审议通过了《关于改革土地管理制度增强对优势地区高质量发展保障能力的意见》，将土地要素改革提到了一个新高度。对此，或可以土地管理制度改革为其中一个抓手，将推进宅基地制度改革作为我国改革开放以来第四次突破性改革举措，加大力度破除城乡二元结构，为我国经济未来几十年持续健康发展注入新动力。

# 一、改革开放历史上三次重大改革

改革开放以来，我国每隔十年左右便会出台一个重大举措将改革开放推到更高水平，为我国经济发展释放巨大红利。从1982年家庭联产承包责任制解放农村生产力，到1994年城镇住房制度改革带动了之后持续多年的房地产市场繁荣，再到2001年我国加入世界贸易组织后快速成长为世界第二大经济体，我国在改革开放这条"必由之路"上不断前行，在探索创新中破解了一个个发展难题。

## （一）1982年家庭联产承包责任制确立推广

中国的改革开放始于农村，而农村改革的第一步是调整农民与土地的关系。党的十一届三中全会以后，在解放思想、实事求是精神的鼓舞下，中国农民创造了以家庭承包为主要形式的包产到户、包干到户等生产责任制。1980年5月，邓小平同志对包产到户给予明确肯定，有力地推动了以家庭联产承包责任制为主要内容的农村改革。

在8亿农民的期盼中，1982年的中央一号文件正式肯定了家庭联产承包责任制的合法性。在党中央的持续支持下，以包产到户、包干到户为主要形式的家庭联产承包责任制迅速推广，充分调动了农民的生产积极性，促进了农业生产的迅速发展。许多地方一年即见成效，粮食产量明显提高，几年就变了个大样。到1987年，全国98%的农户实行了家庭联产承包责任制，亿万农民的生产积极性得到极大提高，农业生产摆脱了停滞的困境。实践证明，家庭联产承包责任制的推广使中国广大农民获得了充分的经营自主权，极大地调动了农民的积极性，解放了农村生产力，开启了中国从短缺经济向富裕经济的转变，是我国农村土地制度的重要转折。中国也因此创造了令世人瞩目的用世界上 7% 的土地养活世界上 22% 人口的奇迹。

### （二）1994 年城镇住房制度改革

农村改革的成功，直接推动了城市的改革。计划经济时期，城镇住房制度实行的是福利性供给制。1980 年，改革开放总设计师邓小平同志明确提出了改革城镇住房投资、建设和分配制度的总体设想，改革的目标是逐步实现商品化、社会化。从 1980—1993 年期间，住房制度改革大致经历了三个阶段。分别是：试点售房阶段（1979—1985 年）、提租补贴阶段（1986—1990 年）和以售带租阶段（1991—1993 年）。

1994 年，国务院出台《关于深化城镇住房制度改革的决定》，明确要建立与社会主义市场经济体制相适应的新的城镇住房制度，实现住房商品化、社会化。在三年多改革实践基础上，1998 年，时任国务院总理朱镕基主持制定了《国务院关于进一步深化城镇住房制度改革加快住房建设的通知》，决定停止住房实物分配，逐步实行住房分配货币化。同时，建立了职工住房补贴和住房公积金制度，为推进住房商品化创造了条件。

由此，我国福利分房制度正式结束，商品房市场正式开启，房地产业进入发展快车道，并迅速成为国民经济的重要支柱。而且，房地产业体量大、产业链长，通过投资、消费既直接带动与住房有关的建材、家具、批发等制造业部门，也明显带动金融、商务服务等第三产业，影响带动上下游 50 多个行业。据统计，中国房地产及相关建筑业在 GDP 占比高达 26%，对国家经济有系统性的影响。

### （三）2001 年加入世界贸易组织（WTO）

世界贸易组织（WTO）是与世界银行、国际货币基金组织并列的现今全球最具广泛性的三大国际经济组织之一，其前身为关税与贸易总协定（GATT）。中国曾为 GATT 的 23 个创始缔约国之一，但由于历史原因，中国一度失去了这一地位。1986 年 7 月 10 日，中国正式提出关于恢复在关贸总协定缔约方地位的申请。1995 年，世贸组织取代关贸总协定，中国复关谈判也转为入世谈判。2001 年 12 月 11日，经过多年谈判，我国正式加入世界贸易组织。

在"入世"之前，我国对外贸易实行国家垄断经营，经营外贸的公司只有外经贸部所属的十几家专业外贸总公司及其口岸分公司。加入世贸组织三年后，我国全面放开外贸经营权。根据 2004 年新修订的《中华人民共和国对外贸易法》，自 2004 年 7 月起，中国政府对企业的外贸经营权由审批制改为备案登记制，所有对外贸易经营者均可以依法从事对外贸易。由此，取消外贸经营权审批促进了国有企业、外商投资企业和民营企业多元化外贸经营格局的形成。随后，"入世"持续释放的红利让中国经济实现腾飞，一步步成长为"世界工厂""世界市场"和"制造大国"。短短 20 余年，中国 GDP 从2001 年的不到 10 万亿元，增长到了 2023 年的 126 万亿多元，成为世界上最大的贸易国和第二大经济体，连续多年对全球经济增长的年均贡献率超过 30%。

## 二、新时期我国需要推出第四次突破性改革举措

到 2021 年，我国全面建成小康社会、完成 8 亿人口脱贫，实现共同富裕成为我国新发展阶段的又一个重要战略目标。共同富裕是社会主义的本质要求，是中国式现代化的重要特征。站在经济效益和社会公平的中长期角度，全面建成小康社会后，我们不仅要继续努力推动经济发展，防止出现返贫，还要重点关注并提升低收入农民及农民工等群体在中等收入人群中的比重，推动农民工向新市民转化，逐步破除城乡二元结构对我国经济社会发展的束缚。国务院总理李强出席世界经济论坛 2024 年年会时也指出，未来十几年内我国中等收入群体数量将从目前的 4 亿多人翻一番增加到 8 亿人。显然，近 3 亿农民工群体是我国中等收入群体从 4 亿多增加到 8 亿的主要构成，新发展阶段的突破性改革举措也要着重提高其收入水平和生活水平，从而不断释放经济增长的内需潜力。

### （一）经济下行期房地产需求不足，宅基地制度改革是一个突破口

当前，我国经济正处于转型期，房地产业作为我国经济支柱产业明显走弱，是影响我国经济运行的一个重大风险因素。在疫情冲击、

人口结构发生重大变化与严格调控政策的合力作用下，我国房地产市场正面临着前所未有的挑战。近几年来，我国经济下行压力增大，房地产市场经历了 1998 年房改以来最猛烈的调整，一批头部民营房企爆雷，购房者关于房价"只涨不跌"的预期已经消失，房地产需求大幅回落，各地烂尾楼断供事件持续发酵。2022 年以来我国房地产新政策接连推出，2022 年底召开的中央经济工作会议强调，"要确保房地产市场平稳发展"，"推动房地产业向新发展模式平稳过渡"。2023 年 7 月，中共中央政治局召开会议明确指出"要加大保障性住房建设和供给"，"盘活改造各类闲置房产"，"要有效防范化解地方债务风险"。

2023 年 12 月召开的中央经济工作会议指出，进一步推动经济回升向好需要克服一些困难和挑战，主要是有效需求不足、部分行业产能过剩、社会预期偏弱、风险隐患仍然较多，国内大循环存在堵点，外部环境的复杂性、严峻性、不确定性上升。2023 年 12 月 23 日，全球财富管理论坛理事长、财政部原部长楼继伟在中国财富管理 50 人论坛 2023 年会上表示，当人口不再区分城镇户籍和乡村户籍，就可以相互转换，城镇农村转移人口能够获得同等的公共服务和进入市场的权利，就会安心在城镇买房，以此推算，消费需求可以提升将近 30%。同时，农村大量的宅基地和自建房可以自由转让，土地和房产将得到有效利用，进城农民获得初始安家的资产，可复垦的农地会增加，这也有利于粮食安全。

2025 年 3 月两会期间，相关专家接受媒体记者专访时也表示，应当打破城乡二元结构，取消农业户口和非农业户口的户籍制度，包括改变城乡分割的土地制度，这是农村改革的必然走向，也是乡村振兴的关键环节。专家认为，当前迫切需要按照十八届三中全会决议要求，实施农村建设用地与国有土地"同等入市、同价同权"，让农村宅基地和城市土地一样具有市场价值。而不是仅仅允许在农户之间转让，后者不会让农村土地具有与城市国有土地相同的价值。

同时，长期关注和研究农村土地制度改革的全国人大代表、清华大学社科学院教授、政治经济学研究中心主任蔡继明也多次就推进农村宅基地制度改革建言献策。2025 年两会期间在接受采访中，蔡继明表示，通过农村宅基地的自由出租、转让来增加农民的财产性收入，实现宅基地使用权在公开市场上合法流转，能够增加农民的财产性收入，同时实现农村建设用地的集约、节约利用，通过放开农村宅基地在城乡之间的流通，鼓励农民利用宅基地获取进城资金，以缩小城乡居民收入差距。

全球化智库（CCG）理事长王辉耀早在 2016 年也在《环球时报》刊文呼吁进一步放开农村宅基地流转限制。文中指出，根据我国现行的《土地管理法》，宅基地的获取方式是无偿使用、划拨，类似于 20 世纪 90 年代之前的城镇住房由单位和国家提供的形式。农村宅基地没有市场价，应赋予宅基地商品属性，让农村人与城里人一样获得宅基地的使用权、处置权，获得土地流转升值的财产价值。农村人口进城购买二手房，也带动城镇居民住房改善，促进房产尽快去库存化。土地是供给有限商品，无法持续为农村人口分配宅基地，这种解决方式也能让拥有宅基地的人口承担了土地使用权成本，合理反映土地稀缺价值。

## （二）城乡二元结构制约农村发展，可改革盘活宅基地经济价值

促进共同富裕，最艰巨、最繁重的任务仍然在农村。近几十年来，伴随着我国住房制度改革及房地产市场的繁荣发展，我国房地产价格普遍出现较大幅度上涨。这在一定程度上加剧了资源配置的不均衡，扩大了城市家庭有房者与农村家庭城市无房者之间的财富差距。当前，我国城市家庭住房资产占总资产比例约为七成，房产已成为我国居民家庭的主要资产。但相较而言，许多城市家庭享受了福利分房和房价上涨的时代红利，大多农村家庭则没有从宅基地等土地或农宅获得资产性收益。城乡二元体制作为我国历史发展产物对我国经济社会发展做出了不可磨灭的贡献，却也是我国城乡居民收入差距较大的根本性因素。国家统计局数据显示，2023 年我国城乡收入差距绝对值达到 30130 元，2012 年这一差值只有 15738 元，我国城乡收入分配差距问题依然突出。

当前，我国城乡居民人均财产性净收入之比高达 10.29 倍，远高于城乡居民人均可支配收入之比 2.39 这一水平。有研究者指出，以非交易性为显著特征的宅基地使用权现行流转模式制约了宅基地经济价值的实现，流转限制过多、退出机制缺失阻隔了农民的致富道路，使农民的财产性收益难以实现，阻滞了农村剩余劳动力的转移，已成为破除城乡二元社会结构、推进城镇化进程的重要障碍。而且随着城镇化进程加快，越来越多的"新市民"基于换取立足城市起步资本等

因素的考虑，有意将其所拥有的宅基地使用权流转出去，宅基地使用权转出需求越来越强烈，所涉及的拟流转宅基地规模也越来越大。据自然资源部的不完全统计结果，全国至少有 7000 万套农房和 3000 万亩宅基地闲置。

农村宅基地和农宅等是农民的基本生活资料和重要财产，但按照现行制度，农村宅基地交易限于村集体组织成员之间，宅基地交易缺乏有效市场和制度支撑，既无法上市也不能用于金融抵押，农民无法从中获得财产性收入。对此，如果 20 世纪 90 年代城市住房改革下职工单位分的房子可以买卖，可以产权化、私有化，那么农民工在农村的宅基地能不能实现买卖转化，给农民的宅基地及农宅发产权证，使他们可以交易宅基地及农宅的使用权，拥有在城市立足的第一桶金？

### （三）我国城镇化率仍有较大提升空间，需加快农业转移人口市民化

城镇化是现代化的必由之路，也是扩大内需和促进产业升级的重要抓手。从 2013 年中央召开改革开放以来第一次城镇化工作会议，作出以人为核心的新型城镇化战略部署以来，我国多措并举统筹推进新型城镇化建设，城镇化速度明显加快。截至 2022 年我国 1.4 亿农业转移人口在城镇落户，常住人口城镇化率从 1978 年的 17.92% 增长至 2023 年末的 66.16%，城镇化水平和质量显著提升，城乡融合发展体制机制基本建立。

但同时，到 2023 年底我国农民工总量仍接近 3 亿，户籍人口

城镇化率只有 48.3%，与常住人口城镇化率仍有较大差距。以人口流入大省广东为例，2022 年广东常住人口 12656.8 万人，户籍人口 10049.7 万人。2020 年第七次人口普查数据显示，广东流动人口总量全国第一，广东外来人口总规模高达 2962.2 万人，占总人口的 23.5%，位居全国之首。可见，广东近三千万外来人口中有两千多万人口无当地户籍，其中包含大量农民工及其后代。从国际经验来看，欧美国家的城镇化率基本稳定在 80% 左右，据估算，我国城镇化率至少要达到 75% 才能基本稳定下来。未来我国城镇化率仍有较大提升空间，蕴含着巨大内需潜力和强大发展动能，是我国房地产市场发展及中国经济转型升级的重要支撑。

当前，我国城镇化建设已处于快速发展的中后期，正在转向全面提升质量的新阶段。其中，促进有能力在城镇稳定就业生活的常住人口有序实现市民化，仍是我国新型城镇化的首要任务。党的二十大报告指出："推进以人为核心的新型城镇化，加快农业转移人口市民化。以城市群、都市圈为依托构建大中小城市协调发展格局，推进以县城为重要载体的城镇化建设。"2024 年中央一号文件也提到，实施新一轮农业转移人口市民化行动，鼓励有条件的县（市、区）将城镇常住人口全部纳入住房保障政策范围。让更多农业转移人口融入城市，是我国促进城乡融合发展、推进全体人民共同富裕、实现中国式现代化的必然要求，也意味着从中央到地方要在户籍、土地、财政、教育、就业、医保和住房等领域出台各种配套措施。这是一个庞大的系统性工程，既需要统筹规划、稳步推进，也需要适时推出突破性政策。

# 三、推进宅基地制度改革，释放经济发展内生动力

土地制度是一个国家基础性、根本性、全局性的制度。我国长期实行城乡二元土地制度，农村土地只有征用后才可入市转让交易。由此造成的结果是，改革开放后在经济发展需要大量工业用地的情况下，实际入市的住宅用地规模相对较小，在一些大城市供给少可能导致房价上涨，同时农村土地价值难以实现。

## （一）我国农村土地管理制度改革在试点推进中

当前，农村集体建设用地入市及农民宅基地使用权的流转、抵押、自愿有偿退出、有偿使用等问题都在探索解决之中。2015 年，中央启动了包括宅基地制度改革试点在内的农村土地制度三项改革试点，探索完善农民宅基地权益、完善宅基地管理制度的路径办法。在总结试点实践基础上，2018 年中央一号文件创新提出"探索宅基地所有权、资格权、使用权'三权分置'"的改革思路，2020 年 6 月中央全面深化改革委员会第十四次会议审议通过《深化农村宅基地制度改革试点方案》。从许多地方的试点实践来看，农村宅基地改革是新型城镇化建设下融通城乡要素的突破口，也是实施乡村振兴战略的关键步骤。

此前，2013 年 11 月，十八届三中全会《中共中央关于全面深化改革若干重大问题的决定》明确提出，建立城乡统一的建设用地市场，在符合规划和用途管理前提下，允许农村集体经营性建设用地出

让、租赁入股，实行与国有土地同等入市、同权同价。自然资源部有关研究报告认为，统一建设用地市场将成为乡村振兴、城乡融合的重要抓手。2022 年中共中央、国务院发布《关于加快建设全国统一大市场的意见》，要求健全城乡统一的土地市场。这些文件为深化土地管理制度改革、构建城乡统一的土地产权市场做出了重要顶层设计。

2023 年 4 月 25 日，自然资源部宣布我国全面实现不动产统一登记。这意味着，经过十年努力，从分散到统一，从城市房屋到农村宅基地，从不动产到自然资源，覆盖所有国土空间、涵盖所有不动产物权的不动产统一登记制度全面建立。这不仅有助于保护人民群众的重大财产权，保障交易安全，降低政府治理成本，也为我国实现宅基地入市买卖流转及适时出台房产税奠定了基础。2023 年 7 月，自然资源部印发《关于持续推进农村房地一体宅基地确权登记颁证工作的通知》，明确加快推进房地一体宅基地地籍调查，规范有序推进房地一体宅基地确权登记颁证。

2024 年中央 1 号文件再度强调，稳慎推进农村宅基地制度改革。这是自党的十八大以来连续 11 年中央 1 号文件强调要改革完善农村宅基地制度，可见中央对此项改革的高度重视。2024 年 2 月 19 日，中央全面深化改革委员会第四次会议审议通过了《关于改革土地管理制度增强对优势地区高质量发展保障能力的意见》。习近平总书记主持会议时强调，要建立健全同宏观政策、区域发展更加高效衔接的土地管理制度，提高土地要素配置精准性和利用效率，推动形成主体功能约束有效、国土开发协调有序的空间发展格局，增强土地要素对优势地区高质量发展保障能力。这是 2024 年开年中央推出的一项重大改革政策，意味着新中国成立以来第四次土地制度改革或将全面开展。

## （二）推进宅基地制度改革步伐，深化重点领域改革

改革、发展与稳定是我国社会主义现代化建设的三个重要支点。当前，推进宅基地制度改革，建立城乡统一的建设用地市场有理论基础、试点积累，其必要性、紧迫性已有相当社会共识。经过多年改革实践与试验准备，新阶段土地制度改革或许可以步子迈得更快一些，力度更大一些。

重庆地票制度实践表明，实施地票制度，实现占补平衡对于守住耕地保护红线、打通城乡建设用地市场化配置的渠道、推动农业转移人口融入城市及优化国土空间开发格局均发挥了积极作用。如今，在全国范围内加快推进土地制度改革的条件更加成熟，可参考重庆地票制度实践及各地"三权分置"改革情况，尽早完成全国范围内农村房地一体宅基地确权登记颁证工作，在全国范围内给农民及农民工在农村的宅基地颁发产权证。正如2006年农业税的取消给亿万农民带来了实实在在的利益，宅基地产权证的颁发也可更多让利于农，让农民可以用较低价格分配到宅基地。

此外，可赋予农村宅基地与城市居民同等的用益物权、完整的收益权、完整的担保物权，允许农户的宅基地使用权在集体经济组织之外合法出租转让和抵押贷款，允许城镇居民到农村买房租房和租用宅基地建房，正式认可农村集体土地所有权人在自己的土地上自发设立的建设用地使用权并通过法律修改得到承认。可结合试点情况分阶段、

分区域、有条件地加快推进宅基地制度改革，逐步有条件地扩大宅基地使用权流转的对象和范围，最终实现从限制流转到自由流转的过渡。同时，逐步开放宅基地使用权的租赁市场、抵押和转让市场，并在农村社会保障体系完善后，完全放开宅基地使用权的商业化流通市场。

我国改革已进入攻坚期和深水区，必须以更大的政治勇气和智慧，不失时机深化重点领域改革。保持房价基本稳定、避免房地产市场崩盘并催生新一轮房地产市场繁荣，有助于我国早日推出房地产税，缓解地方政府土地财政收入大幅下降之下的财政压力，并为地方政府提供新的可观而稳定的税收来源，为我国经济增长提供长期支撑。在"存量房"时代，房地产税可能替代土地财政成为地方政府的主要税收来源。我国全面实现不动产统一登记为全面充分掌握房地产信息和科学决策提供了基础，也为存量房地产税的征收提供了条件。而且让房子多、价格贵的人多交税也可发挥收入分配调节作用，助力缩小贫富差距，实现共同富裕。

### （三）推进城乡协调融合发展，促进社会公平正义

加快构建新发展格局，是党的二十大提出的一项战略任务。构建以国内大循环为主体、国内国际双循环相互促进的新发展格局，要求我们全面推进城乡、区域协调发展，提高国内大循环的覆盖面。通过改革盘活农村闲置土地，一方面可为城市居民下乡养老、休闲旅游、发展乡村经济等提供政策保障，为农业产业化龙头企业做大做强发展现代化大农业等提供政策便利，从而为提振乡村振兴注入资金流、人才流、信息流、技术流、物资流，推进城乡融合发展并以城乡融合带

动乡村振兴,推进新农村建设,激发新的增长空间与发展潜力;另一方面,可赋权倾向在城市生活的农二代、农三代或老一辈农民,使他们可以通过农村闲置宅基地及农宅等获得资产性收益,提升融入城市的信心和底气,并为城镇房地产市场注入新动力,助力房地产市场平稳健康发展。由此,在不触及 18 亿亩耕地红线下,可在新一轮城镇化建设中以宅基地制度改革为第四次改革重要突破口,通过推进城乡协调融合发展极大程度上释放我国内需潜力,为我国经济未来至少二十年持续健康发展注入新动力。

同时,就社会层面而言,开放宅基地流转也有助于从根本上解决农村留守儿童问题。据统计,2022 年我国还有 902 万留守儿童。尽管社会各界为解决留守儿童问题作出了巨大努力,但都难以从根本上解决留守儿童不能与父母一起生活的问题。放开宅基地流转,推动农村人口落户城镇,让更多留守儿童随父母一起迁入城镇,享受与城镇儿童同等的义务教育、基本医疗等公共服务,有利于扩大公共服务供给,拉动城镇生活消费和国内需求,有助于从根本上解决留守儿童问题。着眼未来,无论是出于我国经济转型升级的需要,还是从实现社会公平正义、促进共同富裕的角度来说,都需要下大力气解决长期以来的城乡发展不平衡不充分问题,推进改变不公平的城乡二元结构。

# 四、结　语

改革开放是新中国历史上一次伟大的历史性变革,是决定当代中国命运的关键一招。从改革开放之初的"三来一补"到加入世贸组织后成为"世界工厂"，中国经济日益与世界经济发展深度融合。尤其是 2008 年国际金融危机爆发后，快速发展的中国经济成为世界经济增长的主要稳定器和动力源，对世界经济增长的贡献率连年超过30%。2013 年"一带一路"倡议提出后，中国进入全方位开放的新时期，形成陆海内外联动和东西双向互济的对外开放新格局。根据世界银行公布的数据，2013—2021 年中国对世界经济增长的平均贡献率达到 38.6%，超过七国集团国家贡献率的总和。2023 年，在世界经济面临较大下行压力背景下，中国国内生产总值增长达到 5.2%，对世界经济增长贡献率继续超过 30%。

改革是发展的动力，发展是实现人民幸福的关键。习近平总书记多次指出，"改革开放只有进行时，没有完成时"。当前，我国经济尽管保持了良好发展势头，但仍面临复杂严峻的国内外形势，经济下行压力依然较大。从国际来看，当今世界变乱交织，百年变局加速演进，国际政治纷争和军事冲突多点爆发，贸易保护主义、地缘政治紧张等都在威胁全球化进程，全球产业链供应链格局持续重构。从国内来看，我国经济面临结构性转型及制度性改革的艰巨挑战，存在有效需求不足、部分行业产能过剩、社会预期偏弱、风险隐患较多等严峻问题。对此，如何进一步全面深化改革开放，为我国经济社会稳定发展注入持续动力，关乎中国式现代化发展的顺利推进，也关乎经济全球化健康发展。

中国经济早已深度融入全球分工体系，中国发展离不开世界，世界发展也需要中国。中国经济的高质量发展有助于引领全球繁荣发展，打造更可持续、更具包容性和韧性的新型经济全球化。新发展阶段，要以全面深化改革开放为中国经济社会发展持续注入新动能，为中国推动并引领新一轮经济全球化提供坚实支撑。其中，包括推进宅基地制度改革等在内的深化土地制度改革便是具有历史突破性的重磅之举，将再一次极大解放农村生产力，进一步释放中国经济内生潜力，为中国经济持续健康发展提供持久强劲动力。

# 扎实推进以首都发展为统领的高质量发展

李国平　杨艺　吕爽[*]

[*] 李国平，教授、博士生导师，北京大学首都发展研究院院长

杨艺，中国电子信息产业发展研究院工业经济研究所助理研究员

吕爽，中央财经大学政府管理学院助理教授

　　党的十八大以来，习近平总书记多次视察北京，对北京发展发表重要讲话，深刻阐述了"建设一个什么样的首都、怎样建设首都"的重大时代课题，为新时代首都发展指明了方向。根据北京市"十四五"规划的部署和要求，"十四五"时期北京经济社会高质量发展要坚持以首都发展为统领，大力加强"四个中心"①功能建设，提高"四个服务"②水平。在全面建设社会主义现代化国家新征程中，北京必须展现出大国首都的风范和应有的担当，坚持首善标准，促进首都功能明显提升，在全国高质量发展中发挥典范作用。

# 一、新时代首都发展的新内涵

　　当今世界正经历百年未有之大变局，发展中国家的集体崛起与西方实力的相对下降，从根本上改变了国际力量对比，推动着新一轮大国战略博弈持续演进。与此同时，京津冀协同发展战略不断走向深入，国内南北经济平衡出现新情况，这既为首都高质量发展带来了新

---

　　① "四个中心"即全国政治中心、文化中心、国际交往中心、科技创新中心。
　　② "四个服务"即为中央党、政、军领导机关的工作服务，为国家的国际交往服务，为科技和教育发展服务，为改善人民群众生活服务。

机遇，也带来需要积极应对的新挑战。新时代的首都发展面临着更为复杂的国内外形势，这要求首都发展的内涵也应当与时俱进，在实践中不断丰富和完善。

新时代的首都发展内涵是以政治功能为统领，体现社会主义现代化大国首都特点的高质量发展。体现首都发展内涵，在于落实好"四个中心"城市战略定位和建设国际一流的和谐宜居之都。

### （一）以政治功能为统领，处理好"都"和"城"的关系

首都是具有双重意涵的特殊城市，一方面是作为国家政治中心的象征性意涵，是中央政府实现对国家疆域的控制和管理的空间支撑；另一方面是作为一般大都市的普遍性意涵。其作为国家政治管理、权力中心和民族国家象征的功能，是首都城市区别于非首都城市的最本质特征。因兼有城市和支配国家权力的双重意义，首都比一般城市具有更为复杂的政治经济结构，更容易成为吸引世界眼球的高度敏感城市。因此，北京作为我国的首都，必须把握好"都"和"城"的关系，处理好首都功能和城市功能的关系。

政治核心职能即政治中心的地位是最重要的，是"都"，城市经济职能是"城"。"都"是核心，"城"是支撑，"城"的发展是为了更好地支撑"都"这一核心。一方面，首都发展必须坚持以政治功能为统领，强化政治功能的核心地位；另一方面，其他城市功能也是综合性首都不可或缺的重要功能，但其规模和结构必须服从于政治功能的需要。围绕"四个中心"城市战略定位优化提升首都功能，履行"四个服务"基本职责，是北京一切工作的落脚点，需要以更高标准的"新

首善观"确保国家首都职能的发挥。进入新时代,北京的城市功能应当更多强调发展质量和效益,通过有序疏解腾退不符合首都功能定位的产业和功能,在保持适度人口与经济规模的前提下实现更高质量的首都发展。

## (二)以高质量发展为主线,培育新质生产力

新时代的首都发展应当以高质量发展为主线,加快培育和发展新质生产力,在全球竞争中打造首都新优势。我国已经整体上由高速增长阶段转向高质量发展阶段,北京作为首都和超大城市在高质量发展方面一直走在全国前列,其人均GDP、研发支出强度等代表性指标均位居全国第一。《北京城市总体规划(2016年—2035年)》更是明确了"四个中心"的城市功能定位,并在全国率先提出并积极推进"减量发展"和"疏解、整治促提升",这意味着北京已经率先进入高质量发展快车道。

发展新质生产力是高质量发展的重要着力点,与高质量发展相适应的生产力必须是新质生产力。面对新一轮科技革命和产业变革的发展机遇,北京正在加快建设国际科技创新中心,打造我国原始创新的主要策源地,因此具有发展新质生产力的首都优势。创新是支撑高质量发展的重要手段,在新质生产力建设中起主导作用。科技创新还将催生首都发展新动能,可以看到北京正在形成一批颠覆性重大科技成果,集聚一批全球领先的现代化产业集群,传统产业结构持续优化升级。在新质生产力布局的推动下,北京已经成为世界城市网络中重要的枢纽城市和具有较强全球影响力的大国首都。根据全球化与世界城

市研究网络（GaWC）编制的《世界城市名册2022》，北京在全球城市中位列第四位，在全球城市网络中的竞争力不断增强，建设全球中心城市应是北京未来的发展目标。

### （三）以人民为中心，建设国际一流的和谐宜居之都

首都高质量发展体现在价值层面，就是坚持以人民为中心的价值导向。坚持发展成果由人民共享，就要充分听取广大人民群众的诉求，切实解决人民群众最为关切的问题，补足民生短板，不断增强人民群众的获得感、幸福感与安全感。在公共服务供给方面，北京的优质教育、医疗、文化等公共服务仍然存在供给不足、布局不均的问题，应当按照"七有五性"①要求促进公共服务资源均等化布局，推进"人民对美好生活的向往"这一奋斗目标取得实质性进展。

建设国际一流的和谐宜居之都是首都发展的重要目标，也是"十四五"时期首都发展质量的重要检验标准。作为国家首善之区，和谐宜居也是首都发展的基本要求。首都发展是充分体现社会主义现代化特征的发展，要始终坚持首善标准，切实改善广大人民群众的人居环境。着眼于首都发展美好愿景，北京应当积极应对各种生态环境以及气候变化方面的挑战，注重提升生态环境质量，全力打造山清水秀的生态空间，在人与自然和谐共生现代化中走在全国前列。

---

① "七有"即幼有所育、学有所教、劳有所得、病有所医、老有所养、住有所居、弱有所扶；"五性"即便利性、宜居性、多样性、公正性、安全性。

# 二、新时代首都发展的新进展

进入新时代，首都发展全面提速，在大国首都功能建设、科技创新与发展新质生产力、国际一流的和谐宜居之都建设方面走在全国前列，取得了明显成效。在首都高质量发展过程中，北京坚持以创新驱动推动首都高质量发展，以减量倒逼推动发展方式深刻转型，以内需拉动充分释放超大城市发展活力，人民群众的获得感、幸福感、安全感不断增强，城市综合实力和国际影响力明显提高。

## （一）大国首都功能建设进展

### 1.政务服务保障能力显著提升

非首都功能疏解为首都功能优化腾退空间。全面开展中央党政机关和事业单位办公用房资源摸底调查，摸清用房现状和未来新增需求。市级机关有序腾退办公用房，存量办公用房调整整合不断加强，部分布局分散的中央党政机关办公用房向长安街沿线集中，以更大范围空间布局支撑中央政务活动。实施背街小巷环境精细化整治提升三年行动方案，完成 3500 条背街小巷环境整治。核心区常住人口数量从 2014 年的 222.4 万人下降至 2022 年的 180.4 万人，人口密度也从 2.39 万人 / 平方公里降到 1.95 万人 / 平方公里。

首都安全保障进一步强化。编制《核心区建筑高度管控专项规划》，细化政务安全、遗产保护、天际线等建筑高度管控要求，严格管控可视高层建筑。重点加强中南海—天安门地区、长安街沿线等重点地区综合整治，以中轴线申遗保护为抓手，建立央地协调机制。坚持首善标准，完善首都安全管控长效机制，常态化国事活动服务保障工作机制不断健全，确保了党的二十大、庆祝中国共产党成立100周年大会、北京冬奥会和冬残奥会等重大活动的安全有序和精准服务。

2. 文化引领能力明显增强

围绕"一核一城三带两区"发展首都文化。以老城保护为核心，以中轴线申遗保护为抓手，围绕文物腾退、文物修缮、风貌整治、公益设施四大类26项重点任务，积极推进城市治理与古都风貌恢复，申遗综合整治取得实效。精细做好"1+30"红色革命旧址周边环境整治提升，核心区围绕北大红楼、李大钊故居、京师女子师范学堂旧址、京报馆旧址等，连片推进47条背街小巷环境整治提升，实现革命旧址建筑和周边环境风貌协调统一。

文化产业发展引领全国。2021年10月，北京市出台《北京市"十四五"时期文化和旅游发展规划》，国家文化产业创新实验区、国家对外文化贸易基地建设取得新进展。自2004年北京在全国率先提出发展文化创意产业以来，其文化创意产业一直保持高速增长。据北京市统计局统计，2023年北京规模以上文化产业实现收入20638.3亿元，同比增长13.6%。公共文化服务供给尤为丰富，2023年北京每10万人拥有公共图书馆数为0.091个，高于上海（0.08个）；每10万人拥有博物馆数为1.034个，明显高于上海（0.663个）。

### 3.国际交往环境及配套服务能力持续改善

高水平举办大型国际活动，着力营造优质的国际交往环境。北京聚力抓好"两区"建设推动改革开放，主动服务融入"一带一路"建设，圆满举办了庆祝中国共产党成立 100 周年大会、冬奥会和冬残奥会、中国国际服务贸易交易会、中关村论坛、金融街论坛、北京国际图书博览会等多项重大国事、外事活动。北京证券交易所顺利开市，北京首都国际机场第五航权国际货运新航线开通，北京大兴国际机场综合保税区（一期）封关运营，对外开放的引领度、贡献度不断增强。根据全球创业研究机构 Startup Blink 发布的《2022 年全球创业生态系统指数报告》，北京位列世界城市第四名，连续三年位居中国营商环境评价第一名。

实现利用外资持续增长，货物进出口规模创历史新高。2022 年，北京市实际利用外商直接投资 174.08 亿美元，按可比口径计算，比上一年增长 12.7%。与 2021 年相比，部分行业投资金额变化较大，房地产业、金融业投资总额分别下降了 74.6%、49.6%，租赁和商务服务业，交通运输、仓储和邮政业，制造业分别增加了 107.7%、98.6%、57.9%（表 1）。2022 年，北京市进出口总值达到 36445.5 亿元，比上一年增长 19.7%；其中出口总值 5890 亿元，进口总值 30555.5 亿元，出口总值比 2021 年下降 3.8%，但进口总值却增长高达 25.7%。北京还积极开展国际高水平自由贸易协定规则对接先行先试，2022 年出台四个重点领域全产业链开放方案，认定北京市首批外资研发中心。

表1　2022年北京市分行业实际利用外资情况

| 行业 | 金额（亿美元） | 占比（%） | 比上年增长（%） |
|---|---|---|---|
| 信息传输、软件和信息技术服务业 | 39.44 | 22.7 | 1.0 |
| 科学研究和技术服务业 | 69.82 | 40.1 | 18.0 |
| 金融业 | 13.36 | 7.7 | -49.6 |
| 租赁和商务服务业 | 36.91 | 21.2 | 107.7 |
| 房地产业 | 1.78 | 1.0 | -74.6 |
| 批发和零售业 | 5.75 | 3.3 | -7.1 |
| 制造业 | 4.37 | 2.5 | 57.9 |
| 交通运输、仓储和邮政业 | 0.56 | 0.3 | 98.6 |
| 总计 | 174.08 | | 12.7 |

资料来源：《北京统计年鉴2023》。

## （二）科技创新与现代化产业体系建设进展

### 1. 初步建成具有全球影响力的国际科技创新中心

原始创新能力显著提升，从跟跑、并跑向领跑迈进。自2014年提出建设科技创新中心以来，北京的创新投入保持高水平增长，创新资源持续集聚。据最新发布的《国际科技创新中心指数2023》（清华大学产业发展与环境治理研究中心、施普林格·自然集团，2023年），该指数从科学中心、创新高地、创新生态三个维度对全球119个参评城市的创新能力进行综合评估。结果显示，北京排名第三位，尤其在人才与科研机构集聚程度、大科学装置数量、论文专利产出衡量的科学中心建设方面具有突出的领先优势。北京集中力量突破"卡脖子"关键核心技术，在量子信息、医药等领域涌现出一批具有世界影响力的重大原创性成果。2024年中关村论坛面向世界前沿科技、经济主战场、国家重大需求和人民生命健康四大方向，集中发布了全球首颗全系统集成的、支持高效片上学习的忆阻器存算一体芯片、首创人工智能辅助的基于结构的蛋白聚类方法等 19 项重大科技成果。

国家战略体系初步成型，国家实验室、新型研发机构成为北京原始创新的重要亮点。截至 2024 年 1 月，北京共拥有 77 家全国重点实验室，其中中关村、昌平、怀柔 3 个国家实验室已进入高质量运行阶段，成为孕育重大原始创新、解决国家重大需求的战略科技力量。2023 年 9 月，北京市出台《北京市支持世界一流新型研发机构高质量发展实施办法》，进一步规范新型研发结构的统筹管理和服务机制。面向世界科技前沿与国家重大需求，北京已陆续成立了北京量子信息科学研究院、北京脑科学与类脑研究所等一批新型研发机构。

**2. 现代化产业体系建设取得突出成效**

战略性新兴产业和高新技术产业对经济增长贡献不断提高。加快构建现代化产业体系，发展新质生产力，以新旧动能转化为核心特征的高质量发展路径深刻影响着北京的经济增长轨迹。2023 年，北京高技术产业增加值达到 11875.4 亿元，占 GDP 的比重达 27.1%；数字经济实现增加值 18766.7 亿元，占 GDP 的比重达到 42.9%，比 2016年提高了 7.1 个百分点（图 1）。新一代信息技术、生物产业和高端装备制造业发展规模较大，其在 2022 年规模以上工业战略性新兴产业中的份额分别为 39.7%、26.6% 和 13.2%。

前瞻布局六大未来产业，持续挖掘支持前沿技术企业。2023 年 9月，北京市印发《北京市促进未来产业创新发展实施方案》，在未来信息、未来健康、未来制造、未来能源、未来材料、未来空间等六个

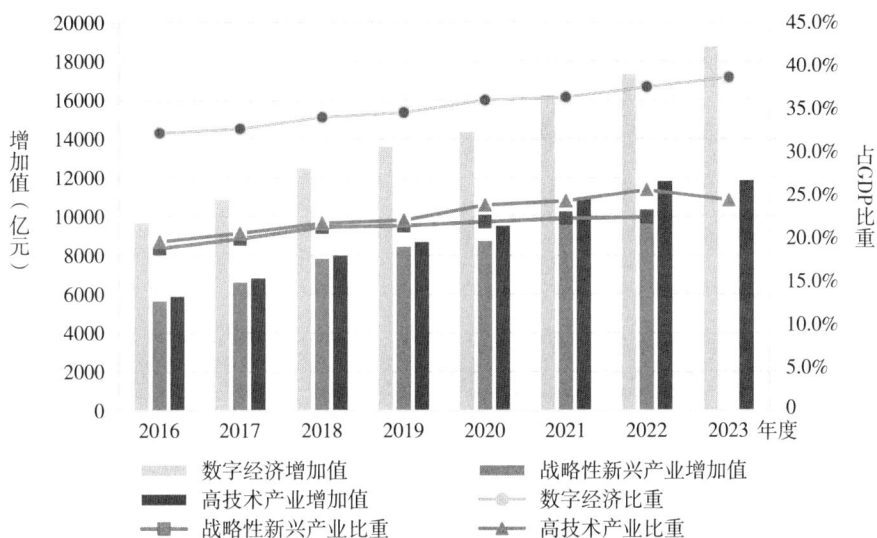

图1　2016—2023年北京新兴产业增加值及其占GDP比重

数据来源：根据2022年北京统计年鉴和统计公报整理计算得出。

领域布局了通用人工智能、6G、智慧出行、量子信息等20个未来产业。围绕人工智能、智能制造、新材料、医药健康等领域，北京市持续遴选支持具有开辟技术新赛道、建立市场新规则、塑造产业新格局的颠覆性技术创新项目。

## （三）国际一流的和谐宜居之都建设进展

### 1.区域发展协调性明显增强

协调发展是实现北京高质量发展的内在要求，其重心在于解决发展的不均衡问题。自2014年京津冀协同发展战略实施以来，北京非首都功能疏解成效显著。人口疏解方面，2023年北京常住人口2185.8万人，仅比2014年增加了14.7万人，人口过密问题以及人口空间分布不均衡问题都得到了一定程度的缓解。具体到各区，2014 年以来首都功能核心区和中心城区的人口规模持续下降但幅度趋缓，"多点"地区和生态涵养发展区的人口规模提升。这在一定程度上缓解了核心区和中心城区的人口压力，进一步优化了北京人口空间布局，表现出"中心降、边缘涨、外围稳"的人口分布变化特征。

产业协同方面，2014 年以来北京先后出台了多版《北京新增产业的禁止和限制目录》等指导文件，大力疏解不符合首都发展要求与影响首都功能发挥的企业，累计退出一般性制造业企业 3000 余家。2023 年，北京疏解提质一般制造业企业 112 家，治理违法建设 2315 万平方米，疏解力度进一步加大。京津冀产业协同持续深化，截至 2023 年末中关村企业在津冀两地设立分支机构数量已突破 1 万家。2023 年北京流向津冀的技术合同共 6758 项，同比增长 14.9%，成交额达 748.7 亿元，增长 109.8%。

功能协同方面，以轨道交通为主的京津冀立体交通网络基本形成，截至 2023 年末，京津冀铁路运营里程达 1.1 万千米，其中高铁 2576 公里。三地间高速公路网络日益密集，截至 2023 年末，京津冀区域高速公路通车里程达 1.1 万千米，相比 2014 年增长了 38%。随着京津城际延伸线、京雄城际、津保铁路等相继通车，京雄津保唐"1 小时交通圈"基本形成。"两翼"功能提升有序推进，北京城市副中心的北京艺术中心、北京城市图书馆、大运河博物馆三大公共建筑落成并投入使用，教育、医疗、文化资源不断向城市副中心聚集。环球主题公园成为文化旅游新地标，大运河京冀段全线实现旅游通航。运河商务区注册企业已达 1.85 万家，通州区与河北北三县一体化高质量发展加快推进。雄安新区建设持续推进，2022 年以来，中化、星网、华能、矿产资源四家央企总部加快建设，央企设立各类机构上百家，雄安新区中关村科技园挂牌运营，四所部属高校和北大人民医院全部开工建设，北京援建的"三校一院"交钥匙项目开学开诊，已步入承接北京非首都功能疏解和大规模建设同步推进的重要阶段。

### 2. 绿色发展水平显著提升

绿色发展是区域经济高质量发展的必要条件与重要体现。北京绿色发展主要体现在推动低碳循环发展、节约和高效利用资源、加大环境治理力度和筑牢生态安全屏障等方面。2022 年，北京能源低碳化取得明显成效，可再生能源消费占比达到 12% 以上，碳市场累计成交额近 34 亿元，万元地区生产总值二氧化碳排放量同比下降约 3%。积极推进资源节约利用，2022 年北京节能量达到 1.6 万吨标准煤，万元地区生产总值能耗和水耗同比分别下降 3% 和 1%。环境治理力度不断加大，2023 年北京大气环境中四项主要污染物均达到国家空气质量二级标准，其中 PM2.5 年均浓度为 32 微克／立方米，实现连续三年稳定达标。2023 年北京生态环境质量指数（EI）达到 70.8，生态系统质量较为稳定。北京持续筑牢生态安全屏障，加快构建碳达峰碳中和的综合政策支撑体系，推动向碳排放总量和强度"双控"转变，加快产业、建筑等重点领域绿色低碳转型。

### 3. 社会民生短板持续改善

共享是高质量发展的本质要求，也是高质量发展的结果体现。北京认真践行以人民为中心的发展思想，持续保障和改善民生，推动发展成果全民共享。着力稳定扩大就业，提升全市居民人均可支配收入，2023 年达到 8.18 万元。推进首都教育现代化水平，2023 年普惠性幼儿园覆盖率达到 93%，义务教育阶段"双减"工作、学区化改革持续推进。健全城乡医疗卫生体系，实施医药分开、医耗联动综合改革，并有序建设多层次社会保障体系。完善多层次住房保障体系，2018—2022 年内建设筹集各类政策性住房 54 万套，租购并举的住房市场格局加速形成。在 2021 年住房城乡建设部主导的全国 59 个样本城市体检社会满意度调查中，北京"七有五性"总体得分为 76.49 分，位居全国第三位。

## 三、以首都发展为统领的高质量发展展望

新时代首都发展面临新机遇和新挑战。面向未来，首都发展应顺应形势变化，系统全面把握新时代首都发展新内涵，立足大国首都新需要，实现减量提质不减速的发展目标。减量发展本质上是转变首都经济社会发展方式，通过对非首都功能做减法、对首都功能做加法，给优化提升首都功能腾出资源，给有机更新城市结构和布局留出空间。在现代化建设的新征程中，北京应积极探索与减量发展相适应的"规模约束、功能优化、空间提升"高质量发展模式，围绕城市战略定位和国际一流的和谐宜居之都建设目标，以发展和培育新质生产力为重要契机，扎实推进以首都发展为统领的高质量发展。

## （一）持续加强大国首都功能建设

### 1. 持续推进非首都功能疏解，提升政务服务保障能力

北京应坚持把《北京城市总体规划（2016 年—2035 年）》作为城市发展、建设、管理的基本依据，完成《首都功能核心区控制性详细规划三年行动计划（2023—2025 年）》。特别是针对政治中心建设面临的发展空间不足问题，需要深入开展新一轮疏解整治促提升专项行动，深化自然资源和规划区域领域问题整改，确保规划刚性约束落到实处。围绕"两轴"、中央政务和重大活动保障、重点廊道开展综合治理，系统增强政务服务保障能力，提升区域功能品质。根据北京市"十四五"规划的部署，加强中南海—天安门广场、长安街沿线等重点区域的空间管控和综合整治，严控建筑高度，持续优化政务服务功能。围绕重点区域实施电力、路灯、通信等架空线入地和规范梳理，严控新增、复挂，净化街巷城市天际线视野。

### 2. 加强城市公共文化服务供给，焕发文化创新活力

对标国际文化大都市，针对公共服务文化设施供给方面尚存在的较大差距，北京要加大城市公共文化服务供给，织密公共文化设施网络。加强新城文化设施建设，建设城市副中心文化设施，补齐城市南部、西部等薄弱地区以及回龙观、天通苑、方庄、望京、天宫院等大型社区文化设施短板，促进公共文化设施均衡布局。积极发展实体书店，构建以公共图书馆、综合书城、特色书店、社区书店等为支撑的15 分钟现代公共阅读服务体系，更好地实现文化惠民。建设北京源文化博物馆、中国视听博物馆等，鼓励社会力量兴办博物馆，加快推

进数字化转型，建设"博物馆之城"。深度挖掘首都文化资源，办好北京文化论坛、中国艺术节、北京国际设计周等文化活动，打造"魅力北京""欢乐中国年"等一批有影响力的文化品牌。

3. 优化国际交往功能布局，加强国际交流合作的软硬环境建设

着眼承担重大外交外事活动的重要舞台，北京仍需不断拓展对外开放的广度和深度。针对落户于北京的国际组织规模和影响力与大国首都地位不匹配问题，需加大对国际组织、国际机构的落地支持，积极争取符合北京高质量发展需求的国际专业协会和科技类、工程类等国际组织落户。以北京国际交往中心智库为依托，打造国际化高端智库平台，加强与国际权威智库交流。坚持"线上""线下"相结合、"走出去""请进来"并重，依托在京举办的国际外事交流会、大型专业展会、国际赛事等重大活动平台和线上媒体资源，面向全球加强国际交流合作政策推介，引导企业积极开展国际交流。健全促进国际交流合作制度创新工作协调推进机制，促进政府部门联动，着力构建"市级统筹、部门支持、园区组团落实"的制度创新工作推进机制。释放"两区"建设红利，持续推进跨境贸易便利化的全环节改革，不断提升助企、惠企服务水平，激发市场主体新活力。

## （二）以新质生产力塑造首都高质量发展新动能

1. 大力支持基础研究，集中力量攻克关键核心技术的"卡脖子"问题，加快国际科技创新中心建设步伐

为在加快实现国家高水平科技自立自强，壮大国家战略科技力量

中展现北京担当，应大力支持基础研究，聚力攻克"卡脖子"问题，加快推进国际科技创新中心建设步伐。为此，一要系统性部署基础研究，推动基础学科发展满足核心技术需求、优势产业需求与民生发展需求，加强培育前沿科学与交叉科学，促进更多的国家科技创新项目与科学研究中心在北京落地。二要健全基础研究投入机制，推进国家自然科学基金区域创新发展联合基金扶持基础研究，引导企业加大基础研究投入，鼓励社会组织投入基础研究。三要着重投入重点领域前沿技术，加强人工智能、量子信息、生命健康、空天科技、数字经济等前沿技术领域的基础研究。

**2. 构建韧性强且具有国际竞争力的现代化产业体系，加快形成新质生产力**

建设现代化产业体系是推动高质量发展的基础支撑，也是发展新质生产力的基本要求。未来北京应重点做大新一代信息技术和医药健康两个国际引领支柱产业，做强集成电路、智能网联汽车、智能制造与装备、绿色能源与节能环保四个特色优势产业，做优区块链与先进计算、科技服务业、智慧城市、信息内容消费四个创新链接产业，并抢先布局生命科学、新材料、量子信息等未来前沿产业，在智能制造与装备、医药健康、产业互联网、智能网联汽车等领域培育形成一批兼具规模体量与行业核心竞争力的万亿级产业集群。为推动生产性服务业向专业化、高端化拓展，北京应以中关村国家自主创新示范区为核心，进一步壮大与发展科技服务业，促进产学研主体融合。充分利用北京的信息服务、金融、商务服务等行业的发展基础和资源优势，进一步凝聚全球高端要素，打造"高精尖"产业总部经济新高地。

### （三）加快建设国际一流的和谐宜居之都

**1.着力解决区域发展不平衡不充分问题，推动京津冀协同发展不断走向深入**

重点提升平原地区吸引力，增强承接中心城区及"高精尖"企业优质资源的能力，推动一批芯片存储、生物疫苗、新能源汽车等重点项目建设，合理引导人口和城市功能向平原地区多中心集聚。打造南部科技创新成果转化带和高端金融商务区，以北京经济技术开发区为龙头承接三大科学城科技创新成果转化落地，丽泽金融商务区构建以新兴金融为主、科技和专业服务等为辅的产业体系。着力促进京西示范区集聚化发展，提升新首钢地区产业能级。根据京津冀三地的比较优势处理好北京制造业疏解与津冀协同、承接的关系，发挥北京辐射带动作用，带动京津冀实现新一轮经济增长。持续推动北京的高技术创新成果在河北、天津的转化，带动天津、河北的制造业由传统制造业向高技术制造业转型。

**2.聚焦绿色低碳发展主线，提升山水林田湖草沙生态空间治理体系和治理能力现代化**

全力控制二氧化碳排放，加大对氢能、新材料、新型储能等重点领域的布局，抓好传统产业改造升级和战略性新兴产业培育壮大，在落实"碳达峰、碳中和"目标任务过程中锻造新的产业竞争优势。加强大气污染、水污染、土壤污染防治，持续开展秋冬季大气污染综合治理攻坚行动，动态清理整治饮用水水源保护区内的环境问题，采用卫星遥感等科技手段动态监测建设用地受污染地块现状变化情况。坚决制止耕地"非农化"行为，严格违法占用耕地执法，落实最严格的耕地保护制度。持续推进实施新一轮百万亩造林绿化工程，强化"一屏、三环、五河、九楔"市域绿色空间结构。建设公园式中心城区，构建综合公园、社区公园、游园三级公园体系。

**3. 突出以人民为中心的发展，着力提升民生福祉水平**

认真践行以人民为中心的发展思想，扎实推动共同富裕。健全多层次社会保障体系，完善基本养老、基本医疗、工伤、失业等社会保险制度。依据人口出生及流动数据监测情况，动态把握各学段学龄人口及学位的匹配程度，提前预判学位缺口等突出问题，大力实施教育资源扩容增位工程。严控中心城区新增医疗资源规模，进一步调整优化新老院区功能定位，压缩床位数量，更好地服务中心城区。协同推进部分央属在京三级医院向京外尤其是雄安新区、北三县疏解，有序推进市属医疗卫生机构和部分央属医疗机构由中心城区向城市南部、西部、回天地区等市域内资源薄弱地区疏解。积极推动远程医疗服务持续健康发展，实现优质医疗资源下沉，多方式保障优质医疗资源均衡配置。

随着"十四五"规划的深入实施，北京作为大国首都，正站在新的历史起点上，面临着前所未有的发展机遇与挑战。北京的发展不仅关乎自身的未来，更关乎中国现代化进程和在世界舞台上的形象。进入新时代，首都发展被赋予了新的内涵。本讲旨在为扎实推进以首都发展为统领的高质量发展提供一个多维度的视角，强调并阐释在全球化与区域一体化背景下首都发展的复杂性。展望未来，北京在落实

"四个中心"城市战略定位的同时，要进一步加快建设国际一流的和谐宜居之都，在减量发展中寻求提质，在转型中寻求突破，在发展新质生产力中寻求先机，不断探索首都高质量发展新模式，以更好地发挥大国首都引领作用，率先基本实现社会主义现代化。

责任编辑：武丛伟

封面设计：汪　莹

**图书在版编目（CIP）数据**

数字经济与中国发展 / 李军凯主编 .-- 北京 ： 人民出版社，2025.7. -- ISBN 978－7－01－027386－0

Ⅰ．F492

中国国家版本馆 CIP 数据核字第 2025WV2588 号

**数字经济与中国发展**

SHUZI JINGJI YU ZHONGGUO FAZHAN

李军凯　主编

人 民 出 版 社 出版发行

（100706　北京市东城区隆福寺街 99 号）

北京中科印刷有限公司印刷　新华书店经销

2025 年 7 月第 1 版　2025 年 7 月北京第 1 次印刷

开本：710 毫米 ×1000 毫米 1/16　印张：21

字数：232 千字

ISBN 978－7－01－027386－0　定价：88.00 元

邮购地址 100706　北京市东城区隆福寺街 99 号

人民东方图书销售中心　电话（010）65250042　65289539